ちくま新書

皇族と天皇

浅見雅男
Asami Masao

1224

皇族と天皇【目次】

はじめに——なぜ「皇族と天皇」なのか

王政復古以後、天皇政権確立のため、皇室、宮中関係でもさまざまな祭祀、儀礼の考案、財政の充実、制度の整備などがおこなわれたが、人的な側面から見ると、もっとも着目すべきは「天皇の藩屏《はんぺい》」とされる皇族の「誕生」である。

もちろん「誕生」といっても、皇族とよばれる人々は明治のはるか以前からいた。しかし、明治以降の皇族はそれまでの皇族とは似て非なる、と言えるくらい、日本の歴史の中でも特異な存在だったのである。一部の人々がことさらに呼号するいわゆる「日本古来の伝統」なるものの多くが、実は明治になって作られたものであることはすでに常識だが、明治、大正、昭和戦前期の皇族もその一例と言えるのだ。

このことは日本の近現代史を見ていくうえで、案外気づかれていないポイントである。いまさら言うまでもないが、長らくタブーとされていた天皇についての自由な研究、著述、資料の公開などは、敗戦後、特に昭和が終わるあたりからずいぶん盛んになった。その結果、それまでベールに包まれていた明治、大正、昭和三代の天皇のさまざまな姿も広く知られるようになり、われわれが日本の近現代史を見つめる目にも奥行が増したのである。

ところが残念なことに、天皇に最も近い身分である皇族については、なぜかそのような好ましいことはなかなか起きなかった。われわれの父母、祖父母などの生きてきた時代に、どんな皇族がいて、何をしていたのか。彼らは果たして本来の使命である「天皇の藩屛」としての役割を全うしたのか。こうした点について教えてくれる書物なども、たとえば小田部雄次『皇族』ほか数点を除き、あまり手にすることができなかったと言っても過言ではなかろう。

本書は皇族という身分の人々を事実に即してながめていくことを通じて、日本近現代史のほとんど忘れられた一面を明らかにしようという意図をもって書かれた。これまでにもいくつかの拙著で、個々の出来事などについてはとりあげているが、明治、大正、昭和の歴史の流れの中に、皇族をあらためて位置づけてみようと考えたのである。

＊

このあと、序章では本書を読むうえで最小限必要と思われる皇族についての「基礎知識」を記した。すでに知識が豊富な読者は飛ばしていただいてかまわない。

宮号や皇族の名は変わることがあるが、本書では原則としてそのときどきのものを記し、必要に応じて注記を加えた。なお、本書では同じ宮家から複数の皇族が登場している（例えば有栖川宮家からは幟仁《たかひと》、熾仁《たるひと》、威仁《たけひと》、栽仁《たねひと》）ので、原則として皇族は宮家名ではなく名前で表す。皇族の名前は似ているものが多いから、混乱を避けるために巻末に皇族名一覧表を付けてあるので参照していただきたい。ただし、昭和天皇の弟宮の場合、混乱する可能性はないから、宮家名（秩父宮、高松宮、三笠宮）で表した。

また、資料を原文のまま引用する際には仮名づかいはもとのままにしたが、漢字は現行の字体とし、平仮名に開いた場合もある。さらに句読点、ふり仮名なども適宜補った。また引用文中のカッコ内の注は断らない限り著者（浅見）のものである。『明治天皇紀』『昭和天皇実録』や日記類の日付は略記した（例　昭和二一年六月二七日→昭和二一・六・二七）。

本書の性格上、敬称、敬語は原則として省略し、煩を避けるため、親王、王などの称号も必要な場合以外は各章初出のみ記すことにする。年の表記は元号を用い、これも各章初出のみ西暦を注記した。

なお、本書は新書であるにもかかわらず、記述内容を裏づける資料などを比較的多く注記している。わずらわしく思われるかもしれないが、ひとえにこの小著を踏み台に、皇族についての歴史的考察を深める際の手がかりにしていただければとの念からである。ご海容をお願いしたい。

序　章

皇族についての基礎知識

†皇族の定義

昭和二二（一九四七）年五月三日施行の皇室典範（以下、本書では現行典範）第五条では、皇族という身分が以下のように定義されている。

皇后、太皇太后《たいこうたいごう》、皇太后、親王、親王妃、内親王、王、王妃及び女王を皇族とする

明治二二（一八八九）年二月一一日に公布された皇室典範（以下、本書では明治典範）第三〇条にもほぼ同じ内容の左記の規定があった。

皇族と称《たた》ふるは太皇太后、皇太后、皇后、皇太子、皇太子妃、皇太孫、皇太孫妃、親王、親王妃、内親王、王、王妃、女王を謂ふ

現行典範には明治典範であげられている皇太子、皇太孫とその妃がないが、皇太子、皇太孫はいずれも親王だから、あらためて書くには及ばないということだろう。

では皇族は天皇とどんな血縁関係にあるのか。皇后、皇太子については説明するまでもないだろうが、太皇太后、皇太后は先々代、先代の天皇の皇后、皇太孫は皇太子不在の場合、皇位を継ぐことになっている天皇の孫である。

以下、親王、内親王、王、女王という身分については現行典範と明治典範では相違がある。現行典範第六条では天皇の子、孫（それぞれを一世、二世とする）が親王、内親王、それ以下、つまり三世以下の皇族が王、女王とされるが、明治典範第三一条では天皇の子、孫、曾孫、玄孫、つまり四世までが親王、内親王で、五世以下が王、女王とされていた。

†永世皇族制度と皇族増加

このように両典範には皇族の定義で若干の相異があったが、重要な共通点もある。それは天皇との血縁関係を基準とする皇族の限界が定められていないということである。つまり、ある天皇の子として生まれた男子の子孫は、天皇家とどれほど血のつながりが薄くなっても皇族とされるのである。これを永世皇族制度という。

この制度があるためにどのような事態が起きるかは容易に分かる。皇族の際限のない増加と、それにともなう国家、皇室財政の負担増加である。このことは奈良、平安時代の昔から問題となっており、そこで採られたのが、皇族に姓を与えて臣籍に入れるという策である。たとえば平安初期に在位した嵯峨天皇（在位八〇九～二三）が、それまでなら親王、内親王となるはずの皇子四人、皇女四人に源朝臣《みなもとあそん》の姓を与えて皇族の籍から外したのをはじめとして、以後、約百数十年間にほぼ一〇〇名が同じような処遇を受けた（中には有名な清和源氏もいる）。

さらに時代が下って室町から江戸時代にかけては、皇位や宮家を継ぐ者以外の男子皇族（女子皇族も結婚しなければ）は出家するのが例となった。出家した皇族たちは門跡《もんぜき》寺院と呼ばれる名門寺院に入ってその長（寺により門跡、門主、院主などと称されるが、本書では便宜上、門跡とする）となる。その前後に時の天皇、上皇の養子（猶子《ゆうし》）とされ、親王号も下賜《かし》される（宣《せん》下《げ》親王という）が、いくら見かけの格式が高くても僧侶となれば結婚はできないから、子孫も生まれない。その結果として皇族の増加も防げるのだ。

ところが王政復古がなると皇族の出家は禁じられ、それまで僧侶だった皇族が次々に還俗し、新しい宮家を立てることになった。そこで発足直後の天皇政権は、慶応四（一八六八。九月八日に明治と改元）年閏四月一五日、四親王家《ししんのうけ》（後述）以外の宮家は一代限りとし、宮家の王子たちはすべて皇籍から離脱すると定めた太政官布告を発した。皇族増加を防ぐため、あらかじめ手を打ったのである。

しかし、以下の各章で折にふれてみていくように、この定めは時とともに骨抜きにされ、ついに明治典範では永世皇族制度が確定されるのである。皇族の増加が国や皇室の経済基盤をゆるがしたり、皇室の尊厳を損なうような皇族があらわれる可能性が解消されたわけではない。政府や宮中首脳たちの間には危機感が残り、伊藤博文を中心にこの制度の改変をおこなおうとする動きは止まなかった。その結果として明治四〇年二月には皇族の皇籍離脱、臣籍降下を可能とする典範の改定（増補）が実現した。ところが、その内容があいまいだったために、しばらくして皇室内は大騒動となるのだが、それについては第五章で詳しく見ていく。

†伏見宮家

鎌倉時代中期、皇族に宮号を下賜し、代々の当主に親王を名乗らせ、世襲の家を立てさせることがおこなわれるようになった。いわゆる世襲親王家だが、その初例は順徳天皇（在位一二一〇〜二一）の皇子が立てた四辻宮家だと言われる。その後、鎌倉後期までに五辻、常磐井、木寺と称される宮家ができたが、四辻宮家も含め短期間で消滅した。しかし、これらの宮家に次いで室町時代に成立した伏見宮、安土桃山時代の末期に成立した桂宮《かつら》、江戸時代の初・中期に成立した有栖川宮《ありすがわ》、閑院宮《かんいん》の四家は明治になっても存続した。これらの宮家を四親王家と称する（以下、四親王家の歴史については主として『皇室制度史料　皇族四』による）。

四親王家で最も古い伏見宮の初代は、北朝第三代崇光《すこう》天皇（在位一三四八〜五一）の皇子栄仁《よしひと》親王である。以後、昭和の敗戦時の当主博恭《ひろやす》王まで二五代（二度、当主となった者もいるので代数の数え方には異説もある）にわたって伏見宮家は続いた。所領のあった地名にちなんで伏見宮と称したのは第三代の貞成《さだふさ》親王の時だが、貞成の王子彦仁《ひこひと》王は皇子のいなかった称光《しょうこう》天皇（在位一四一二〜二八）の跡を継いで後花園天皇（在位一四二八〜六四）となる。四親王家の役割の一つは、天皇家に跡継ぎが不在だった場合、傍系から入って皇位に即《つ》く者を出すことだが、後花園天皇はその初の例である。伏見宮ではこれを誇り、以後の天皇は伏見宮の血を引いているのだから、自家はほかの三つの四親王家よりも格上だと考えていた（下橋敬長『幕末の宮廷』）。

四親王家は後継者がいないときも断絶とならず、当主不在のままで存続し、適当な時期に天皇や上皇の皇子を養子として迎え、継がせることになっていた。しかし、伏見宮は長年、跡継ぎに恵まれ、長い歴史の中で皇子が養子として入って継承したのは一度しかない。それは第一六代邦忠親王の跡を、桃園天皇（在位一七四七〜六二）の皇子貞行《さだもち》親王が生後四カ月で継いだ時である。宮家ができてから三百数十年の間、遠ざかる一方だった天皇家と伏見宮の血縁が、これにより一気に濃くなったというわけだが、しかし、貞行が一二歳で死去すると、邦忠の弟で出家していた邦頼《くにより》親王が還俗《げんぞく》し家督を継承したため、天皇家と伏見宮家の血縁はまた薄くなった。

実は伏見宮家では邦忠死後、邦頼に継承させることを桃園天皇に願っていた。しかし、それまで皇族が還俗して宮家を継ぐという例はなく、結局、皇子の貞行が継ぐことになった。ところが貞行が若死にすると、伏見宮家では再び邦頼継承を願う動きを始める。そして今度はそれが成功し、邦頼が第一八代となるのだ。こうした執拗な動きの背景には先述のような伏見宮家の自家の血脈への誇りがあったのだろうが、その結果として、伏見宮家は他の四親王家よりもずっと天皇家と縁遠くなったのである（以上の伏見宮家の家督相続については武部敏夫「世襲親王家の継続について――伏見宮貞行・邦頼両親王の場合」）。

†桂、有栖川、閑院宮家

伏見宮誕生から二〇〇年ほど経った天正一七（一五八九）年、関白豊臣秀吉の願いで、正親《おおぎ》町《まち》天皇（在位一五五七〜八六）の孫智仁親王が八条宮家を立てた。宮家名はのちの京極《きょうごく》宮となり、さらに九代盛仁親王のとき桂宮となる。智仁は初め秀吉の養子（猶子）となり、その後継者候補の一人と目されていたが、秀吉の側室淀殿が男子を産んだため、宮家を立てるという形で秀吉と縁を切ったのである。智仁の跡は王子の智忠親王が継ぐが、後嗣がいなかったので、後《ご》水尾《みずのお》上皇（在位一六一一〜二九。以後、一六八〇の崩御まで上皇）の皇子穏仁親王が養子となり三代目を継いだ。その後も桂宮家は後継者に恵まれないことが多く、第八代の家仁親王と第九代の公仁親王が父子だった以外は、天皇や上皇の皇子が入って継いだ。そのため、伏見宮家と比べれば、桂宮家は天皇家との血縁関係が濃いということになる。

さらに第一一代目の節仁《みさひと》親王は仁孝《にんこう》天皇（在位一八一七～四六）の皇子だったが、やはり跡継ぎがおらず、また天皇家にも適当な皇子がいなかったため、節仁の姉、つまり仁孝の皇女である淑子《すみこ》内親王が宮家を継承した。先述のように四宮家は後継者がいない場合も絶家とならずに存続したが、そのとき暫定的に先代の妃が戸主となることはあった。しかし、淑子のように女性が正式に宮家を継ぐのはきわめて珍しい。淑子は仁孝の次に皇位に即いた孝明天皇（在位一八四六～六六）の姉だから、桂宮家は明治天皇の伯母の宮家ということになる。

桂宮家に次いで成立したのは有栖川宮家である。初代は後陽成《ごようぜい》天皇（在位一五八六～一六一一）の皇子好仁親王。寛永二（一六二五）年に高松宮という宮号を下賜され、宮家を立てた（有栖川宮と称するのは第三代幸仁親王の時）。成立の事情は明らかではないが、おそらく当時の後水尾天皇にまだ皇子がいなかったため、皇位継承に備えてのことと思われる。

実際には後水尾の跡は皇女で徳川二代将軍秀忠の外孫である興子《おきこ》内親王が継いで明正天皇（在位一六二九～四三）となり、さらに後水尾が上皇となってから生まれた紹仁《つぐひと》親王が一〇歳で後光明《ごこうみょう》天皇（在位一六四三～五四）となる。有栖川宮家の出番はないかのようだったが、後光明が皇子を残さずに崩御したため、後水尾は有栖川宮家第二代の良仁親王を後西《ごさい》天皇（在位一六五四～六二）とする。この良仁は後水尾の皇子で後光明の弟だったが、好仁が死去した後、有栖川宮家に養子に入っていた。それが父上皇により天皇家に呼び戻されたのである。

皇位の継承はなるべく血縁の近い者によっておこなわれるのが望ましいとされるのは言うまでもないが、後光明と良仁は兄弟だから申し分がない。また、桂宮家第三代穏仁も既述のように後水尾上皇の皇子だから、もし六歳上の兄良仁がいなければ、皇位を継ぐことは十分ありえただろう。しかし、良仁や穏仁が天皇家と遠く血縁の隔たる伏見宮家の王子だったとしたら、まず皇位継承はあるまい。つまり同じ四親王家とはいえ、皇位継承に関しては桂、有栖川宮家の存在価値は伏見宮家より高かったと言える。

そして四親王家で最も新しいのが閑院宮家である。成立は宝永七（一七一〇）年、中御門《なかみかど》天皇（在位一七〇九～三五）の弟直仁親王が立てた。将軍家宣《いえのぶ》の知恵袋だった新井白石が、皇位継承に備えるべく新宮家創立を建言し、それが容れられたのである。一七世紀末から一八世紀初頭の伏見宮、桂宮、有栖川宮家の系図を見ると、皇位を継ぐのにふさわしい王子はきわめて少ない。そうした皇室の状況が白石の建言の背景にはあったのだろう。そして閑院宮家からは、第二代典仁親王の王子兼仁王が天皇家に入り、後桃園天皇（在位一七七〇～七九）の跡を継いで光格天皇（在位一七七九～一八一七）となる。光格は後桃園天皇の父桃園天皇の「またいとこ」だが、当時の伏見宮家はもとより、桂、有栖川宮家の王子たちと比べても天皇家との血縁は濃い。白石の企図は実ったことになる。

†皇族の還俗と新宮家

以上のように江戸時代中期に四つの宮家がそろったわけだが、幕末になってさらに二つの宮家が加わった。中川（久邇）宮家と山階《やましな》宮家である。

中川宮家を立てたのは伏見宮第二〇代邦家《くにいえ》親王の王子朝彦《あさひこ》親王だった。皇室の習いに従って幼時に出家し、一条院や青蓮院《しょうれんいん》の門跡、天台座主《てんだいざす》となった朝彦は、孝明天皇の信頼が厚く、僧侶でありながら京都朝廷内で重きをなすようになる。この間のことは第二章で説明するが、朝彦は「安政の大獄」での失脚、井伊直弼暗殺による復権を経て、文久三（一八六三）年二月、異例の還俗をし、宮家を立てた。閑院宮家から一五〇年ぶりの新宮家である。

この還俗の背後には朝廷との融和を図ろうとする幕府の意向があった。この年の正月に上洛した将軍後見職の徳川（一橋）慶喜《よしのぶ》は、皇族たちを出家させ、宮家の新立を抑えるのは朝廷をないがしろにするものだと、皇族が仏門に入る習慣を改めるように申し出たのである。慶喜の父徳川斉昭《なりあき》などはかねてから皇族の出家を廃仏毀釈の立場から批判しており、『徳川慶喜公伝』はこの慶喜の態度も「朝廷尊崇の実を表せる」ものと評するが、慶喜の申し出の背後には、そうしたイデオロギーだけではなく、孝明天皇の最側近とも言える朝彦を味方に引き入れようという幕府側の政治的思惑があった。

朝彦は初め邸宅の前を流れる小川にちなんで中川宮と称したが、次いで邸宅内に榧《かや》の木があったことから賀陽《かや》宮、明治八年五月になって伏見宮と縁のあった山城国恭仁《くに》という地名から久邇宮となる。朝彦以後、宮家は邦彦《くによし》王、朝融《あさあきら》王と直系相続され、邦彦王の王女良子《ながこ》女王は皇太子裕仁《ひろひと》親王（昭和天皇）の妃（香淳皇后）となった。

次いで立てられたのが山階宮家で、初代は朝彦より八歳年長の兄晃《あきら》親王である。晃は邦家の長男だが庶子だったので、やはり幼時に出家し、勧修《かじゆうじ》寺の門跡となる。ところが第三章でみるように、父邦家を隠居せしめるほどの醜聞を引き起こし、時の仁孝天皇によって親王号や光格上皇養子の身分を取り上げられた。それから長い蟄居生活を送るが、文久四年一月、朝彦より一年後に還俗、あらためて親王、孝明天皇猶子とされ、山階宮（宮名は勧修寺の所在地である山科《やましな》による）を立てることとなった。実は晃の還俗には朝廷内では反対する声も多かった。とくに孝明天皇は父仁孝天皇によって罰せられた晃を許すのに消極的だったが、晃を朝彦と同様に政治的に利用しようとする幕府や大藩が押し切ったのである。以後、宮家は菊麿王、武彦王と直系相続された。

かくして、先述の伏見宮邦頼の場合などを除き、きわめて稀だった皇族の還俗が立て続けにおこなわれた。そして、慶応三（一八六七）年一二月九日、朝廷が王政復古を宣言してからの数カ月の間にさらに左の皇族五人が還俗した。そして聖護院宮《しょうごいんのみや》の養子とされた照高院宮《しょうこういんのみや》を除く四人は宮家を立てる。慶応四年四月一七日、「その器に応じて新政府で登用するから」との理由で、皇族、公家の子弟の出家が禁じられるが、その前に何人かの皇族は還俗し、多分に名目だけではあったが、新政府の重職にも就いたのである。

仁和寺《にんなじ》宮純仁親王（東伏見宮嘉彰《よしあき》。のち小松宮彰仁）
知恩院《ちおんいん》宮尊秀親王（華頂宮博経《ひろつね》）
聖護院宮雄仁親王（聖護院宮嘉言《よしこと》）
照高院宮信仁親王（北白川宮智成《さとなり》）
梶井（三千院）宮昌仁親王（梨本宮守脩《もりおさ》）

五人は初め僧侶のときにいた門跡寺院の名で呼ばれたが、しばらくしてカッコ内のような新しい宮名も下賜され、名も改めた。ただ、嘉言は宮名を変える前に死去したため、その跡を継いだ弟の智成が北白川宮と名乗った。つけくわえれば、新宮名の華頂は知恩院の山号、北白川は照高院の所在地、梨本は梶井の別名、東伏見から変わった小松は仁和寺の所在地にちなんでいる。

†伏見宮系宮家の増加

こうして王政復古をはさむ数年の間に中川（賀陽、久邇）、山階、東伏見（小松）、華頂、北白川、梨本と六つもの宮家が誕生したのだが、ここで注目すべきは、この六家を立てたのがすべて伏見宮の王子だったということである。巻末の系図、皇族一覧にあるように、晃、嘉言、朝彦、嘉彰（彰仁）、博経、智成は伏見宮邦家の王子、守脩は邦家の先代貞敬《さだよし》の王子である。さらに明治五年一月、久しく当主がいなかった閑院宮家を邦家の王子載仁《ことひと》親王が継承したため、伏見宮系統の宮家は本家も合わせると八家を数えることになったのである。

そして、それから後も同じ血脈の宮家は増加する一方だった。前にもふれたように、皇族の増加を防ぐために四親王家以外の二代目からは皇族の籍を離れると定められたが、それもいつか骨抜きとなって王政復古前後にできた宮家も残り、さらにそこから左に記す多くの宮家が派生したのである（成立順。皇族の名は初代、年月は成立の時）。

賀陽宮　邦憲《くにのり》王（久邇宮朝彦王子）　明治三三年五月
東伏見宮　依仁《よりひと》親王（伏見宮邦家王子）　明治三六年一月

朝香宮　鳩彦《やすひこ》王（久邇宮朝彦王子）　明治三九年三月
竹田宮　恒久《つねひさ》王（北白川能久王子）　明治三九年三月
東久邇宮　稔彦《なるひこ》王（久邇宮朝彦王子）　明治三九年一一月

一方、小松宮家は大正三（一九一四）年六月に断絶（この間の経緯については第四章）、華頂宮家も大正一三年三月に断絶したが、伏見宮系統ではない桂宮家も明治一四年一〇月、有栖川宮家も大正一二年六月に断絶している。大正、昭和になって大正天皇の皇子宣仁《のぶひと》親王が高松宮家（大正二年七月成立）、雍仁《やすひと》親王が秩父宮家（大正一一年六月）、崇仁《たかひと》親王が三笠宮家（昭和一〇年一二月）を立てるが、昭和敗戦時にはこの三直宮《じきみや》家（天皇の皇子女や兄弟を直宮という）以外の宮家一一がすべて伏見宮系統であった。

これら一一宮家に属する男女皇族五一名は昭和二二年一〇月一四日に皇籍を離れ、宮家もすべてなくなった。第五章、第七章などで見るように、これらの宮家の中には北白川、朝香、竹田、東久邇宮のように、明治天皇、昭和天皇の皇女が妃として入り、男児を産んだ宮家もある。女系では天皇家と近い関係となったわけだが、しかし、それを理由として存続することはなかったのだ。約六〇〇年を経て、ここに伏見宮家およびその「分家」は皇室から離れたのである。

第一章

皇族の国際結婚

1　ドイツ人女性との婚約――北白川宮能久親王

†兄弟との差別

　北白川宮能久《よしひさ》親王がドイツに向かって横浜港を発ったのは、明治三（一八七〇）年一二月三日である。すでに同年七月には弟の華頂宮《かちょう》博経《ひろつね》親王がアメリカへ、また閏一〇月には兄の東伏見宮嘉彰《よしあき》親王（明治一五年一二月に小松宮彰仁《あきひと》と改名）がイギリスへ渡っている。あの岩倉使節団が米欧諸国回覧のため日本を出発したのは翌明治四年一一月。三人の皇族たちはそのずっと前に、文明開化の道を突き進むトップランナーのように新天皇政権によって海外に送り出されたのだ。海外渡航の目的はいずれも軍事の研究、修業だったが、実は兄弟、しかもいずれも伏見宮邦家《くにいえ》親王の側室である堀内信子を母としながら、渡航時の嘉彰、博経と能久の立場は微妙に異なっていた。

序章で記したように、江戸時代、宮家に生まれた王子たちは家を継ぐ者を除いて幼時に仏門に入り、また、出家に前後して時の天皇の養子（猶子《ゆうし》）となり、親王と称されることになっていた。もっとも天皇の養子、親王といっても、僧侶になった者に皇位を継ぐ資格はなく、彼らはそのまま一生を門跡寺院と呼ばれる名門寺院の長として過ごしたのである。兄弟三人もその例にもれず、王政復古以前、嘉彰は仁和寺《にんなじ》門跡、仁孝天皇養子、能久は日光輪王寺《りんのうじ》門跡（普段の住まいは江戸上野寛永寺）、仁孝天皇養子、博経は知恩院門跡、孝明天皇養子であった。

ところが天皇政権が誕生すると、僧侶だった皇族のほとんどは還俗する。そして俗人となった後も天皇の養子、親王の身分はそのままとされ、さらに新しい宮家も立てた。したがって皇位を継承することも可能となったのである。江戸時代には幕府の定めた「禁中並《ならびに》公家諸法度《はっと》」により、宮家の皇族は三公と称された太政大臣、左右大臣である摂家《せっけ》などの公卿よりも格下とされていたが、王政復古により、一躍、天皇に次ぐ存在と認められた。

しかし、博経、嘉彰と同じ伏見宮家の王子だったにもかかわらず、能久だけは明治元年一一月、天皇により謹慎を命じられ、仁孝天皇養子、親王の身分も停止、兄弟たちのように宮家を立てることも許されず、伏見宮家の王子のまま、幼時の通称だった満宮《みつ》を名乗らされた。したがって、海外渡航時の名を正確に言えば、北白川宮能久親王ではなく「伏見満宮能久王」である。

なぜ同母兄弟間でこのような差がつけられたのだろうか。維新史に関心がある人ならば、能久が幕末、門跡となっていた日光の寺の名にちなみ輪王寺宮と呼ばれていた、というヒントだけで、そのわけはすぐに分かるだろう。輪王寺宮は戊辰《ぼしん》戦争の中で幕府に味方する奥羽越列藩同盟に担がれ、同盟の軍事総督となり、「東武皇帝」としてそのシンボルとなったため、天皇政権によって「朝敵」とされてしまったのである。それが王政復古後、能久が兄弟たちより一段下にあつかわれた理由であった。

もっとも嘉彰、博経と同じように海外に渡れたことから推測できるように、能久もいつまでも「朝敵」の「罪人」とされていたのではない。謹慎処分も一年足らずで解かれていたし、すでに宮家の主だった嘉彰、博経への家禄（歳費）四三一石三斗よりは少ないが、三〇〇石の禄さえもらっている。ところがなぜか以上のような身分上の差別はそのままだった。能久が兄嘉言《よしこと》親王が立て、弟智成《さとなり》親王によって継承された北白川宮家を継ぐ形で宮家の当主となれたのは在独中の明治五年三月であり、仁孝天皇養子、親王の身分を回復するのは、それよりもはるかに後、日本に帰って一年以上も経った明治一一年八月二六日であった。

北白川宮能久親王

†経費増額要請と帰国命令

　能久死後、かつて陸軍軍医として部下だった森林太郎（鷗外）などによって編まれた伝記『能久親王事蹟』によると、渡航する能久には六名が随行した。明治三年から四年にかけて日本から欧米への留学生は約四〇〇名を数えるが（石附実『近代日本の海外留学史』）、一部の元大名の華族などの場合を除いては、単身での留学がほとんどである。それに比べ能久にはずいぶん大人数が従ったのだが、皇族としての体面を守るためには、これくらいの随員が必要とされたのだろう。また、その随員たちには渡航に際して七〇〇ドルから一〇〇〇ドルの支度料が支給された（当時の為替レートは一ドル＝一円。時代による通貨価値の比較は難しいが、大ざっぱに見て明治初年の一円は現在の一万倍以上の使いでがあったと考えられる）。能久本人の支度料については明らかではないが、在独当初に留学諸経費として支給されていたのは年間五〇〇〇円だった。当時、欧米への官費留学生に支給されていたのは華族で年一四〇〇ドル、士族、平民で一〇〇〇ドルだから、これも皇族ならではの金額である。

　それが明治七年九月には七〇〇〇円に増額される。すでに北白川宮家を継ぎ当主となっていた能久には、賄《まかない》料と言われるようになった家禄が嘉彰らと同額の四六五二円支給され、その中からもなにがしかの金が日本から送られていたと思われるが、それでも留学経費は足りなかったのだ。イギリスへ渡った嘉彰は留学直前に旧久留米藩主有馬《ありま》家の娘である頼子《よりこ》と結婚していたが、有馬家では嘉彰の留学にかなりの金銭的援助をしていた（頼子の甥である有馬頼寧《よりやす》『七十年の回想』）。しかし、まだ独身の能久にはそういう裕福な身内もいなかったのである。

そして正確な時期は不明だが、おそらく明治九年初めごろ、能久は留学費用のさらなる増額を宮内省に要請する。希望する金額は倍額以上の年二万円。能久はドイツ語を習得したのち（明治二〇年に来日したドイツ貴族オットマール・フォン・マールは『ドイツ貴族の明治宮廷記』で能久のドイツ語を「ベルリン方言はあったが、まったく立派なドイツ語」と評している）、ドイツ皇帝の好意によりドイツ近衛騎兵連隊付となって軍事修業に励んだが、一方、ドイツ皇族、貴族、欧州各国の王族との交際も頻繁となった。そのため、七〇〇〇円ではとうてい足りないというのが増額を願う理由であった（以下、帰国までの経緯については『明治天皇紀』明治一〇・四・二一による。前出の『能久親王事蹟』には関係の記述はほとんどない）。

ところがこの願いは一蹴された。当時の日本の国家財政は明治七年の「台湾出兵」の軍費などによって逼迫しており、宮内省関係経費も節約を迫られていた。また皇族に支給されていた賄料は、最高額である桂宮淑子《すみこ》、静寛院宮《せいかんいん》（和宮《かず》）親子《ちかこ》両内親王（ともに孝明天皇皇女、明治天皇の伯叔母）へのものでさえ年六八〇〇円である。能久一人に二万円も出せるはずはなかった。

宮内省首脳らから能久のあまりに法外な要求を聞いた天皇も驚き呆れたのであろう、九年四月、「学業もすでに進歩したようだから今年中に日本に帰ってこい」と命じた。能久の虫のいい当てはまったく外れてしまったのだが、彼はめげない。今度は、「それなら私費で留学を延長したい」と願う。もちろん天皇はこれも認めず、明治一〇年一月、「とにかく一旦帰ってこい」と、あらためて命じた。

†急な帰国

能久がなぜこのような願いを繰り返すのか、天皇や政府、宮内省の首脳たちはワケがわからなかったにちがいない。金が足りないから経費を大幅に増やしてくれと頼んできながら、今度は私費で留学延長などと望む。支離滅裂としか思えなかったであろう。しかしその疑問は、能久がしばらくして宮内卿徳大寺《くないきょうとくだいじ》実則《さねつね》と右大臣岩倉具視《いわくらともみ》に送ってきた書簡で解けた。『明治天皇紀』によれば、そこには「文明の源流は婦人に発すと云ふ欧州の通論に由《よ》り、独逸《ドイツ》国貴族の女《むすめ》を娶《めと》りて皇家を助け国家に尽さんと欲す。乃《よ》りて卿《けい》の斡旋を以て特に之れが勅許を得んことを希ふ」（文明の源は女性だというヨーロッパの常識にしたがい、私もドイツ貴族の娘を妻として天皇を助け、国に尽くそうと思う。ついては天皇の許しが得られるようにはからってもらえないだろうか）との願いが綿々と記され、さらに当時のドイツ公使である青木周蔵がドイツ人女性と結婚したということも付け加えられていたのである。要するに能久は現地の女性（ブリターという名だった）と結婚するためにドイツに滞在し続けたかったのである。能久は書簡を送っただけでなく、そのことを東京にいる北白川宮家の家令に命じて岩倉に陳情させた。

岩倉や徳大寺、そして太政大臣三条実美《さんじょうさねとみ》、宮内省出仕だった木戸孝允《きどたかよし》らは愕然とした。すぐに天皇に事の委細を奏上し、四月二〇日、徳大寺から能久に「皇族の外国人と婚嫁するを得るの規定なし、且《かつ》事重大に属す、突然申請せらるるは軽率の至りなり、決して聴許あらせられず、且既に帰朝の勅命あり、直に発程せらるべし」（皇族が外国人と結婚できるとの規定はありません。しかもそのようなこの重大なことを突然仰るのは軽率の至りであり、天皇がお許しになるはずもありません。すでに帰国せよとの勅命も出ているのですから、直ちにご出発ください）との電報を発し、外務卿寺島宗則も、能久に速やかに帰国するように伝えよ、と青木公使に命じた。そして天皇は翌日、徳大寺に「今年中に帰国せよ」との電報をさらに送らせた。この慌ただしい対応ぶりに、天皇以下の大きな驚きと怒りがあらわれているのは言うまでもない。

これを受けて能久も帰国を決意した。しかも、天皇に言われた今年中ではなく、すぐに欧州を後にすることにしたのだ。先述のように『能久親王事蹟』にはこの騒ぎについてはまったく書かれておらず、逆に能久がこの時期に帰国するのは前から決まっていたかのような記述があるが、これは事実に反する。能久自身がこのとき急に帰国するのを決めたのである。

彼がそう決断した理由をはっきりと示す手がかりは残念ながらない。天皇の怒りに気づいて慌てたから、といった推測もできるが、結婚を認めない人々を自分で直接説得するために一旦日本へ帰ることにした、と考えるのも可能である。能久がブリターと恋に落ち、どうしても結婚したいと思い詰めるに至った経緯はほとんど分からないが、徳大寺らの返答に接してからも結婚についてずっと本気だったのは、帰国前に当時のヨーロッパ上流社会の習わしにしたがって、新聞に「婚約した」旨の広告を出した（『明治天皇紀』明治一〇・七・三）ことからも明らかである。とすると、後者の推測のほうが事実に近いのではなかろうか。

†婚約とりやめ

能久は五月一四日にイタリアのアドリア海に面した港町ブリンディジから船に乗り、日本に向かった。スエズ運河はまだ通じていないから、エジプトのアレキサンドリアからスエズまでは陸路、そこからフランスの郵便船に乗り、香港経由で横浜に着いたのは七月二日だった（経路は『能久親王事蹟』による）。

このとき、能久の後を追ってブリターも日本に来た、ということであれば、それこそ鷗外の『舞姫』のさきがけのようなロマンスとなるわけだが、現実はそうではなかった。帰国して岩倉から説得された結果、能久はドイツのブリターに「婚約を解消する」と言い送るのである（『明治天皇紀』同前）。あれほど熱望したドイツ女性との結婚を、なぜか呆気なくご破算にしてしまったのだ。

この間の能久の心の動きを詳しく説明する材料も残念ながらないが、なにしろ新聞広告まで出していたのだから、帰国の旅の途中で思いを変え、結婚を断念するようになっていたとは考えにくい。それが帰国後、あっという間に翻意したのはなぜか。完全な推測になるが、能久がドイツから一身上の願いを送りつけたまさにそのころ、日本では天皇以下が能久の結婚などとは比べものにならない大事件に直面し、苦心惨憺していたことを、岩倉らによって懇々と諭されたからではなかろうか。その大事件とは後の世に「西南戦争」と呼ばれた、戊辰戦争以来の大規模な内戦の勃発である。

もちろん、明治一〇年一月三〇日、鹿児島の私学校生徒らが政府の造船所などを襲ったのを皮切りに、陸軍大将西郷隆盛率いる薩摩軍による反乱が起きたことを、能久が帰国するまでまったく知らなかったとは思えない。外国にいるとはいえ、日本陸軍に属し、明治七年九月に尉官を経ずにいきなり歩兵少佐とされている。それなりの知らせは公使館などを通じて耳にしていただろうが（ちなみに当時の日本公使館には駐在武官としてのちの総理大臣桂太郎少佐がいた）、おそらく自分の結婚問題で頭がいっぱいだった彼には、母国内での戦いへの切迫感はあまりなかったであろう。そして、現在ならば帰国途上の船中や寄港地などでもリアルタイムで詳しいことが分かるが、時代は明治初期である。戦争についてはせいぜい断片的な情報しか入手できていなかったはずである。

ところが帰国してみると、戦争は政府軍に有利な状況とはいえ依然として続いていた。戊辰戦争でも「官軍」の東征大総督だった有栖川《ありすがわ》宮熾仁《たるひと》親王が、鹿児島県逆徒征討総督として開戦初頭から九州各地を転戦し、明治五年一〇月、能久より先に帰国し、陸軍少将、東京鎮台司令官となっていた東伏見宮嘉彰も、巡査たちからなる新撰旅団司令長官として戦地に向かうことになっていた。また、能久の弟で伏見宮家を継いでいた貞愛《さだなる》親王や、熾仁の弟の有栖川宮威仁《たけひと》王などの若い皇族も、戦闘に参加こそしなかったが戦地に赴いている。そして開戦前にたまたま関西地方を巡幸していた天皇も、戦争が始まると東京には帰らず、戦場により近い京都にとどまった。いわば皇室挙げて戦争に加わっていたのである。

能久はこうした事実を岩倉らに指摘され、ブリターとの結婚をあきらめたのではないかと推測される。皇族の国際結婚を禁じる定めはないではないか、日本を代表する公使である青木周蔵もドイツ女性と結婚したではないか等々、言いたいことはいろいろとあったろうが、これ以上我を張るのは、皇族、ましてや一旦は「朝敵」となった身としては許されないと思い切ったのだろう。

そして能久は京都に向かう。『明治天皇紀』(同前)によれば、「聖上に対したてまつりて速かに過《あやまち》を謝するの誠を致さざるべからず」(天皇陛下に一刻も早くお詫びせねば)と思ったからで、七月二六日に京都に入り、直ちに徳大寺宮内卿を通じ、「恣《ほしいまま》に軽率の挙動を為し慙愧《ざんき》に堪へず、日夜深く悔悟し断然破約の旨を彼の女に通じたり、幸に仁恕《じんじょ》を垂れたまへ」（勝手放題を致しお恥ずかしい次第です。心より悔い改め、婚約を破棄する旨を先方に伝えました。なにとぞお許しください）と謝った。しかし天皇は能久に会わず、徳大寺を通じて、「京都梨本宮邸に籠居し、勅任官を除くの外一切面会を謝絶し専ら謹慎の意を表せらるべし」と命じた。能久は輪王寺宮時代に次ぎ、二度目の蟄居（籠居）、謹慎の身となったわけである。

もっとも今度の処分は短期間で解けた。『能久親王事蹟』によれば、天皇もしばらくして会ってくれたようだ（ただし同書には能久が京都に行った事情や、蟄居、謹慎については一切記されていない）。そして東京に帰った能久は既述のように明治一一年八月には仁孝天皇養子、親王の身分も回復し、また、陸軍軍人としては、他の軍人皇族同様、猛スピードでの昇進を遂げるのだ。

が、だからと言って、能久が自分の巻き起こした騒ぎをすっかり忘れるはずはなかったろう。十数年後に気の毒な最期を遂げたことも、その結果とさえ思われるが、それについてはしばらく措き、ここでは皇族の外国人との結婚（よくよく考えると奇妙な言葉だが、便宜上、以下「国際結婚」という）について、ある事例を中心に見ていこう。

2　ハワイ王女との縁談——山階宮定麿王

†国際結婚の規定

明治六年三月一四日、太政官《だじょうかん》（政府）は日本人が外国人と結婚できると定めた布告を出した。それまでも日本人と外国人の事実上の夫婦はいたが、彼らの間の子供や財産の扱いについては法的にはあいまいだった。そこで諸外国からの要請もあり、日本政府は「国際結婚」を公式に認めたのである（嘉本伊都子『国際結婚の誕生』）。

周知のように明治の日本には華族、士族、平民という身分があったが、この布告における「日本人」にはそのすべてが含まれる。すでに明治四年八月、それまでは許可が必要だった身分を超えた結婚が届け出だけでおこなえることが、やはり太政官によって認められていたが、日本人の結婚は法的にはさらに自由になったのである。

では、華族以上の特権身分である皇族の場合はどうだったのか。明治初期において、皇族の身分を超えた結婚、あるいは国際結婚に関して上記の太政官布告のようなものはない。明治二二年に制定された皇室典範で初めて「皇族の婚嫁は同族又は勅旨に由《よ》り特に認可せられたる華族に限る」（第三九条）と定められ、皇族は皇族同士、あるいは天皇がとくに認めた華族（蛇足だが皇族にも華族にも外国人はいない）としか結婚できないことになったが、それ以前にはそうした規制を明文化した定めはなかったのだ。前に徳大寺宮内卿が能久にあてた電報の中に「皇族の外国人と結嫁するを得るの規定なし」とあったことを紹介したが、「結婚するを得ざるの規定」もなかったのである。したがって理屈をこねれば、皇族も法的に国際結婚が可能だといえないわけではない。

しかしそのような理屈に賛成するものは、当時の日本では圧倒的に少数だったろう。華族、士族らの国際結婚を政府が認めたのには、日本の文明開化ぶりを諸外国にアピールしたいとの思惑もあったからだが、皇族にまでそれを及ぼすつもりは、天皇にも政権、宮中の首脳たちにもまったくなかったにちがいない。「万世一系」、皇室の血統の純粋さをその正当性の第一の根拠としている天皇政権にとって、そのようなことはありえなかった。だからこそ、能久が「文明の源流は婦人に発すと云ふ欧州の通論に由り、独逸国貴族の女を娶りて皇家を助け国家に尽さんと欲す」などと、いかにも「近代的」な「正論」を述べ立てても一蹴されてしまったのだ。

山階宮定麿王
（後の東伏見宮依仁親王）

†ハワイ国王カラカウア

ところがそうした「常識」も、日本の歴史など知らない外国人には通用しない。その結果、興味深い出来事が生じたのは、明治一四年三月のことだった。

このとき、まだ独立国だったハワイの国王カラカウア（『明治天皇紀』にはカルカウアとある）が日本を訪れた。当時、ハワイ王国ではアメリカからの入植者の勢力が増大し、国の独立が脅かされていたが、カラカウアはそうした状況を打開すべく、欧米、アジア各国歴訪の旅に出ていたのである。まず米国のサンフランシスコを訪問してから三月四日に横浜に着いた国王は、一一日、明治天皇と会い、壮大な提案をした。『明治天皇紀』（明治一四・三・一一）などによれば、欧米列強に対抗するために東洋諸国が連盟を結成し、日本がその盟主となるべきだと説いたのである。

天皇は驚いたろう。たしかにハワイに比べれば日本は大きな国かもしれない。しかし、天皇政権成立からまだ一五年、その国力は東洋の盟主となるにはとうてい足りない。天皇は、「貴説傾聴せり」と言いながら、「然《しか》れども、我が邦の進歩も外見の如くにはあらず、殊に清国とは葛藤を生ずること多く、彼は常に我が邦を以て征略の意図ありと為す、既に清国との和好をも全くすること難し、貴説を遂行するが如きはさらに難事に属す」（我が国も見かけほど進歩しているわけではありません。また清国とは争いが生じることが多いですから、あの国が日本が盟主となるのを認めるとは思えません）と正直に述べ、カラカウアの勧めを断った。まるで後年の大東亜共栄圏を思わせるようなアイデアはあっさりと挫折したのだが、ここでカラカウアは天皇にもう一つ難題を持ち出したのである。それは自分の姪にあたるハワイ王室のカイウラニ王女（『明治天皇紀』ではカピオラニー）を山階宮《やましな》定麿《さだまろ》王と結婚させたいとの願いであった。

定麿は伏見宮邦家の末子、つまり能久らの弟だが、明治二年二月に長兄晃《あきら》親王の養嗣子となっていた（明治一八年末、今度は小松宮彰仁となっていた嘉彰の養子となり小松宮依仁《よりひと》親王となるが、さらに東伏見宮家を立てる。このあたりの事情については第四章でふれる）。明治八年四月、満八歳で海軍兵学寮（明治九年に海軍兵学校〈海兵〉と改称）予科に入った（『依仁親王』）。明治六年一二月九日、「中高年や特別の理由のある者以外の皇族は陸海軍の軍人となれ」との天皇の命が出されていたが、定麿もその義務に従ったのである。明治一〇年一〇月に学習院が開校すると、多くの皇族は同校で中学課程（中等科）の途中まで学んだあと、陸軍幼年学校（陸幼）や陸軍士官学校（陸士）、海兵に入ったが、定麿は少年とも言えぬ年頃でいきなり海軍軍人のタマゴとなった。

ただし、他の生徒たちとは異なり、寄宿舎には入らず、入校当初は東京神田の山階宮邸から通学した。明治一〇年三月には寄宿舎に入るが、山階宮家から海兵に対し、「学校の規則もあろうが定麿王は虚弱なので朝食に特に卵を二個つけてくれ」との願いが出されている（『依仁親王』）。これからもふれることが多いだろうが、義務として軍人となった皇族の中には激しい訓練などに体力的に適応できず、苦労した者も少なくなかった。定麿もその一人だったのだが、しかし、時とともに丈夫になり、カラカウアが来日したころには東京築地にあった海兵（明治二一年、広島県江田島に移転）で元気に学んでいた。

その定麿をカラカウアはなぜ姪の王女と結婚させたがったのか。外交官から宮内官に転じ、外国からの賓客との応対などにあたった長崎省吾の回想（『明治天皇紀談話記録集成2』所収）によると、カラカウアは来日後、海兵からも近い浜離宮（現・東京都港区）に宿泊していたが、そこに定麿が連日、釣りの相手などをしにやってきた。すると、「毎日のように接せらるる内に可愛いと云ふ念が増されまして、布哇《ハワイ》王は其《そ》の持って居らるる時計をお上げになるとか」ということになり、それがついには定麿を姪の配偶者にしたいとの希望にまでなったのである。

†外務卿の逡巡

なにやら微笑ましいような話だが、カラカウアの願いの裏には、アメリカの圧力に対抗するために日本の皇室と縁続きになるのが得策であるとの計算も隠されていた。随行したハワイの国務大臣ウイリアム・アームストロングの『カラカウア王のニッポン仰天旅行記』によれば、カラカウアはアームストロングらにも一切相談せずに、天皇に縁談を持ちかけたようだ。もともとカラカウアと関係がよくなかったアームストロングは、「日本を味方につけてアメリカに対抗しようとした国王の夢物語」と冷ややかに書いているが、天皇も軽率に話に乗らず、これもアームストロングによれば、「慎重に考えたい」と言っただけだった。

ただし、長崎の回想では、当時、外務卿だった井上馨は、いったんはこの結婚を受け容れてもいいのではと思ったようだ。おそらく、外務卿としての政治的判断が働いたのだろう。

翌明治一五年のことだが、ロシアに長い間留学していた万里小路正秀《までのこうじなおひで》という公家華族の青年(のち男爵)が、ロシア人女性と結婚しようとした。ところが法的には認められているとはいえ、華族社会ではやはり国際結婚への違和感が強く、正秀の親族たちが強く反対した。困った正秀は在日ロシア公使に頼み込み、公使は井上に尽力を依頼した。条約改正問題とのかかわりでロシアに配慮した井上はこれを承諾し、正秀の親族を説得して結婚を実現させたのである。つまり政治的に配慮したのだ。

しかし、皇族となると同じようにはいかない。外交関係を重視してハワイ国王の希望を容れるか、それとも皇室の血統の純粋さを重視するか、井上は数日考慮した末、「やはり外国の王室との結婚は将来問題を引き起こす惧《おそ》れがある」と考えを変えた。天皇がこのときどう思っていたかは分からないが、多分、井上のように一旦は承知しかかったということもないだろう。

能久の一件から推測しても、そう考えるのが妥当である。

†どう断るか

となると、次なる問題はカラカウアにどう断るかであった。もし、皇族の外国人との結婚を禁じる定めが日本にあれば事は簡単だ。それを立派な理由にできる。しかし、そのような定めはない。なくても日本では差しさわりはないのだが、万一、カラカウアがそのことを言い立てれば、厄介が生じかねない。そこで井上らが考えたのは、日本の習慣として皇族は幼時から結婚相手が決まっており、定麿にもすでに婚約者がいるという理由での謝絶であった。長崎によれば、「如何にも遺憾に堪へざるもやむを得ず御辞退申し上げる」「今上（天皇）に於かせられても御心中御気の毒に存じて居らるる」と、丁重に断ったという。

ただし、天皇や井上が直接カラカウアにそのように告げたわけでないようだ。『明治天皇紀』には関係記事はないが、『カラカウア王のニッポン仰天旅行記』によると、カラカウアが一〇カ月に及ぶ外遊からハワイに帰ったあと、天皇の侍従が極秘で訪れ、「残念だが縁談の件はお受けいたしかねる」旨の天皇の親書と、定麿からの国王の好意を謝する旨の手紙をもたらしたのだ。日本側にしてみれば最大限の気の使い方である（なお、『カラカウア王のニッポン仰天旅行記』には、今もハワイに残る定麿の手紙の写真とその日本語訳が解説者の荒俣宏によって紹介されている。それによれば ハワイにやってきた侍従とは長崎省吾らしいが、長崎は前出の回想でもこのことには触れていない)。

こうなればカラカウアも希望を引っ込めざるをえない。こうして皇族の「国際結婚」話は、日本側の思惑通り消えたのだが、この断りの理由は本当なのだろうか。たしかに幼時から結婚相手が決まっている皇族もいたかもしれない。皇族のみならず、当時の日本では身分を問わずそういう例はいくらもあったろう。しかし、そうでないことも珍しくない。いちいち実例はあげないが、結婚適齢期になっても結婚相手が決まっていない皇族は、男女を問わずたくさんいた。

定麿が結婚したのはすでに小松宮依仁となっていた明治二五年七月、相手は旧高知藩主山内侯爵家の八重子である。この結婚と、四年後に八重子のヒステリー症が原因で離婚したことは『依仁親王』にあるが、二人が幼時から許嫁《いいなずけ》だったといった趣旨の記述は同書にもない。だからといって、それを証拠に井上らがカラカウアをだましたと決めつけることもできないが、おそらく、苦心の末の「ウソも方便」だったのではなかろうか。

いずれにしろ、かくして皇族の国際結婚はまたしても実現しなかった。それが初めておこなわれるのは大正九(一九二〇)年四月、依仁の甥の娘である梨本宮方子《まさこ》女王が朝鮮王室の皇太子だった李垠《リギン》と結婚した時であり、その後はまた一例もない。

3　その後の北白川宮能久親王

†能久の結婚、離婚

話を能久に戻す。能久が仁孝天皇養子、親王の身分を回復した明治一一年八月二六日、弟の易宮《やす》（邦家第一六王子）も親王とされ、載仁《ことひと》の名を下賜された。載仁は慶応三（一八六七）年に孝明天皇養子となり、明治五年一月に後継者を欠いていた閑院宮家を継承していた。本来ならば載仁も兄弟たち同様、幼時に出家し宣下《せんげ》親王にもなっていたはずだが、幕末混乱のためか、王のままで閑院宮家を継いだのである。称号から言えば格下の宮家当主ということになるので、他との釣り合い上、おくればせながら親王に格上げされたのだろう。

さらに同日、有栖川宮熾仁の弟稠宮《さわ》も、明治天皇の養子、親王、さらに男子のいない熾仁の跡継ぎとされ、威仁の名も下賜された。二人の若い皇族をこのように優遇しておいて、すでに宮家を継いでいる能久が王のままというわけにもいくまい。約一〇年ぶりの「名誉回復」には、天皇や政府・宮中首脳によるそのような配慮があったはずである。

かくして正式に北白川宮能久親王となるのを待ちかねたかのように、明治一一年一二月、能久は元高知藩主山内豊信《やまうちとよしげ》（容堂）の娘光子と結婚する。明治になってからそれまでの男性皇族の結婚は左のようで（カッコ内は妃の父。下の年月は結婚時期）、いずれも名門大名の娘を妻としているが、能久もブリターと別れて一年半、ごく常識的な道を選んだのだ。

東伏見宮嘉彰　有馬頼子（旧久留米藩主・有馬頼咸《よりしげ》）　明治二・一一
有栖川宮熾仁　徳川貞子（旧水戸藩主・徳川斉昭《なりあき》）　明治三・二
　　　　　　　溝口董子《ただこ》（旧新発田《しばた》藩主・溝口直溥《なおひろ》）　明治六・七
華頂宮博経　南部郁子（旧盛岡藩主・南部利剛《としひさ》）　明治七・五

ところが明治一九年、能久は光子妃と離婚する。『能久親王事蹟』には「病の為に家に帰らせ給ふ」とあるが、能久がすぐに元宇和島藩主伊達宗徳《だてむねえ》の娘で島津久光の養女となっていた富子と再婚していることからすると、光子が病身で子を産めなかったことが離婚の理由ではなかろうか。離婚時、能久は数えで四〇歳。早く跡継ぎを得なければと焦ったのだろう。

もっとも能久にはすでに子供がいたことはいた。明治一五年生まれの恒久王と、いずれも一八年生まれの延久《のぶひさ》王、満子女王である。恒久と満子の母親は申橋《さるはし》幸子、延久の母親は岩浪稲子という側室だった。明治の皇室では正妃の子、つまり嫡出子がいない場合、側室が産んだ子、庶子が家を継ぐことはできるから、恒久、延久にも宮家を継承する資格があったのだが、二人は虚弱で無事の成長が危ぶまれ、実際、延久は生後一年足らずで死んでしまう。能久の心中は不安でいっぱいだったにちがいないが、再婚した富子妃は明治二〇年四月、成久《なるひさ》王を産んだ。成久はのちに北白川宮家を継ぐことになるが、兄である庶子の恒久も竹田宮家という新宮家を立てることができた。この二人の人生は必ずしも幸せとはいえなかったが、そのことには第七章などでふれていく。

†軍人として

時間は後戻りするが、親王の身分を回復した四カ月後、能久は陸軍の近衛局《このえきょく》に配属となる。当時、局の司令官である近衛都督は陸軍卿兼任の山県有朋《やまがたありとも》中将、明治二四年に名称が近衛師団となってからは、小松宮彰仁をはじめとする皇族も、何人か師団長を務めたエリート軍団である。

能久は日本での軍歴はなかったが、前述のように在独中の明治七年九月に陸軍歩兵少佐となっていた。近衛局配属のときはまだ少佐だったが、一二年一月に中佐、一四年一一月には大佐、一七年一一月、少将、二五年一二月、中将とどんどん昇進した。

軍人の昇進には「実役《じつえき》停年」という決まりがあり、陸軍の場合、たとえば少尉を一年務めなければ中尉にはなれないし、中尉は昇進して二年経たなければ大尉になれない。以下、大尉四年、少、中、大佐は各二年、少将三年、中将四年が、一段上の階級に上るため最低必要とされた。合計すると、少尉に任官して二〇年で大将となる計算である。しかし、これはあくまでも最短であり、実際にこの速さで進級したのは嘉仁親王（大正天皇）と裕仁親王（昭和天皇）の両皇太子だけである。一般の軍人はどれほど有能でも、大将昇進までに三十数年かかった。ところが、皇族は皇太子ほどではないが、他の軍人たちとは比べものにならない速度で昇進したのである。

もちろん、階級が上がれば就く地位も重くなる。能久は少将昇進と同時に東京鎮台司令官代理となり、さらに歩兵第一旅団長を経て中将に昇進すると第六（熊本）、第四（大阪）師団長を歴任した。第四師団長となったのは明治二六年一一月だが、その翌年、明治二七年七月二五日、朝鮮半島の豊島沖で、日本と清国の艦隊が交戦したことで日清戦争が始まった（宣戦布告は八月一日）。大本営も広島に移り、天皇も九月一五日に同地に到着する。そして皇族たちからも戦地に赴く者があらわれた。

その中で最初に大陸に渡ったのは閑院宮載仁（陸軍大尉）である。山県有朋大将が率いる第一軍司令部付として清国領内に進攻し、激戦だった虎山の戦闘でも伝令などを務めたという。また欧米視察から急いで帰ってきた小松宮依仁（あの定麿。海軍大尉）が軍艦「浪速」に、やはりドイツから帰国した山階宮菊麿（海軍少尉）が「吉野」に乗り組み、清国海軍の根拠地である威海衛の攻略作戦などに加わった。

さらに翌二八年一月、歩兵第四旅団長伏見宮貞愛《さだなる》（陸軍少将）が、また四月には近衛師団長から参謀総長となっていた小松宮彰仁（陸軍大将）が征清大総督として大陸へ渡り、ほぼ同じころ、一月に第四師団長から彰仁の後任の近衛師団長に転任していた能久も大陸に向かった。もっともこのころには日本の勝利はほぼ確実となっていた。二月半ばには威海衛の清国北洋艦隊が降伏し、三月半ばには講和全権李鴻章が来日、月末には休戦条約、そして四月一七日には日清講和条約（下関条約）が締結されたのである。したがって彰仁や能久の参戦は、少なくとも清国との戦いにおいては、あまり軍事的意味はなかったといえよう。

†台湾での客死

とくに陸軍の場合、これ以降のすべての戦争においても、皇族が戦場に赴くときには、首脳部によって最大限の配慮が払われた。簡単に言えば、皇族軍人たちが第一線に出て、危ない目にあうのはなるべく避けるようにされたのである。もっとも、皇族死後に書かれた伝記などには彼らの戦場での武勇談が記されているものも多い。敵の弾丸が飛び交う中を突撃した、といった類だが、調べてみると、そのほとんどは事実を誇張している。もちろん戦場だから、どこにいようが危険が皆無なわけはないが、日清戦争から大東亜戦争に至るまで、正確な意味で戦死した皇族は一人もいないのである。

大陸での戦闘が事実上終わった後の貞愛、彰仁、そして能久の大陸出征も、こうした配慮の結果であろう。しかし、それは少なくとも能久には忸怩《じくじ》たる思いをさせることではなかったか。先述のように、西南戦争の最中に帰国した能久は、自らの不始末の結果として蟄居させられ、陸軍少佐の身でありながら戦争には加われなかった。それにもかかわらず、皇族であるがゆえに、陸軍では昇進を続け、ついには近衛師団長にまでなる。ところが清国との戦いでも、いつまで経っても内地にとどまったまま。やっと出征できたかと思えば戦闘は終わっていた、となれば、その心中は容易にうかがえる。

しかし幸か不幸か、能久には新しい任務が待っていた。それは勝利の結果、日本が清国から得た台湾への転戦である。日清間の下関条約では日本は遼東半島、台湾、澎湖《ほうこ》諸島を領有することになっていたが、独・仏・露三国の干渉のために、遼東半島は清国に返さざるを得なくなった。となれば、台湾は南方進出の足場としても、なんとしても確保しなければならない。政府は五月一〇日、海軍軍令部長樺山資紀《かばやますけのり》を台湾総督とし、能久率いる近衛師団とともに新領土を平定するように命じた。

能久は五月二二日、台湾に向け旅順を発った。ところが『能久親王事蹟』によれば、その前の一八日から彼は瘧《おこり》にかかっていたのである。瘧とはマラリアのことだ。周囲は出発を危ぶんだが、能久は薬を飲みながら、師団司令部と近衛第一旅団の将兵三〇〇名とともに「薩摩丸」に乗船した。『能久親王事蹟』には、「(親王は病を)事ともせさせ給《たま》はざりき」とあるが、能久にしてみればここで病気を理由に出発をしないなどありえないことだったろう。

能久が沖縄を経由し、台湾北部の基隆《キールン》付近に上陸したのは三〇日。そこから南に向かって進撃するが、清国軍が撤退した後も台湾独立を主張し、日本の領土となるのを拒否する台湾民主国などの地元勢力の抵抗は激しく、事態を楽観していた日本軍は苦戦した。この間、能久の体調がどうだったかは、戦況については詳しい『能久親王事蹟』にも記されていない。ただ、能久没後すぐの明治二八年一二月に出版された西村天囚編『北白川之月影』によると、台北から少し南の新竹に進撃する最中に軽い赤痢にかかったという。

台湾勢の抵抗もさることながら、現地の気候はきびしく、戦場の衛生状態も最悪だった。コレラが流行し、原田敬一『日清戦争』によると、この台湾平定戦での日本軍将兵と輸送にたずさわる軍夫の戦死者が四五三名だったのに対し、一万二二三六名が病死している。そしておそらく体力が弱るなか無理を重ねた能久も、一〇月下旬、コレラに感染、二八日、台南で没した。

戦死でないとはいえ、戦地で命を落とした皇族は能久が初めてだが、それは空前ではあっても絶後ではなかった。約四五年後の昭和一五(一九四〇)年九月四日、能久の孫の北白川宮永《なが》久《ひさ》王が中国河北省の張家口近郊で死去するのだ（詳しくは第九章）。

さらに知る人も多いだろうが、能久の子、永久の父である成久も、戦地ではないが日本の外で命を落としている。つまり北白川宮家は三代続いて当主が客死したのだが、成久の死については第七章でふれることにする。

†死後の恩典と遺言

能久の死は遺骸が横須賀経由で東京に帰った一一月五日まで伏せられた。そしてそれまでに大勲位菊花章頸飾という最高位の勲章と功三級金鵄《きんし》勲章が授けられ、陸軍大将にも昇った。戦病死ではなく戦死の扱いである。葬儀（国葬）は明治以降の皇室の定めにより神式でおこなわれたが、明治天皇はかつて能久が門跡だった日光輪王寺と、居住していた上野寛永寺でも法会をいとなむことを内々に許した（『能久親王事蹟』）。

そして死後の能久にはさらに恩典があった。明治三〇年六月二四日、山本芳之、永田正雄という二人の少年が能久の実子であると認められて華族とされ、それぞれ輪王寺のあった日光の山と寛永寺のあった場所にちなむ二荒《ふたら》、上野という姓を賜わり、伯爵を授けられたのである。

芳之は明治二二年、正雄は二三年の生まれだが、『明治天皇紀』（明治三〇・七・一）によると、「故ありて生誕の直後に民間に養はれ」た。ところが、おそらく能久が死去した後、自分たちは親王の実の子だと名乗り出、それが宮内省などの調査の結果、事実と判明したのだ。頭を抱えたのは北白川宮家や宮内省である。庶子でも皇族の実子である以上、「民籍」(士族か平民かは不明)に入れておくわけにはいかない。しかし、実子であっても一旦は非皇族となったものを皇族にすれば、皇統を乱すことになる。そこで苦肉の策で、華族とし、爵位を与えることにしたのだ。

のちの総理大臣原敬の日記(明治三〇・七・一。以下「原日記」)や、当時の新聞記事(たとえば『東北新聞』明治二〇・七・四)によると、二人の生母についてはさまざまな噂がとびかったようだが、どうも北白川宮家に仕えていた召使らしい(宮家系譜について最も信頼できるといわれる清水正健『皇族世表』では芳之の母は申橋カネ、正雄の母は前波栄)。先述のように、能久には側室が産んだ子供が何人もいた。彼らははじめから実子とされ、北白川宮家の王子、王女となっているのだから、芳之、正雄がすぐに「民間」に出されたのは、その母親たちが当時の通念では側室たちよりも「身分」が低かったからだろう。『明治天皇紀』の「故ありて」はそう示唆していると思われる。しかし、多分、能久の自筆の書付のような確かな証拠があったため、宮内省なども実子と認定したにちがいない。いずれにしろ、稀有な形での華族誕生であった。

能久死後、もう一つ、これはやっかいな出来事が起きた。台湾に発つにあたって能久は遺書を書いたが、そこには「自分が死んだら側室で延久王の生母である岩浪稲子の面倒をみろ」との一節があるにもかかわらず、富子妃については何も書かれていなかったのである。妃はかんかんに怒り、遺書を取り上げ、稲子の面倒もみさせなかったので、仕方なくやはり稲子の産んだ貞子女王が嫁した有馬伯爵家が肩代わりをしたという。有馬家の旧家臣で家政の相談にものっていた倉富勇三郎（のち枢密院議長）が、これからも本書でたびたび登場する日記（大正九・七・二五。以下「倉富日記」）に書き記しているところである。

第二章 敗者の怨念

1 幕末動乱期の政治活動――久邇宮朝彦親王

†もう一人の「朝敵」

明治の初め、皇族には北白川宮能久《よしひさ》親王のほか、もう一人「朝敵」がいた。久邇《くに》宮朝彦《あさひこ》親王である。青蓮院《しょうれんいん》宮、獅子《しし》王院《おういん》宮、尹《いん》宮など、宮家名以外でもさまざまな通称で呼ばれたこの親王の幕末における存在感は、能久よりも、いや、ほかのすべての皇族と比べても格段に大きなものであった。したがって、明治以降の朝彦のふるまいを理解するためには、幕末動乱の中でのその姿をやや詳しく見ていかなければならない。

朝彦の父伏見宮邦家親王はたいへんな子だくさんで、『皇族世表』には王子一七名、王女一五名が掲げられている。朝彦は四番目の王子だが、妾腹《しょうふく》の生まれだったために幼くして僧侶となる。仁孝天皇養子、親王とされ、一三歳の時、叔父が門跡（院主《いんす》）をしていた奈良の一乗院《いちじょういん》

久邇宮朝彦親王

に入った。一乗院は藤原氏の氏寺である興福寺に属するが、皇族が門跡となり、興福寺の別当（長）を兼ねる格の高い寺である。叔父の死後、朝彦は院主を継ぐが、それからしばらくして川路聖謨《かわじとしあきら》が幕府の奈良奉行となった。その川路の当時の日記『寧府紀事《ねいふきじ》』（寧府とは寧楽、すなわち奈良）には、朝彦についてさまざまな興味深い記述がある。

弘化三（一八四六）年閏五月六日、一乗院で初めて朝彦に会った川路は、翌日の日記に、「格別の美僧と申奉るにはあらねど、よき御容貌にて御英明ことにすぐれさせ給ひ唯々恐れ入る」と記す。これだけなら皇族へのお世辞かもしれないが、それから七カ月経った『寧府記事』（弘化三・一二・五）に、「奈良へ参り驚きたるは、一乗宮の御才力と大仏なり」とまであるのを読むと、川路が本心から朝彦に傾倒していたのが分かる。開明派の幕臣中、一、二をあらそう俊秀だった川路にここまで思わせるのだから、朝彦はたしかに魅力的な人物だったのだろう。門跡としてもただのお飾りではなく、みずから興福寺領内の訴訟を裁いたりもした。周囲からは「神のごとく」恐れられていたという（『寧府紀事』弘化四・一〇・二七）。

ただ、朝彦にはやや鬱《うつ》的な気質があったようだ。嘉永二（一八四九）年閏四月二六日の『寧府紀事』には、「宮は近頃かむ鬱の御症にて、御労症の御発病か、あるいははなだだしきは御発狂などなければよしとて、医（者）の御案じ申上げる由なり」と記されている。川路は朝彦がそうなってしまったのは、「容儀よろしき若衆」なども近づけず、生ぐさものも食べないからだ、と推測しているが、これはひいきの引き倒しで、朝彦は「若衆」とは無縁だったようだが、女性は近づけていたことが、のちに明らかになる。

それはさておき、朝彦は嘉永五（一八五二）年一月、一乗院から京の粟田口にある青蓮院に移る。同寺は門跡寺院の中でも格式が高く、門跡は比叡山延暦寺の管主、天台宗の長である天台座主《ざす》を兼ねることが多かった。朝彦もそうで、同時に天皇のために加持祈禱をする御持僧《ごじそう》として御所に出入りするようになるが、関白鷹司政通《たかつかさまさみち》などの老人の公卿たちに囲まれていた天保二（一八三二）年生まれの若い孝明天皇は、自分と七歳しかちがわない朝彦に親近感を持つようになる。それがこの皇族の運命を変えた。

†御身持宜しからず

当時の日本にとって最大の問題はいうまでもなく「開国」である。すでに清国は一八四〇年から二年間にわたった英国とのアヘン戦争に敗れて香港を失い、西洋列強の圧力でいくつかの港を開かされていた。それを知った幕府や諸藩は危機感を強めていたが、京都朝廷にも情報は伝わり、即位したばかりの孝明天皇は、弘化三年八月、幕府に対し、「海防を厳重にせよ」との勅をくだした（『孝明天皇紀』弘化三・八・二九）。そして、朝彦が青蓮院門跡となった一年半後、米国東インド艦隊司令長官マシュー・ペリー提督率いる軍艦四隻が浦賀にやってきた。「黒船来航」である。

幕府はこのことを朝廷にもすぐに伝えた。大政を委任され、政治向きを独占していた幕府のこのような行為は、朝廷と幕府の力関係が微妙に変化しはじめていたことを示すが、朝廷にもなにか具体的な対外政策があるわけではない。天皇が七寺七社に祈禱を命じるくらいが関の山である。その後もペリーの再度の来航、米国、英国、ロシアとの和親条約締結と、事態はどんどん進んでいく。そして安政五（一八五八）年一月には幕府と米国の間で通商条約交渉が妥結した。いよいよ「開国」である。

交渉がおこなわれている間、幕府は朝廷にその次第を報告し、開国を認めるよう願うが、天皇は鷹司の後任の関白九条尚忠《くじょうひさただ》（貞明皇后の祖父）にあてた書簡で、「自分の代でそのようなことがあっては末代までの恥辱、皇祖に顔向けが出来ない」と強調するように、頑として同意しない（『孝明天皇紀』安政五・一・一七）。天皇も決して幕府と対抗するつもりはなかったが、骨の髄から「夷人《いじん》」嫌いなのである。

朝彦は僧侶の身でありながら、天皇のこうした強硬な姿勢を支え、いわゆる尊王攘夷派のなかには、彼を鎌倉幕府や足利氏と戦った後醍醐天皇の皇子大塔宮護良親王《おおとうのみやもりよし》になぞらえ、「今大塔宮」と呼ぶ者さえ現れた。護良は結局、幽閉され殺されてしまうのだから、縁起でもない異名なのだが、それほど朝廷内での朝彦の姿が目立つようになっていたということだろう。

しかし、幕府との融和を第一とし、開国やむなしと考える九条関白らにとっては、朝彦はやっかいな皇族である。天皇への直接の上奏を禁じ、さらに参内も差し止めた。そして、幕府もついに強権を発動する。安政六年二月、開国反対だけでなく、病弱な将軍家定の後継者選びをめぐっても、水戸藩主徳川斉昭《なりあき》の息子一橋慶喜《よしのぶ》を次期将軍に推す福井藩主松平慶永《よしなが》（春嶽）、薩摩藩主島津斉彬《なりあきら》らと手を組んだ朝彦を、謹慎処分とするよう天皇に要求するのである。

この時の幕府の最高実力者は大老井伊直弼《なおすけ》。直弼は安政五年四月、大老に就任すると、それまでの幕府の方針を大転換し、日米通商条約にも朝廷の同意なくして調印、紀州藩主徳川慶福《よしとみ》（のち将軍家茂《いえもち》）を将軍の後継者とし、条約調印に反対したとして斉昭、慶喜父子、春嶽らを隠居、謹慎させ、さらには反幕派の武士など七十人近くを捕らえ、うち八人を死罪とした。いわゆる「安政の大獄」である。そしてこれが朝廷にも及び、朝彦への処分要求となったのだ。

このとき幕府は内大臣一条忠香《ただか》ら七名の公卿の処分も迫った。しかし、それをうけて天皇がおこなった処分は謹慎五日から五〇日という軽いものであり、幕府もそれを認めた。ところが朝彦の謹慎には期限が定められておらず、最終的には「退隠、永蟄居」という厳罰が課せられるのだ。しかも、その罪状の一つとされたのは、「青蓮院宮御事《おんこと》、年来御身持宜《おみもちよろ》しからず、その上如何の儀も相聞こえ」というものであった（『孝明天皇紀』安政六・一二・七）。具体的には奈良奉行所が調べた結果、一乗院門跡の家来岡村左近の娘みゑが産んだ小松という女子は朝彦の子供だと分かったというのだ。朝彦が「破戒僧」であるのを証拠立てるスキャンダルの暴露であり、幕府もなかなかあざとい。朝彦は青蓮院を追われ、安政六年一二月一一日、相国寺《しょうこくじ》内の塔頭《たっちゅう》（付属する小寺院）に移された。

†復権と弾劾文

朝彦が許されたのは文久二（一八六二）年四月三〇日である。幽閉生活は二年以上に及んだが、その間、元号は安政から万延、文久と目まぐるしく変わり、政情も激変していた。安政七年三月三日、井伊大老は江戸城桜田門外で水戸浪士らに斬殺され、その直後、幕府は将軍家茂への天皇の妹和宮《かずのみや》（のち静寛院宮《せいかんいんのみや》）親子《ちかこ》の降嫁を願う。初めは渋っていた天皇も「公武一致外患掃攘」つまり、朝廷と幕府が一体となり攘夷をおこなうとの条件のもと、これを許す。そして、文久二年四月一六日、このころはまだ公武融和を主張していた薩摩藩の島津久光が軍勢を率いて上洛し、朝彦らの処分を解くように申し入れた。

それからの朝彦の復権ぶりは目を見張るようであった。この年の暮れにはまだ僧侶の身でありながら関白、左右大臣らとともに朝廷内に新設された国事御用掛となる。当時、京都にいた長州藩の杉山松助は国元の山県有朋に、「朝廷は弱腰だが、青蓮院宮様だけは御聡明であるようだ」との手紙を書き送っているが（山県述『懐旧記事』）、「今大塔宮」朝彦への反幕勢力の期待は大きい。そして、序章でも触れたように、翌文久三年二月、異例の還俗をし、弾正尹《だんじょういん》という官名も与えられ、中川宮家を立てたのである。

その直後、尊王攘夷派の浪士が等持院にあった足利尊氏らの木像の首を切り、三条河原にさらすという事件が起きる。長州藩を中心とする反幕、尊攘派勢力の活動は活発になるばかりで、上洛した将軍家茂は天皇に期限付きの攘夷決行を約束させられてしまう。

しかし、その裏で朝彦の姿勢は変化していた。『孝明天皇紀』所収の朝彦の回顧談「久邇宮親話聞書」によれば、攘夷を主張しながらも幕府と事をかまえれば江戸にいる和宮の身が危うくなると心配している天皇に、「自分の命がある限り佐幕の道をとる」と約束、公武合体派の京都守護職松平容保《かたもり》（会津藩主）や島津久光らと手を組むのである。なかでも将軍後見職の一橋慶喜とは、後年、松平春嶽が『逸事史補』で、「慶喜の性質と中川宮の御性質とよく似寄りたる事奇妙なり。それ故、中川宮と慶喜公とはよく話が出来候様子」と回顧しているように親密であった。

そして文久三年八月一八日未明に参内《さんだい》した朝彦は、御所の諸門の警護を会津、薩摩藩などに命じ、三条実美《さんじょうさねとみ》ら尊攘派公卿や長州藩士の御所への参入を禁じた。長州勢はなすところを知らず、三条をはじめとする七人の公卿は長州に落ちていく。かくして「八・一八政変」と呼ばれる宮廷クーデタを成功させた朝彦は、朝廷内で摂家の公卿たちをもしのぐ存在となるのだ。

当然、尊攘派の恨みは彼らの期待を裏切った朝彦に集まる。一〇月末には祇園《ぎおん》社、北野天満宮などに、「弾正尹、元来利欲に迷ひ、会津に与《くみ》し、奸邪を働」き、忍海という僧侶に頼んで「主上を呪詛し奉る」との弾劾文が張り出され、朝彦が天皇にとって代わろうとしているとの噂が流された。誰が告げたのか、それは天皇の耳にも達し、天皇は朝彦に「自分はそんなことはまったく信じていない」との書簡（宸翰《しんかん》）を送るが、朝彦にしてみれば、天皇がわざわざそんなことをしたのが意外であり、慶喜や容保らに相談する。彼らも慌て、天皇に「噂は事実無根」と上奏する。大騒ぎだが、要するにこうした騒動の主役となるほど、朝彦の威勢は大きくなっていたのだ。

そのころの朝彦の日記には、彼のもとを大島吉之助と名乗っていた西郷隆盛をはじめとする諸藩の家臣たちが頻繁に出入りしていることが記されている。また中川宮家には一五〇〇石が与えられたが、朝彦の生活ぶりが派手だったためにそれでは足りず、薩摩、会津藩が赤字を補っていた。薩摩はともかく、決して豊かではなかった会津藩は音をあげ、宮邸に派遣されていた家臣が辞職を願い出たという（家近良樹『孝明天皇と「一会桑」』）。傍目からは朝彦が権勢におごっているように見えただろう。

†失脚そして流罪

しかし、時の流れは速い。欧米艦隊との戦いに敗れたのをきっかけに攘夷路線を捨てた長州は薩摩と接近、薩摩も幕府や朝彦と次第に距離をおくようになった。そしてそれに呼応するかのように、慶応二（一八六六）年八月三〇日には大原重徳《しげとみ》ら対幕府強硬派の公卿たち二二名がそろって参内《さんだい》（列参）し、朝彦や親幕派の関白二条斉敬《なりゆき》を糾弾する。この日の『朝彦親王日記』には、「公卿たちの何人かは衣服の下に防具をつけていた」とあり、大久保利通が少し後日の日記（慶応二・一〇・二）に記すところによれば、大原は朝彦に向かい、「朝廷の失態はすべてあなたのせいだ」とまで言い放ったというから、列参公卿たちの過激ぶりが分かる。

これに対して朝彦は低姿勢で応じた。日記に自分は「虎口を逃れた」と記しているほどで、大原らに圧倒されたのだが、孝明天皇はこの列参に激怒し、加わった公卿たちを閉門処分などとすると同時に、山階宮《やましなのみや》晃《あきら》親王にも彼らに加担したとして蟄居を命じた。晃は還俗後、朝彦と同じく国事御用掛に任じられていたが、それも罷免《ひめん》された。

序章で述べたように天皇は晃の還俗に反対していたが、実は第三章で具体的に見るように朝彦も同じ考えだった。それにもかかわらず晃は還俗し、山階宮家の主となったのだが、その後の晃には薩摩や列参の黒幕だった岩倉具視《ともみ》などが徐々に近づき、兄弟の政治的立場は大きく異なっていく。しかし、天皇は明らかに朝彦の肩をもっていたのだ。

　ところがその年の暮れ、孝明天皇が急逝する。翌慶応三年一月、睦仁《むつひと》親王（明治天皇）が践祚、晃や、やはり孝明天皇から遠ざけられていた有栖川《ありすがわ》宮熾仁《たるひと》親王、中山忠能《ただやす》（明治天皇の外祖父）、それに岩倉などが復権するが、最大の後ろ盾を失った朝彦の影は薄くなる一方だった。そして同年一〇月一四日、一五代将軍となっていた徳川慶喜がついに朝廷に大政を奉還、一二月九日、王政復古の大号令が発せられたのである。

　これにともない、摂政、関白、征夷大将軍などの旧来の職は廃され、天皇政府には総裁、議《ぎ》定《じょう》、参与の三職が置かれた。総裁には有栖川熾仁が任命され、中山忠能、松平春嶽など一〇名の議定のなかには晃《あきら》、その弟仁和寺《にんなじ》宮純仁親王（のち東伏見宮嘉彰、小松宮彰仁）もいたが、朝彦は何の職にも就けられないどころか、参内が禁じられた。

　このとき、同じように参内禁止となった公卿は多くいた。しかし、彼らはそれ以上の重い処分は受けなかったが、朝彦は例外だった。慶応四（九月八日、明治と改元）年八月一六日、慶喜と組んで幕府再興を企てたとの嫌疑で親王、仁孝天皇養子の身分、弾正尹の肩書を取り上げられ、「安芸《あき》少将へお預け」となってしまうのである。安芸少将に預けられるとは、具体的には安芸国へ身を移され、広島城内に幽閉されるということで、朝彦は皇族でありながら流罪に処せられたのだ。

朝彦の犯したとされる罪について、「賀陽宮（朝彦のこと）御不審一件」という資料（国立国会図書館憲政資料室所蔵「岩倉具視関係文書」所収）には、幕府を再興しようとして近づいてきた元幕府の高家の前田播磨守に協力をほのめかす文書を渡した、とある。それが本当ならばたしかに天皇への反逆だが、しかし、その文書の筆跡も、またそこに捺されていた手形も朝彦のものとは似ても似つかなかった。文書を手に朝彦に迫った新政府の議定徳大寺実則《さねつね》や刑法官知事大原重徳、刑法官判事中嶋錫胤《ますたね》らは朝彦にそれを指摘され慌てるが、彼らを朝彦のもとにつかわした新政府の主柱である岩倉具視は、「とやかく詮議などせず、とにかく広島藩にお預けすると言えばいいのだ。あの方がいては御維新の邪魔になる」と言い放ったという（東久世《ひがしくぜ》通禧《みちとみ》『竹亭回顧録　維新前後』にある中嶋の談話）。

かくして朝彦は無実の罪に落とされ、広島に送られたのだが、それがかつて朝彦によって痛い目にあわされていた新政権の権力者たちによる報復であるのは言うまでもない。逆に言えば、朝彦は「維新の敗者」であるがゆえにかかる運命に見舞われたのだが、朝彦はそれを諦念をもって受け容れられなかった。これから見ていく明治の朝彦の数々の行動はそれを示している。

2 維新後の朝彦親王

†赦免

朝彦が広島から京へ戻るのが許されたのは明治三(一八七〇)年閏一〇月一〇日である。その少し前、朝彦は広島藩知事(旧藩主)浅野長勲《ながこと》に手紙で「自分は冤罪をこうむった」と訴え、さらに三条実美にも憐れみを乞うた(『明治天皇紀』明治三・閏一〇・二〇)。浅野はともかく、三条はあの「八・一八政変」で朝彦に痛い目にあわされている。いわば仇敵に泣きつくのだから不体裁な話だが、結局それが功を奏し、同年一二月五日、朝彦は広島藩兵に護衛され、約二年半ぶりに京の伏見宮邸に帰ってきたのである。

そして政府は朝彦に三〇〇石の終身禄(歳費)を与えた。これは謹慎を解かれたときの伏見満宮能久(北白川宮能久)と同額で、兄邦家親王の五五九石二斗などと比べればはるかに少ないが、朝彦は能久と同じく、依然として親王号を剝奪され、宮家当主でもないのだから仕方がない。妥当な額の支給だろうが、といって政府は朝彦を完全に許したわけではなかった。『明治天皇紀』(同右)にはこうある。

朝廷、なおその人心に影響するところ少なからざらんことを慮《おもんぱか》る。仍《よ》りて、同月八日、更に邦家親王に命じ、王をして謹慎して他人に面会せしめることなからしむ

同じ「朝敵」だった北白川宮能久は、この直後にドイツに留学に向かったのだから、それと比べても新政府の朝彦への警戒心は依然として強い。

結局、朝彦が謹慎を解かれたのは明治五年一月六日である。同じ日、やはり「朝敵」だった松平容保、その弟の松平定敬《さだあき》（旧桑名藩主、京都所司代）、五稜郭に立てこもって「官軍」と戦った榎本武揚《たけあき》らも放免された。戊辰戦争の戦後処理が終わったわけだが、朝彦の身分は相変わらず伏見宮家の一員に過ぎず、仁孝天皇養子、親王に復し、あらためて宮家（久邇宮）を立てるのを許されるのは、明治八年五月まで待たなければならない。しかし、それにしても赦免は赦免である。朝彦は天皇に礼を言うために東京へ行き、二月二九日、やはり上京していた弟の伏見宮貞愛親王とともに参内、天皇に拝謁した。

このときの貞愛の上京は一時的なものではなく、東京への移住だった。天皇は明治二年三月末から東京にいるのだから、皇族たちも東京に住むのが望ましいのは言うまでもなく、有栖川宮熾仁をはじめとする何人かの皇族たちはすでに東京に居を構えており、貞愛も東京に移って

きたのである。

そして、天皇は朝彦にも東京に住むように命じた。朝彦はこれを受けて、家族を連れてくるために五〇日間の猶予を願い、七月に京都に帰っていった。

そのころ朝彦には五人の子女がいた。僧侶のころに公然とできない娘がいたのは既述の通りだが、俗人となると正妃はもたないものの、複数の女性に次々と子供を産ませたのである。そのうち第一子（女児）、第二子（男児）は夭折したが、慶応三年生まれの邦憲《くにのり》王（のち賀陽宮）、明治元年生まれの栄子《さかこ》女王、三年生まれの安喜子女王、四年生まれの飛呂子女王、五年生まれの晴子（のち絢子《あやこ》）女王は無事に育っていた。朝彦は彼らとともに東京に戻ってくると帰洛したのだ。

†東京に移住せず

ところが、一家は東京には来なかった。朝彦は五〇日の猶予期間が終わるとその延長を願い、さらに一〇月半ばには病気療養との名目で京都残留を願い出て許されたのだ。

なぜ、そうなったのか。この疑問に直接答えてくれる手がかりはない。もちろん、自分を冤罪に落とした連中が大きな顔をしている東京などに住めるかと思う朝彦が、仮病を使った可能性はかなり高い。毎年のように子供を産ませ、京都と東京の長旅にも耐えられる体力の持ち主が、どうしても京都を離れられないほど病弱とは考えにくいし、現にその後も多くの子供が生まれていることからすれば、そう考えるのが自然だろうが、断定はできない。

ただ、朝彦がこのとき以降も、東京に住むのをずっと嫌がっていたことをうかがわせる事実はある。それは東京にある神道教導職という組織の管長への就任を、東京へ移住したくないとの理由で拒んだことだ(『明治天皇紀』明治一一・四・二三)。

朝彦は久邇宮家を立てた直後の明治八年七月一二日、京都居住のまま、三代目の神宮祭主となっていた。神宮とは天皇家の祖神天照大神《あまてらすおおみかみ》などを祀る伊勢神宮を指し、祭主とはそこに仕える神官の長である。古来、神宮には皇女たちが就く斎王、藤波氏が世襲する祭主がいたが、明治四年五月、政府が神宮の職制を変え、神官の最高位としてこの職を設け、正三位の者をつけることとした。初代は近衛忠房、二代目は三条西季知《すえとも》である。

三条西は「八・一八政変」のあと三条実美らとともに今日を追われた七卿の一人だから、その後任に朝彦が就くのはなんとも皮肉である。しかも近衛、三条西という「臣下」のあとに皇族が続くのも奇異な感じがするが、朝彦死後五〇年を機に編まれた『朝彦親王景仰録』所収の松本勝三「神宮祭主宮時代の御事蹟を拝して」によれば、もともと皇族祭主を願っていた神宮側が、かつては朝彦とも近しい関係にあり、新政府の左大臣となっていた島津久光を動かした結果、朝彦祭主が実現したらしい。そしてあとで見るように朝彦自身もそれに不満ではなく、この地位に誇りを持ち、明治二四年に死去するまで在任した。
となれば、神道教導職管長というふいわば神道界のトップの座、神宮祭主にふさわしい地位に就くこともかまわないはずだが、そうではなかった。天皇の再度の上京の命を事実上拒んでから七年近くが経っても、朝彦の東京は嫌だという気持ちは、依然として強かったのである。

†冷遇?

結局、明治五年に上京してから一〇年ほど、朝彦はまったく東京へ出てこなかった。先述のように何人もの皇族が東京に住まい、兄晃親王も朝彦が京都に帰ったのとすれ違うかのように、明治五年一〇月には東京に移住した。にもかかわらず京都に腰をすえる朝彦は目立ったろうが、天皇や政権首脳は必ずしも強い態度には出なかった。それどころか、明治七年四月には、まだ宮家も立てず、あくまでも伏見宮家の家族の一人である朝彦への歳費を一五〇〇円から一〇〇〇円増額し、同年一一月にはかつて和宮が住んでいた御所下立売御門《しもたちうりごもん》内の邸宅の土地三〇〇〇坪と建物を下賜したのである。『明治天皇紀』(明治七・一一・二〇)には以下のような記事がある。

朝彦王は名は伏見宮の家族なりと雖《いえど》も、他の宮家の家族子弟と異なり、明治元年八月以前、既に独立の宮家たりしを以て、賄料（歳費）等特別に下賜せられたり。（略）其の邸（略）、甚だ狭隘なるにより、他の皇族に準じて別に邸地を賜ふ

後年、朝彦の王子の東久邇宮稔彦《なるひこ》王や朝香宮鳩彦《やすひこ》王らは、折にふれ、「自分たちの幼いころの久邇宮家は冷遇され生活も苦しかった」といった趣旨のことを言ったり書いたりしたが、それは明らかに事実に反するのだ。既述のように還俗以降、朝彦は次々に子供を産ませている。前に名前をあげた子女の誕生以降も、邦彦《くによし》王（明治六年生）、守正王（七年生）、多嘉《たか》王（八年生）、素子《もとこ》女王（九年生）、暢《のぶ》王（〃）、懐子《やすこ》女王（一一年生）、篶子《すずこ》女王（〃）、純子《あつこ》女王（一七年生）、鳩彦《やすひこ》王（二〇年生）、稔彦《なるひこ》王（〃）が生まれている。仮に朝彦が庶民ならば子沢山のせいで本当に生活が苦しかったかもしれないが、皇族一家にまさかそんなことはないだろう。

このように朝彦が寛大な処遇を受けた理由として考えられるのは、政権側も朝彦の東京居住を内心では望んでいなかったということである。かつての「朝敵」が政治的な脅威となる危険はもはやほとんどないにしても、明治五、六年ごろの天皇政権の基盤はまだまだ盤石ではない。現に朝彦と東京で会った四カ月後、天皇は中国、西国巡幸に出るが、その最大の目的は新政権の開化路線に批判的で、不平を抱えて鹿児島に引きこもっている島津久光を自らなだめ、上京させることだった。

また、「明治六年の政変」となって爆発する大久保利通らと西郷隆盛の征韓論をめぐる対立もくすぶっている。そうした状況下で、万一、不満分子たちが朝彦の周りに集まりでもしたら面倒が増す。となると、朝彦にはそれなりの処遇をして京都にとどまってもらったほうがいい。政権首脳たちはそう考えたのではなかろうか。そして、それは朝彦の希望とも結果的に合致した。

ただ、明治八年八月、つまり朝彦が神宮祭主となった直後、政権首脳たちを冷や冷やさせたであろう出来事もあった。それは天皇の説諭に応じて上京し、左大臣に就任した島津久光が、朝彦のもとに家臣を送り、上京をうながしたことだ。政権には加わったものの孤立しがちだった頑固な守旧派の久光は、朝彦を味方につけようと思ったのであろう。しかし、朝彦はこれを断った。『明治天皇紀』(明治八・七・三一)には、「親王、深く戒心する所あり、遂に之れに応ぜず」とある。

この拒絶の理由は「東京嫌い」だけではあるまい。神宮祭主となったばかりで、あきらかに生臭い誘いに乗るなどとんでもないと「戒心」(用心)したのだろうが、注目すべきは、少なくとも久光は、朝彦がまだ政治的な利用価値のある存在だと思っていたことだ。朝彦を敬して(京に)遠ざけておこうという政権首脳たちの慮りは、まったく荒唐無稽なものではなかったのである。

突然の上京

さて、京都に戻った朝彦がふたたび上京したのは明治一五年三月一八日、実に九年半ぶりのことだった。翌々日、天皇にも拝謁する。天皇は明治一〇年の西南戦争の時、長い間、京都に滞在していたから、そのときに朝彦と会った可能性はあるが、いずれにしろ二人の対面は久しぶりである。

もっとも、ずっと天皇に会っていないのを朝彦が気にして東京に来た、というわけではない。『明治天皇紀』（明治一五・三・一八）に「御沙汰に依り東上」とあるように、この上京は天皇の命によるものだった。天皇は朝彦に明治二二年に予定されている伊勢神宮の式年遷宮の責任者である造神宮使となるよう命じるために上京させたのである。

式年遷宮は二〇年ごとにおこなわれる神宮最大の祭事だが、王政復古後は皇室にとっていっそう重要な意味をもつようになった。朝彦としても造神宮使への就任は望むところであり、『明治天皇紀』（明治一五・三・二四）はその張り切りぶりを、「親王（朝彦）大《おおい》に神宮の古礼・古法を考究し、旧典に復せんことを務む」と記す。

ところがこの数年後、朝彦はまた天皇や政権、宮中首脳たちを困らせたり、苛立たせたりする騒ぎを起こすのだ。

明治二一年一〇月八日、天皇は朝彦に対し、京都にいる久邇宮家の子女五人を東京で学ばせるように命じた（以下、『明治天皇紀』同日条）。朝彦はすでに六〇代半ばであり、天皇にもこの老親王を東京に来させようとの気はもはやなかったろうが、皇太子嘉仁親王と同世代の王子王女はやはり在京が望ましいと考えたのだろう。支度料、旅費として三五〇〇円、学費として年に一五〇〇円を下賜という厚遇つきで、一一月一五日までに上京せよとの勅命だった。

しかし、朝彦はこれに素直に従わない。天皇が名をあげた邦彦、多嘉、安喜子、晴子、素子の五人のうち、多嘉、安喜子は病気だから京都を離れられない、あとの三人の上京期日も延期してほしいと応じたのである。もちろん、朝彦がウソをついたとは決めつけられない。二人は本当に病気だったのかもしれないし、いままで通っていた京都の学校から転校するとなると、それなりの手間もかかろう。そして、やや時間はかかったが、邦彦、晴子、素子は一二月五日には東京にやってきたのである。

が、やはりトラブルは起きた。上京後、邦彦はすぐに持病の膀胱カタルが悪化し、熱海で転地療養をする。四カ月ほどして快方に向かったので帰京、学習院に入るが、なぜかほとんど通学しない。そしてここで父朝彦が驚くべき行動に出た。二二年六月半ばに突然上京し、邦彦を京都に連れ帰ってしまうのである。

邦彦死後に編まれた伝記『邦彦王行実』によれば、邦彦は京都で療養と体力回復に専念し、翌二三年三月に東京に戻った、ということだが、実際の経緯はそう単純ではなかった。少し長いが、明治二二年一一月一八日の『明治天皇紀』の記事を引用しよう。

（邦彦王は）是の年六月、事を以て京都に帰り、未だ東上せず。天皇これを憾《うら》みたまひ、是の日、侍従長侯爵徳大寺実則に命じ、書を朝彦親王に贈り、宮内次官伯爵吉井友実《ともざね》、京都に出張中なるを以て、帰京の節、倶《とも》に上京せしめらるべしと告げ、邦彦王が少壮勉学せずして時勢に後るゝを深く遺憾に思召さるゝ旨を諭《さと》さしめたまふ。実則、また書を友実に与へ、聖旨極めて厳なるを告ぐ。曰く、必ず同伴して東上すべし。もし邦彦王の病を称するあらば、京都出張の侍医をして診察せしむべく、真に病重くして東上を難しとせば、病気の癒ゆるまで侍医を付すべしとの御内意なりと

天皇は邦彦がいつまでも東京に帰ってこないのを、ひどく怒っていたのである。さらに京都にとどまる口実である「病」にも、明らかに疑いをもっていた。「侍医を京都にやるから診察させろ」「本当に病気なら治るまで侍医に診させろ」というあからさまな「御内意」は、それをはっきりと示している。そして、ここまで言うからには、邦彦の「仮病」を確信させる情報が天皇に届いていた可能性は高い。

†政治への「介入」

朝彦は一二月初めに上京した。ただし、それは天皇の書簡を読んで恐縮したためではない。一〇月におこなわれた神宮の式年遷宮に奉仕した際に感じたことを上奏するのが目的であった(以下、『明治天皇紀』明治二二・一二・一四)。

一二月一四日、天皇に拝謁した朝彦は、「神宮神秘のことについて天皇自ら祭主に伝授するようにしてほしい。神宮祭主の官制の改定もおこなってほしい」などと願い、天皇も承知する。ところが、これに続けて朝彦は、「皇族たちを召して政治向きのことを諮ってほしい」と言い出したのである。朝彦は神宮のことを話し出す前に、「自分は時事についても憂慮しているが、それについて上奏すれば陛下に御心労をおかけすることになるので遠慮する」と述べていたのだが、結局、話はその方向に転じていった。

この年の二月一一日、大日本帝国憲法発布の当日に文部大臣森有礼《ありのり》が刺殺される。また、一〇月一八日には条約改正問題の渦中にあった外務大臣大隈重信が、爆弾を投げつけられて片脚を失う。朝彦はそれらのことも持ち出し、「天皇が万機を判断される際に有益でしょうから、皇族たちの意見をお聞きください」と言上したのだ。

これに対し、天皇は黙って聞いているだけで、一言も発しなかった。明らかに政府の官職に就いていない限り政治には関与しないという皇族の「矩《のり》」を超えた朝彦の態度に戸惑ったのだ。が、朝彦はめげない。さらに「私が東京にいる間に皇族たちを集めて時事について諮問してくれ。自分も進言を惜しまない」とつけくわえ、天皇の前から退出した。

そして朝彦は一二月一八日、内閣総理大臣三条実美、徳大寺侍従長と会見してハッパをかけるが、翌日には自分で有栖川宮熾仁、伏見宮貞愛、小松宮彰仁、北白川宮能久らを招集し、「いま皇族は無用の長物視されているが、それは国家の重大事にかかわろうとしないからである。自分はこのたび意を決して天皇の政治について申上げた。あなたがたも続いてほしい」と言った。『明治天皇紀』同日条には、「諸親王、ことごとく朝彦親王の言を善とし」とあるが、この後も、とくに皇族たちが政治に積極的に口出しをするようにはならないことからすれば、幕末の朝彦の行動をよく知っている熾仁たちは、内心、「雀百まで踊りを忘れず」と苦笑しながら話を聞いていたのではなかろうか。朝彦はこの翌日、京都に帰る。

†学習院拒否

この上京の時に朝彦が邦彦のことについて天皇らに話したかどうかは分からない。常識的に考えれば何らかの説明、弁解をしたはずだが、『明治天皇紀』にも関連記事はない。いずれにしろ邦彦が東京に戻ったのは翌明治二三年三月二三日だった。『邦彦王行実』には宮内次官吉井友実《ともざね》（歌人吉井勇の祖父）が京都まで迎えに来たとある。ずいぶん念のいったことだが、なんとしても上京させよとの天皇の意向が働いたのであろう。

かくしてなんとか一件落着となったかのようだが、ゴタゴタはまだ続くのである。最初の上京の時に邦彦は学習院に入る。すでに京都府尋常中学校（旧制中学）などで学んでいたから、学習院でも尋常中学科（のちの中等科）に編入したが、ほとんど通学せず京都に戻ってしまったことは先述した。そして再度の上京後、今度こそ学習院に通うのかと思うと、五月に陸士の予備校的な教育機関である成城学校というところに移ってしまうのだ。なぜか。『明治天皇紀』（明治二三・五・二〇）によると、朝彦が「学習院中等科の風儀宜《よろ》しからずと聞き、以て子弟を託するに足らずと思惟」したためであった。

明治天皇の信頼が厚く、嘉仁皇太子の教育主任でもあった佐佐木高行の伝記『明治聖上と臣高行』によれば、この背景には、佐佐木が「学習院の中等科は、近来生徒の風儀悪し」と聞き、そんなところに邦彦王を通わせては朝彦親王に申し訳ないと成城学校への転校を斡旋したという事情があったようだ。しかし、風儀が悪かろうがどうであろうが、在京の皇族は学習院で学ぶのが当然であり、嘉仁皇太子も明治二〇年九月から学習院予備科（のちの初等科）に通っている。佐佐木の勧めに従ったとしても、朝彦が邦彦を転校させたのは角の立つことで、学習院の面目は丸つぶれである。

硬骨漢として知られた当時の学習院院長三浦梧楼《ごろう》（陸軍中将）はカンカンに怒った。すぐに宮内大臣に意見書を提出し、「このようなことでは学習院は設立の意義を失い、廃滅してしまうだろう」と主張し（『明治天皇紀』同前）、ついには辞表まで提出したが（『東京朝日新聞』明治二三・八・一五）、結局、邦彦は成城学校へ行ってしまい、三年後、士官候補生として陸軍に入る。

なお、三浦が口述した『観樹将軍回顧録』には、この一件はまったく出てこない。同書の刊行は大正末で、当の邦彦はまだ存命、しかもその王女の良子《ながこ》女王は皇太子妃となっているのだから、三浦も話すのを憚ったのかもしれない。ただ、三浦が良子が皇太子妃となった、つまり久邇宮家が天皇家の外戚となったことに極端な警戒心をもっていたことは、彼が山県有朋にも近かった政界の情報通、松本剛吉にもらした言葉からもあきらかである（『大正デモクラシー期の政治――松本剛吉政治日誌』大正一三・一・一一。以下「松本日誌」）。ここに学習院の件の影響があるのは明白だろう。

†最後の抵抗

さて、これでさすがに朝彦がからむ騒動は最後かといえばそうではない。邦彦の転校から半年後、朝彦は天皇に上奏文を送るのだ。ただしそれは邦彦のことを詫びるといった内容ではなく、名古屋の熱田神宮に関する抗議だった（以下、『明治天皇紀』明治二三・一〇・五）。

熱田神宮は「三種の神器」の一つである「草薙《くさなぎ》の剣《つるぎ》」を祀り、伊勢神宮に次ぐ格式を誇ってきた。そこが社殿などを改造するにあたり、参考のために伊勢神宮の神殿の構造や、内部の装飾などを観たいと天皇に願ったのである。天皇はこれを許し、明治二三年九月、内務省社寺局長がその旨を伊勢神宮に通達した。ところが伊勢神宮の宮司たちはこれを不服とし、朝彦に天皇へ反対の意を伝えるように依頼したのである。

伊勢の宮司たち、そして朝彦の反対した理由は、そのようなことをすれば神宮の「神秘」が外に洩れてしまう、というものだった。「若《も》し宮中賢所を模せんとして、その拝観を請ふあるも、誰か之れを許容せん」「そもそも天日の二なく、天皇の二なきが如く、神宮の神秘、また一ありて二あるべからず」と、朝彦の上奏文には神宮の、そして神宮祭主朝彦のプライドがあふれていた。

しかし、天皇は考えを変えなかった。そして邦彦を連れ帰った宮内次官吉井友実をまた京都に派遣し、朝彦にそう伝えさせた。普通ならここでことは終わるはずだが、朝彦は承知しない。手紙では自分の考えは伝わらない、天皇に直接会って話をすると言って、一一月六日、ほぼ一年ぶりに東京にやってくるのだ。

朝彦はすぐにでも参内、拝謁したかったろうが、天皇の日常は忙しい。二人が会ったのは一一月一三日だった。『明治天皇紀』同日条によると、気遣いを示したのは天皇のほうである。「熱田の宮司らに神宮内部の拝観などを許されるとはまったく理解できません」と繰り返す朝彦に、「伊勢と熱田を同じにあつかうつもりなどまったくない。手紙のやりとりだけだったので誤解が生じたのだろう。会ってよかった」と穏やかに応えた。

これまでのさまざまな出来事を通じて、朝彦が厄介な皇族であることは天皇もよく分かっていたはずである。しかしかつては父孝明天皇の「寵臣《ちようしん》」であり、系譜上だけだが義理の伯父（仁孝天皇養子）にもあたるこの老皇族を邪険にするのも忍びない。あるいは、岩倉具視らが朝彦をむりやり流罪としたことへの後ろめたさも残っていたろう。それがこうした対応につながったのかもしれない。

朝彦はすっかり気をよくし、「もっと皇族たちが政治について意見を述べやすくするために、天皇と皇族の茶話会のようなものを開いたらどうか」と提案する。朝彦が前にも同じようなことをいったとき、天皇は黙って聞いていたが、今度もそうだった。しかし、なおも朝彦が皇族の政治関与の必要性を言いつのると、「卿《けい》の言、理あり。朕《ちん》熟考すべし」と述べる。朝彦はさらに機嫌をよくしたことだろう。

†土方をやりこめる

そして、一一月一九日、朝彦はまた天皇に会い、今度は「熾仁親王以下皇族一同の総代として奏する」と前置きして、皇族の政治についての意見を聞いてくれなどと、二時間以上にわたって述べる。いつのまにか幕末の朝廷で威勢を振るっていたころの気分になっていたかのようだが、天皇は今度も黙って長広舌《ちょうこうぜつ》を聞き、「宜しく熟考すべし」と応じた。

言いたいことを言った朝彦はさぞ満足しただろうが、これに腹を立てたのが宮内大臣の土方《ひじかた》久元《ひさもと》である。皇居から引きあげてきた朝彦を訪ね、苦言を呈した。宮内大臣である自分に一言の相談もなく、天皇に直接奏上するのは遺憾である。「あたかも表門を避けて裏門から入るが如し」ではないかと食ってかかったのだ。

『明治天皇紀』同日条によれば、このとき土方が怒ったのは、朝彦が神宮に関して天皇に独断で再三上奏したことだった。おそらく朝彦が政治向きに関して上奏したことまで持ち出すと、問題がさらに面倒になると思ってそれには触れなかったのかもしれないが、土方にしてみれば、神宮問題だけでも十分非難に値した。しかし、土方は朝彦を少し甘く見過ぎていた。朝彦が、「私が去年一二月に神宮のことで天皇にお願いしたとき、天皇は分かったとおっしゃったのだ。だから私はあらためて天皇に神宮の神秘などについてお話したのだ」と応えたのに対して、軽率にも、「天皇が何とおっしゃったのかは知りませんが、私は殿下が神宮の神官たちに扇動されて間違いをおかされるのを心配しているのです」と言ってしまう。

朝彦はこれを聞きとがめた。「いくら私が不敏でも、他人の言葉に左右されて重大事を天皇に申上げると思うか。前にさしだした上奏文にも、天に二日なく地に二王なしと記したが、私が心配しているのは、伊勢神宮と皇室の尊厳を思えばこそなのだ」と、反撃する。これで勝負はつき、土方は「黙して語なく」退出したという。

土方は坂本龍馬と同じく土佐の郷士の出で、幕末の京都で勤王派の志士として活動し、あの七卿落ちのときは、三条実美らに従って長州に向かった。明治になって栄達し、宮中顧問官や第一次伊藤博文内閣農商務大臣などを歴任した後、明治二〇年九月に宮内大臣に就任したが、朝彦にしてみれば、敵側の末端で駆け回っていた小物から成りあがった男くらいにしか思えなかったのだろう。

こうして土方をやりこめた朝彦は京都に戻るが、それから一年足らずあとの明治二四年一〇月二五日、祭主として神嘗祭《かんなめさい》に奉仕するために滞在していた伊勢で、大動脈瘤破裂のために死去した。享年六七。久邇宮家は三男邦彦によって継承されるが、朝彦死後もこの宮家の人々は皇室の中でのさまざまな出来事にかかわってくることになる。

第三章

勝者の困窮

1　明治天皇が最も信頼した皇族――山階宮晃親王

†スキャンダル――叔母との出奔

幕末に中川（久邇）宮朝彦親王に次いで還俗し、宮家を立てたのは山階《やましな》宮晃《あきら》親王だった。この親王は伏見宮邦家親王の第一王子だが、そのことが正式に認められたのは、なんと明治二二（一八八九）年一月、七二歳になってからである。それまでも皇室内外で邦家の長子として遇されてはきたのだが、皇族の戸籍である皇統譜には、あくまでも邦家の父、つまり祖父貞敬《さだよし》親王の第八王子と記されていたのだ（以下、晃の履歴は主として『山階宮三代』による。なお晃の子孫にあたる深澤光佐子に『明治天皇が最も頼りにした山階宮晃親王』がある）。

文化一三（一八一六）年、晃が藤木寿子という女性を母として生まれたとき、邦家は満一三歳、いまならまだ中学生である。なんとも若すぎる父親で、それが理由で晃は祖父の子とされたのかもしれないが、真相は分からない。ただ、晃本人がそれを気にしていたのは確かで、皇統譜が事実の通りに書き換えられたのは本人の希望によるという。

もっとも仮に名実ともに長子とされていたとしても、母の寿子は邦家の正妃ではないから、晃も伏見宮家を継ぐことはまずありえない。二歳で京の山科《やましな》にある門跡寺院、勧修寺《かじゅうじ》に移り、光格上皇の養子となる。そして文政六（一八二三）年、親王とされ、翌年、得度を受けて正式に僧侶となった。序章で説明した当時の皇室の習い通りである。

以後、勧修寺門跡として修行に励むが、天保一二（一八四一）年一〇月、二五歳のときに、まさに驚天動地のスキャンダルをおこしてしまう。貞敬の王女、つまり系譜上は妹で、実は年下の叔母である隆子女王（幾佐宮《きさ》。当時二三歳）と、京を出奔してしまうのである。皇族が無断で京を離れることは許されない。ましてや女連れなどありえないことだ。『孝明天皇紀』（安政三・一・二〇）に晃への「御沙汰書」が引用されているが、そこには、「他国へ密行、ことに実妹幾佐宮同行、無頼《ぶらい》の所業」と糾弾の言葉が記されている。

明石、姫路あたりまで行った二人は二〇日ほどで京へ帰るが、仁孝天皇は激怒し、晃の光格上皇養子の身分、親王号などをとりあげ、東寺での「厳重籠居」を命じる。そして、隆子も伏見宮家を追われたうえ、髪をおろし、姉の日尊女王が門跡である瑞龍寺で謹慎させられることとなった。

さらに処分は当人たち以外にも及んだ。貞敬から宮家を継いでいた邦家も「家事向万端《ばんたん》不取締」として閉門となる。一カ月でこの処分は解けるが、結局、邦家は隠居し、落飾（出家）せざるをえなくなる。もっともどこかの寺に入ったわけではなく、この後も子供を何人も産ませるが、宮家の家督はわずか五歳の第六王子貞教《さだのり》親王が継いだ。天保一三年八月のことである。貞教には嘉言《よしこと》、朝彦らの兄がいたが、いずれも庶子であり、幼いながらも正妃（鷹司景子《ひろこ》）の産んだ彼の宮家継承は当然だった。

左より山階宮晃親王、北白川宮能久親王、小松宮彰仁親王、伏見宮貞愛親王。

†弟・朝彦への対抗馬

一方、その名も濟範《さいはん》法師と呼ばれるようになった晃は、東寺内の寺でひたすら謹慎、修行の日々を送る。事件を起こしてから一〇年経って、やっと夜間に寺内の太子堂などへ参詣することが許されたが、昼間の参詣もできるようになったのは、さらに五年後の安政三（一八五六）年、長かった蟄居がようやく解かれ、勧修寺へ戻ることになったのは安政五年五月だった。

その後は氷《ひ》室《むろ》殿と称し、勧修寺門跡として皇室の法要などに専念するが、文久三（一八六三）年秋に至り、晃の上にあの駆け落ちに匹敵するかのような人生の転換点が訪れた。島津久光、松平容保《かたもり》、徳川慶喜《よしのぶ》などが、晃を還俗させ、親王に戻し、朝政に参画させようと動き出したのである。彼ら公武合体派の大物たちには、朝廷内の反幕ではないものの攘夷に固執している頑迷な公卿たちを抑えるために、晃をかつぎだそうとの意図があったと思われる。久光らは薩摩藩士高崎佐太郎（正風《まさかぜ》。明治になって侍従番長、御歌所長）などから、晃が時勢への見識が高く、海外の情勢にも関心が深いと聞き、その存在に注目したのだ。

そして、もう一つ見逃してはならないポイントがある。それは久光たちが晃を、朝彦を牽制できる存在として見ていたのではないかということだ。前章で述べたように、「八・一八政変」を主導して以来、朝彦の朝廷内での威勢は一気に増した。反対派からの攻撃とはいえ、皇位を簒奪しようとしているとの噂さえ飛び交ったのである。久光らが「八・一八」で朝彦に同調したのは、長州勢や反幕派の公卿たちを京から追い払うためであったが、その結果、朝彦が大きな力をもつようになっては別の面倒が生じかねない。そのような事態となるのを危惧した久光らが、晃に目をつけた可能性は高い。

朝彦が晃の還俗に対してとった態度も、まさに反対側からこのような推測を裏づける。孝明天皇が還俗に反対したことは序章、第二章で繰り返し見たが、天皇が最もこだわったのは、晃に厳罰を与えたのは先帝の仁孝天皇であり、それを自分が許したりすれば、とんでもない親不孝になるということであった。『孝明天皇紀』（元治一・一・九）には晃の還俗にいたる経緯が記されているが、久光、容保、慶喜らが、「晃親王のかつての罪を許し、還俗させ、登用してほしい」と願ったとき、天皇は一も二もなくはねつけた。引用されている天皇の書簡（宸翰《しんかん》）には、「心底から」それに反対したと記されている。

しかし、関白二条斉敬《なりゆき》や前関白近衛忠熙《ただひろ》までもが久光らに同調したため、天皇も仕方なく意を曲げ、晃の還俗が実現するわけだが、その際、朝彦は還俗はやむを得ないとしても、晃を親王に戻すのには反対し、逆に皇族から外して臣下とせよと主張したのだ。前出の高崎正風の回顧によれば、近衛に対し、「大納言にすればいいだろう」とまで言ったという（『史談会速記録』第五十五輯）。

これを、晃を本当は許したくないとの天皇の真意を察したがための主張、と解釈することもできるかもしれない。しかし、いまや完全に「同志」となったはずの久光や、関白ら朝廷首脳の一致した意向に逆らってまで、まるで晃のメンツをつぶすかのようなことを言い出す背景には、朝彦の不満と警戒心があったと見るほうが自然だろう。

晃が正式に伏見宮に戻り、還俗するのを許されたのは文久四年一月九日（二月二〇日に元治と改元）。一七日には山階宮の宮号を下賜されるが、『山階宮三代』によれば、それに先立つ一一日、晃は久光に世話になった礼として、見台、屏風、釜、硯、花生けを贈った。これらの品々をとどけた使いは、「このたびのことはすべて三郎殿（久光）が皇国を思われる心の余光が当宮にもおよんだこと」と述べるが、このような丁重な礼は久光に対してだけおこなわれたようで、晃が自分の還俗は誰の尽力のおかげか、よく認識していたことが分かる。

さらに二七日、晃は孝明天皇養子とされ、親王となる。完全にかつての身分に戻ったのである。そして翌日、国事御用掛に任じられた。朝彦もすでに同じ地位にいるが、朝廷内での席次は晃の方が上とされた。無論、兄だからだろうが、朝彦にしてみれば面白くなかったかもしれない。

†兄弟の対立

そして、二月八日、晃は関白二条斉敬邸でおこなわれた長州藩処分についての会議に出る。ほかの出席者は朝彦、関白、右大臣ら朝廷首脳の公卿、徳川慶喜、島津久光、松平春嶽、伊達宗城《むねなり》、山内容堂など武家の大物と幕府老中たち。文字通り当時の政界の最高レベルの集まりであり、そこに晃が出席するように勧めたのは久光である。久光に晃を朝彦と並ぶ皇族としてアピールするとの狙いがあったのは明らかだろう。

以後、晃は久光の行動に同調する道を歩む。一方、朝彦は「一会桑《いっかいそう》」勢力に肩を寄せる。反長州という一点で手をむすんでいた久光と「一会桑」の距離は、政情の変遷にともない離れる一方だったから、晃と朝彦の関係も悪化する。慶応元（一八六五）年秋には長州再征をめぐり、それに反対する久光らと「一会桑」の対立があらわになるが、そのころ、晃は久光にあてた書簡で、朝彦らが自分たちを「薩説家」、薩摩の主張に同調するものとして「大いに大いに忌み悪《にく》み」とまで書いている（『島津久光公実記』）。

前章で見たように、孝明天皇は晃を翌慶応二年八月三〇日の反幕派公卿二二名の「列参」の黒幕として蟄居処分とするなど、朝彦を支持する態度を変えないが、それから四カ月も経たない一二月二五日、急に崩御し、情況は一変した。「一会桑」の旗色は日に日に悪くなり、討幕派の勢いは増す一方である。晃の処分が解かれたのは慶応三年三月二九日だった。

†堺事件

そして同年一〇月一四日の慶喜による大政奉還、一二月九日には王政復古の大号令と時代は動く。王政復古と同時に総裁、議定《ぎじょう》、参与の職が置かれ、晃、弟の東伏見（小松）宮嘉彰《よしあき》親王が議定となったにもかかわらず、朝彦は参内禁止、翌年八月には広島に流されてしまったのは、前に述べた通りである。

一方、晃は新政権の中で重職に就く。慶応四（九月八日、明治と改元）年一月一七日には議定に外国事務総督を兼ねた。もっとも、同時期に同じように任官した皇族は何人もおり、有栖川宮熾仁《たるひと》親王が新政権トップの総裁に、聖護院《しょうごいん》宮嘉言《よしこと》親王、華頂宮博経親王、熾仁の父有栖川宮幟仁《たかひと》親王も晃、嘉彰にはおくれるが議定に就任している。そしていずれも政府内に七つあった事務科の長である内国事務総督、会計事務総督、海陸軍事務総督などの肩書も帯びるが、これらの皇族たちが新政権で実権をにぎったわけではない。たとえば嘉言が就いた内国事務総督には、正親町《おおぎまち》三条（のちに嵯峨と改姓）実愛《さねなる》、徳大寺実則《さねつね》、松平春嶽、山内容堂も同時に任じられていることから分かるように、新政権内での皇族は天皇政権成立を天下に知らしめるための「お飾り」のようなものだった。

ところが晃はやや違った。二月二〇日に政府の組織改編がおこなわれ、七つの事務科が八つの事務局となるが、晃は外国事務局の長の外国事務局督となる。そしてそれまで同じく外国事務総督だった三条実美は辞め、伊達宗城、東久世通禧は事務局督より一段下の事務局輔となった。つまり、晃は政府の外交部門の最高責任者となったのである。この組織改編で内国事務総督の嘉言、会計事務総督の博経は、いずれも内国事務局督、会計事務局督となっていないから、やはり晃の能力は新政府の首脳たちによって評価されていたと見るべきだろう。

そして、事務局督就任早々、晃には大仕事が待っていた。いわゆる「堺事件」の処理である。二月一五日、堺港に入港したフランスの軍艦デュプレー号の乗組員と、港の警護にあたっていた土佐藩兵が争い、フランス兵一一名が殺された。フランス側は犯人の処罰と多額の賠償金の支払いを要求したが、同時に在日フランス公使レオン・ロッシュは、「外国事務長官の任にある親王来船して謝罪し、高知藩主またこの如くすべし」との書簡を伊達事務局輔に送りつけた（『明治天皇紀』明治一・一・一九）。

わざわざ親王による謝罪を求めたあたりに、もともと幕府に肩入れしていたフランスの嫌がらせが感じられるが、新政権はイギリスなどの勧告もあり、この要求をのむことにした。皇族による謝罪が、発足早々の天皇政権にとって屈辱的なのは言うまでもないが、それを拒む力はない。まだ少年の天皇をかつぐ政権の首脳たちは、すがるような思いで晃にこの嫌な任務を引き受けてくれるように頼んだにちがいない。

そして晃は二月二四日、伊達、東久世らを率い、大坂湾に停泊していたロッシュの乗艦ウェヌス号を訪れた。前日には罪を負わされた土佐藩士一一名が、フランス人たちの目の前で壮絶な切腹を遂げている。それもあってか、フランス側の応対は丁重で、晃は無事に任務を果たした。政権内でも晃の株は上がったにちがいない。

ついでに述べると、森鷗外の歴史小説「堺事件」には晃はまったく登場しない。やはり堺事件を扱った『堺港攘夷始末』を著した大岡昇平は、それを「皇室に体裁の悪いことは書かない」誤った態度と、きびしく批判しているが（『歴史小説論』所収の「『堺事件』の構図」）、「堺事件」が書かれたのは大正三（一九一四）年、そのとき鷗外は軍医総監（中将相当官）・陸軍省医務局長だったことを思えば、無理な注文であろう。

†公職引退

それはともかく、晃はフランスに謝罪した翌日、神戸に行き、イギリス、オランダ、フランス公使と会見する。さらに二月三〇日（旧暦では三〇日がある）には天皇が初めて外国の公使らに接見する儀式に外国事務局督として参列するが、その直前、また大事件が起きた。御所に向かう途中のイギリス公使ハリー・パークスが暴漢に襲われたのである。晃は天皇の命で、見舞いのためにパークスのもとに急行する。今度も厄介な仕事である。

負傷したパークスへの天皇の接見は三月三日にあらためておこなわれたが、もちろん晃も陪席し、イギリスとの親睦を希望する勅語をよみあげる。接見の前にあらかじめ晃と会っていたイギリスの書記官アーネスト・サトウは有名な『一外交官の見た明治維新』で、「たいへんに愛想のよい、愉快な人で、きたないあご髭をそりおとし、歯を普通に黒く染め、直衣《のうし》という衣装を着て」と描写しているが、外国の使臣にも晃は好印象を与えたようだ。

その後もキリスト教禁制問題などをめぐりパークスと何度も会見するなど、晃は外交の最高責任者として活動するが、閏四月二一日、太政官制度が本格的に整備されたのにともない、議定と外国事務局督を辞職した。

やや唐突な感じもするが、このとき新政府の総裁だった有栖川宮熾仁も辞職し、議定の東伏見宮（小松宮）嘉彰、華頂宮博経、有栖川宮幟仁も辞めている（病弱だった聖護院宮嘉言はそれ以前に辞職）から、その一環であろう。もっとも、後述するように嘉彰は軍防事務局督から新設された軍務官の知事（のちの兵部卿）に横すべりし、嘉彰が留学すると、熾仁がその後任となっている。さらに熾仁はその後も数々の重職を歴任しているから、皇族が政権から完全に外されたというわけではない。だとすれば、外国事務局督を単なる「お飾り」以上に務めていた晃が、新設の外国官知事になってもおかしくはない。

このあたりの事情をはっきりと説明する資料はないのだが、一つ推測できるのは、晃本人が政府の第一線から退きたいと希望したのではないかということである。年齢もすでに五〇歳を超え、もともと朝彦などに比べて権勢へ執着するところも少ない晃は、幕末以来の政治の世界での活動にいささかくたびれていたのであろう。これはその後の晃の行動ぶりからもうかがえる。

それともう一つ推測をたくましくすれば、晃には自分が皇族という身分であることへのこだわりがあったのではないか。そして、それが顕職にいることへのうしろめたさにつながったのではないか。

晃はすでに慶応三年一二月、議定となってすぐに皇族制度の改革を提案し、皇族の王子はすべて姓を与えて臣下とせよと主張している（『山階宮三代』）。ここには天皇家と血縁がはるかに離れている伏見宮家の王子たちが、天皇、上皇の養子（猶子）、親王とされ、皇族として扱われることへの根本的な疑問がある。もちろんそれは自分自身の身分への疑問でもある。この考えは明治になっても変わらず、やや後になるが、明治四年一一月、晃は、「孝明天皇猶子（養子）や親王の身分をすべて返上し、洛北の農村で隠居、帰農したい」と天皇に願い、さらに養嗣子としていた弟の定麿王を華族とするようにも請うている（『明治天皇紀』明治四・一一・一六）。

そしてあえてもう一つ推測をつけくわえれば、ここにあの駆け落ち事件の影を見ることもできるのではないか。晃が孝明天皇に赦免され還俗したのち、朝彦が伏見宮家を代表するような形で、天皇に「隆子女王も伏見宮の籍に戻してほしい」と願い、これも許された。つまり隆子の罪も消されたわけだが、隆子は出家、謹慎させられたまま、万延元（一八六〇）年、四三歳ですでにこの世を去ってしまっている。復権はむなしいだけであり、その不運をわが身とひき比べれば、晃の中にはうしろめたさが残ったであろう。

しかも、世間ではあの醜聞を忘れない者も多い。三条実美の側近だった尾崎三良（法制局長官など）は、『尾崎三良自叙略伝』のなかで、「（晃親王は）実妹《ママ》に渡らせらる姫宮と姦淫し」と書いている。もともと刊行しないつもりで書かれた自伝だからこのような露骨な表現になったのであろうが、晃もこの種の視線がいつまでも自分に向けられていることに気づかぬわけはない。

†困窮？

やや推測が重なってしまった。話を別のことに移す。それは経済的な問題である。かつて山階宮家が立てられた際、幕府はこの新宮家に一〇〇〇石の所領を保証すると約束した。天皇、朝廷を事実上の支配下に置く代わりに、幕府はその費用はすべて負担することになっていたのだから当然のことである。ところが、幕府の財政事情が急速に悪化するなか、約束は一向に実現せず、幕末の山階宮家の家計は、幕府が渋々出す金や、薩摩藩、勧修寺からの援助で自転車操業するはめに陥っていた。

こうした窮状は王政復古がなっても変わらない。以下、『山階宮三代』の断片的な記述などからみていくが、まず、新政府は一〇〇〇石の所領があれば四公六民で四〇〇石の玄米が入ると算定し、その代金相当の一四〇〇両ほどを山階宮家に支給することにした。しかし、政府の台所も苦しく、一度には給付できない。そこで苦肉の策で、慶応四年一月、勧修寺の所領（一〇〇〇石余）を暫定的に山階宮家のものとすることにしたが、それでは勧修寺が困ってしまうことになり、宮家と寺の間がゴタゴタする。そこに晃が議定などに就任したために、毎月八〇〇両から一二〇〇両の給与がもらえることになった。やっと一息というところだが、先述のように、閏四月に晃は辞職。給与もなくなり、山階宮家の家計はまた火の車である。

仕方なく山階宮家は七月、政府に一万両借りたいと願うが、あっさり却下されてしまう。翌月にも同じく願うが、これも却下。やむをえず九月になって、「勧修寺領は返上するので、代わりに毎年玄米四〇〇石を下賜して欲しい」と頼み込み、これは認められたが、支給は翌年（明治二年）からにしてくれ、と政府は言う。宮家は「格別の配慮を」と泣きついたが、どうやらやはりダメだったようだ。また明治二年から三年にかけ、戊辰戦争で軍功のあった皇族、元公家、大名などに与えられた恩賞（賞典禄）を有栖川宮熾仁《たるひと》、東伏見宮嘉彰らはもらったが、晃はこれにも無縁であった。

かくして山階宮家の家計は苦しいままである。ただ、養子にはしたがまだ実家伏見宮家にいる末弟の定麿の養育費用として同宮家に毎月八両払うとか、当時は珍しかった写真撮影を九両一分もかけておこなった、といった記述も『山階宮三代』にはあるから、家計が苦しいといっても庶民とはレベルがちがう。しかし、明治三年初め、晃が各宮家にあて、「勝手元が不如意なので、本年から三年間、交際上の儀礼を簡略にする」と、かなりみっともない申し入れをしていることからすると、皇族の体面を守るだけの余裕はたしかになかったのだろう。

弟の朝彦が維新の「敗者」とすれば、晃は「勝者」である。さらには堺事件の処理などにおいても大きな功績があった。それにもかかわらず、なぜこうしたことが起きるのか不思議だが、そこには王政復古を宣言し、皇族を還俗させ、宮家をいくつもつくっても、経済的には皇族をとくに優遇するだけの余裕はなかったという新天皇政権の現実があった。

†永世禄

しかし、明治三年十一月、宮家の主である親王、内親王たちに左の額の永世禄（年俸）が与えられることになった。

桂宮淑子《すみこ》／一〇一五石　有栖川宮熾仁／五二〇石　伏見宮邦家／五五九石二斗
山階宮晃　東伏見宮嘉彰　梨本宮守脩《もりおさ》　華頂宮博経　北白川宮智成／四三一石三斗
閑院宮（当主不在）／五三〇石

淑子へのものがずば抜けて多いのは、天皇の実の伯母だからであろう。他の四親王家三家にはかつての石高の違いに応じて若干の差がある額が、山階宮以下の新立宮家にはそれより少ない額が一律に与えられた。またほぼ同時期に、宮家の当主ではない朝彦親王と能久親王に三〇〇石が与えられたことは前述した。

さらにこの時、旧公家にも永世禄が与えられた。その最上位の五摂家への額は左の通りである。

近衛家／一四六九石五斗　九条家／一二九七石九斗　二条家／八一八石
一条家／六六五石四斗　鷹司家／五二六石七斗

一目瞭然だろうが、皇族よりも摂家のほうが優遇されている。また、公家社会で摂家に次ぐ清華家でさえ、皇族より多く永世禄を与えられているケースがいくつかある。

さらに旧大名には版籍奉還にともなう禄制改革によって永世禄にあたる家禄が支給されていたが、それのリストのなかに淑子の永世禄をあてはめると、かつての石高が二万石から二万五〇〇〇石の小大名の家禄と同じくらいの額である。したがってほかの皇族たちは、一万石の大名くらいにしか扱われなかったということになろう。

それでも山階宮家の家計もすこしは楽になったはずだが、どうもそうでもなかったようで、明治五年一〇月の東京移住に際し、晃は五〇〇〇両貸してほしいと願い、またまた却下された。公職から退いた晃は、京都でも東京でも寺社詣でをすることが楽しみだったが、その際、わずかなお供しか連れないことが多く、「皇族らしからぬ」と批判されたりした。困って宮内省幹部だった香川敬三（のち皇后宮大夫など）に相談すると、「今の家禄では仕方ないでしょう」と言われたという。政府も宮内省も山階宮家の「窮状」は分かっていたが、どうしようもなかったのである。

そして晃は明治一〇年八月、京都へ帰住する。還暦も過ぎ、老後を生まれ故郷で過ごしたいと思ったのだろう。天皇もそれを許した。ただ、海兵に通う養嗣子の定麿や何人かの家臣たちは東京に残るから、山階宮家は東西二重の生活となる。そこで、宮内卿徳大寺実則《さねつね》が、「賄料四六五二円と交際費六〇〇円のうち、東京の宮家費用として三六〇〇円をあて、京都での出費は一六五二円とせよ」とわざわざ申し入れた。

明治六年七月末に永世禄は現金支給の賄料となり、増額もされ、交際費も加わっていたが、それでもとくに高額になったわけではない。なんとも厳しい要求のようにも思えるが、第一章で能久親王が留学費用の増加を願って一蹴されたことを紹介したときにも見たように、このころの国家、皇室財政は相変わらず潤沢ではない。やむをえぬ申し入れだった。

†悠々自適の老後

それでも京都での晃は日々の生活を楽しんでいたようだ。よく出歩き、下立売御門《しもたちうりごもん》内の朝彦邸にも年に数回は訪れたらしい。明治一二年秋には京都にやってきた右大臣の岩倉具視を、朝彦と嵐山での舟遊びに招待するとの一幕もあった。かつての政敵たちが紅葉をながめながら何を話したか、残念ながら記録はない。

そして、晃はそのほかの土地へも何度も出かけ、東京での憲法発布式、第一回帝国議会開会式、天皇・皇后結婚二五周年祝典などにも参列している。旅行のスケジュールはハードで、例えば明治二一年九月には汽車で神戸に行って船に乗り、翌日横浜から東京着、その後も二〇日ほどを毎日のように各宮家訪問、寺社参り、芝居見物、宴会などで過ごし、それから高崎正風とともに仙台、福島方面を一週間回り、帰京すると天長節（一一月三日）の観兵式参列、すぐに二泊三日で碓氷峠《うすい》、妙義山登山、さらに東京であちこち歩き回り、年末には熱海、伊豆方面に旅行……といった具合だった。この時、満七二歳。実に元気な老人である。

さらに晃には子供も生まれた。還俗したとき五〇歳に近く、正妃もいなかったためか、明治二年、定麿を養子としたのだが、明治六年七月、中条千枝子という側室が菊麿王を産んだ。すでに定麿が宮家の跡継ぎとされていたため、菊麿は子供のいなかった梨本宮守脩《もりおさ》の養子となり、守脩死後、同宮家を継いだが、明治一八年一二月、定麿が小松宮彰仁（東伏見宮嘉彰）の養子となり、菊麿は山階宮に戻ることとなった。ややこしい話だが、これについては次章でもふれる。

そして、明治三一年二月一三日、菊麿の妃範子が東京で男子を産んだ。このとき、病床にあった晃は嫡孫誕生の知らせに喜び、すぐに「武彦」と記した命名書をもった使いを上京させるが、その直後、八三歳で死去した。

これ以後も菊麿には王子が四人、王女が一人生まれる。武彦が関東大震災で妃佐紀子（賀陽宮邦憲王王女）を喪うという悲運もあったが、武彦を含め王子たちは、気象学、鳥類学、国史学などのパトロンとして学問研究の発展に寄与する。これからも見ていくように、ほかの宮家の皇族たちの中には、政治や軍事の分野で、あるいは私的に皇族としての「矩」を越えるおこないをする者もいたが、それに比べれば晃の子孫たちは地味ではあるが、皇族に課せられたノーブレス・オブリージュ（高貴なものの義務）を果たしたと言えるかもしれない。

2　明治天皇の信頼を得たもう一人――有栖川宮熾仁親王

先に晃親王を維新の「勝者」と表現したが、一般的には、維新史の中でもっともこの名にふさわしいとされている皇族は有栖川宮熾仁だろう。

†「勝者」熾仁親王

熾仁は天保六（一八三五）年の生まれ、晃より一九歳、朝彦より一一歳年少である。父幟仁親王の跡を継ぐことになっていたために出家はせず、仁孝天皇養子、親王とされ、一五歳で元服、虚官ではあるが、大宰帥《だざいのそつ》（大宰府の長官）の称も与えられた。そして嘉永四（一八五一）年、一七歳の時、仁孝天皇の皇女で孝明天皇の妹である和宮親子《ちかこ》内親王と婚約する。しかしよく知られているように、この婚約は九年後の万延元（一八六〇）年、和宮が将軍徳川家茂《いえもち》に嫁すことになったために解消されてしまう。『熾仁親王行実』によれば、「和宮を妃として迎えるに際して必要な御殿が敷地の狭い有栖川宮邸には建てられないので結婚を延期してほしいと熾仁の側から申し出る」という形をとっての解消だったが、熾仁や有栖川宮家にとっては、なんとも屈辱的な出来事であった。

ただ、やはり『熾仁親王行実』には、熾仁がその前々年の安政五（一八五八）年二月、幕府の老中堀田正睦《まさよし》が上洛し、日米通商条約調印への勅許を求めた際、それに反対する建白書を、朝廷での幕府との窓口である武家伝奏の広橋胤保《たねやす》に提出したとある。そこには、「条約を結べば邪教がひろまり、清潔な日本の国土が生臭い穢土《えど》となるのは確実」という意見が述べられていた。つまり当時の熾仁は、孝明天皇や多くの公家と同じような、頑固な攘夷論者だったのである。そして前章でもみたように、孝明天皇は家茂と和宮の結婚を許す条件として、幕府に朝廷と一体となって攘夷をおこなうよう命じているから、これが熾仁の心を少しは和らげたかもしれない。

有栖川宮熾仁親王

もっとも婚約解消の一件はそれとして、攘夷論をことさらに鼓吹する熾仁は、幕府にとっては警戒すべき存在だった。幕府も建前としては攘夷を否定してはいないが、皇族がそれを公然とあおるのは見逃せない。そもそも熾仁自身が建白書の中で「（自分は）朝堂の儀にあずからず」と述べているように、皇族が政治に口出しするのは慎むべきことだった。ところがその規律は朝彦が僧侶でありながら天皇の政治顧問の一端に連なったように緩んできている。そして幕府がついにそれを看過しなくなった結果が、安政の大獄における朝彦の処分だったのだが、幕府による弾圧の手は熾仁の周囲にも及んできた。

有栖川宮家の家臣に飯田忠彦という国学者がいた。「大日本野史」という史書を著し、尊王派の志士たちとも交流していたが、歴史を講義することなどをつうじて熾仁に大きな影響を与え、建白書の提出も彼の勧めによるものだったようだ。幕府はそれを見逃さず、安政五年末、飯田を「熾仁の建白書に筆をくわえた」との罪状で捕らえた。彼が幕吏に連行されていく時、熾仁は物陰から落涙しながら見送ったというが、主従の仲はそれほど深かったのである。このとき、飯田に下された処分は一〇〇日の謹慎処分という比較的軽いものだったが、万延元年三月、水戸浪士らが井伊直弼を桜田門外で暗殺すると、飯田は浪士らの一味という嫌疑で再び捕らえられ、監禁されている間に憤激のあまり自殺してしまう。熾仁の衝撃は大きかったろう。

†朝彦との対立

しかし、それでも熾仁は攘夷の持論を唱えることをやめなかった。文久二年閏八月には、孝明天皇の諮問に応じ、父幟仁親王とともに、攘夷についての意見を上奏する。そこには、「国内人心一致の上、速やかに攘夷これあり、蛮夷の害を除去候はば、神州一体の人望にも相叶《あいかな》い、いよいよ皇威をもって万国を照耀し」といった言葉が並んでいる（『孝明天皇紀』文久二・閏八・一八)。口先では攘夷めいたことを言いながら、実際には開国政策を進める幕府への批判があり、さらにその裏には、飯田の死と和宮との婚約解消への思いがひそんでいたことは確実だろう。

そして熾仁は一年後の「八・一八政変」のあとも、政変を主導し、完全に公武合体派勢力と手を握った朝彦親王などとは相反する立場をとった。『熾仁親王行実』には政変から半月ほどあと、熾仁と朝彦が朝廷内で「激論」をかわしたと記されている。なにが言い争われたかは同書でも明らかではないが、おそらくその背景には熾仁の勅使としての江戸下向が決まったことがあった。

政変後も幕府との融和と同時に攘夷を熱望していた孝明天皇が、攘夷をあらためて幕府に催促するよう熾仁に命じたのだが、熾仁もこの任務に乗り気になり、水戸藩などに護衛のための家臣を出すように頼んだりした。しかし、やっと反幕派の公家や長州勢を追いはらった朝彦にしてみれば、この際、わざわざ幕府を刺激するなど論外のことで、その思いが「激論」につながったのだろう。

結局、勅使下向は松平春嶽らの建言で中止となるが、朝彦と熾仁の対立は翌元治元(一八六四)年七月の「禁門(蛤御門《はまぐりごもん》)の変」においてまた爆発する。「八・一八」で敗れた長州は、罰せられた藩主の赦免と松平容保の追放などを要求して軍勢を京周辺に集結するが、その際、熾仁は参内して長州の肩をもつ主張をおこなう。これに対し朝彦は反駁し、また激しい議論がおこなわれる。

こうなれば長州が熾仁に大きな期待をかけるのは当然であり、伏見まで進出していた長州藩家老の福原越後は、国元にいる家老国司《くにし》信濃にあて、「熾仁親王に幕府に反対する公卿などを引き連れ、天皇に諫言《かんげん》するために参内してもらおう」との手紙を書いた。「八・一八」における朝彦の逆の役割を熾仁に期待したのである。その後、長州勢は京市内に押し寄せ、御所の蛤御門などで薩摩、会津勢らと戦うが、またもや敗れてしまう。福原も負傷し長州に引きあげるが、なんとその混乱の中で国司に出すつもりだったこの手紙が敵側の手に渡ってしまうのだ。

手紙の内容はあっという間に広まり、また、親長州派の公家たちのなかには熾仁に京から脱出して兵をあげるように勧める動きさえあったから、朝彦らが熾仁を自分たちに敵対する存在といっそう確信するようになるのは無理もない。その結果、七月末、熾仁と父幟仁は国事御用掛を罷免され、参内や他人との面会も禁じられてしまう。『熾仁親王行実』によれば、その後も僧侶の風体で同志の公家たちとひそかに会ったりしたというが、詳しいことは分からない。熾仁がその間の日記や記録などを、明治になってすべて焼かせてしまったからだ。かくして、熾仁はしばらくの間、政治の表舞台からは姿を消すことになる。

熾仁父子の処分が解かれたのは慶応三年一月二五日である。これまでも記したように、前年末の孝明天皇の急な崩御がすべてを変えたのだ。それからの王政復古にいたる政治状況の変遷については繰り返さないが、その最中の熾仁個人に関しては興味深いことが一つある。それは将軍徳川慶喜の妹貞子との婚約である。申し出たのは慶喜で、すぐに勅許が出た（婚約は慶応三年九月一五日、正式な結婚は明治三年二月）。

慶喜や貞子の父斉昭《なりあき》の夫人吉子《よしこ》は幟仁の叔母であり、兄慶篤《よしあつ》（水戸藩主）の夫人幟子《たかこ》は幟仁の王女であるように、もともと有栖川宮家と水戸徳川家は何重もの姻戚関係にあるから、この婚約もごく自然のように見えるが、熾仁のそれまでの政治的なスタンスからすると、やや意外な感じがしないでもない。ただ、こうしてさらに深まった慶喜との姻戚関係が、熾仁にある決断をさせる。それは戊辰戦争での東征大総督への就任であった。

慶応三年一二月九日の王政復古に際し、熾仁は新政権の総裁となっている。徳川幕府が滅び、天皇政権が誕生したことを天下に広く宣明するためにも、皇族がそのトップとなるのは不思議ではないが、熾仁が選ばれた理由をはっきりと示す資料はない。幕末以来の政治的な立場や三一歳という年齢、さらには四親王家の一つである有栖川宮家の嗣子という身分が重視されたであろうことは容易に推測できるが、それが文書などで裏づけられるわけではない。一方、総裁となった熾仁が幕府を討つために江戸に向かう「官軍」の大総督を兼ねたきっかけが上記の婚約であることは、『熾仁親王行実』に明記されている。

そこに引用されている有栖川宮家の諸大夫だった山本邦保の覚書などによれば、熾仁は、「近親である慶喜が賊徒となったのは天皇に対し恐れ多いことなので、こちらから進んで大総督へ任じられるよう懇願すべきだ」との山本らの進言に同意し、彼らに三条実美、岩倉具視を訪ねさせ、その旨を申し出させた。三条、岩倉は、「この時期に熾仁親王がまだ幼い天皇のそばを離れるのは心配だ」と渋ったが、山本らが、「もし大総督になれなかったら親王はこのまま遁世してしまうかもしれない」とまで言って迫ったので、ついに熾仁は「官軍」を率いて江戸に攻めのぼることになったのである。

熾仁には「平和の中に事局を解決し、慶喜の助命を嘆願せむとの御思召《おんおぼしめし》」があったと『熾仁親王行実』は記しているが、実際にことはそのように運んだ。東征の経緯についてはよく知られているのでここでは触れないが、「錦旗」をかかげた「官軍」はたいした抵抗も受けずに東海道を進み、慶応四年四月二一日、熾仁は江戸城に入った。そしてその後、江戸にとどまったまま会津征伐大総督を兼ね、一〇月一三日（九月八日、明治と改元）には、京から一時、東京（七月一七日、江戸から改称）へやってきた天皇を迎え、一一月末に京に凱旋した。

†結婚、兵部卿就任

このとき熾仁には総裁の肩書はない。既述のように閏四月二一日、政府の機構改革にともない総裁職が廃止されたからである。したがって京に帰ってからしばらくの間は政治、軍事にかかわることもない。明治二年二月になると、天皇が再度、東京へ行幸するのに同行するように命じられたが辞退した。『熾仁親王行実』には「故あって」とあるが、どのような「故」かは分からない。ただ、既述の朝彦のような頑なな「故」があったのではなく、この年の一一月には上京した。この間、東征大総督としての功績に対し、一二〇〇石の賞典禄を与えられている。

そして明治三年二月一六日、かねて婚約していた慶喜の妹貞子と結婚する。先に見たように貞子は幟仁の叔母の娘で、熾仁にとっては父の従妹になるが、嘉永四年生まれだから齢は一五も下である。いずれにしろ、これで親王と慶喜は義兄弟となった。そして、このことはのちになって慶喜に大きな恩恵をもたらしたのである。

慶喜が「朝敵」とされたのち、徳川宗家（将軍家）の家督は徳川三卿のひとつである田安家の亀之助が、わずか四歳で継いだ。そして慶喜はその家族の一員にすぎなくなる。明治一七年七月施行の華族令によって元将軍家に公爵が与えられた時も、爵位を名乗ったのは亀之助改め家達《いえさと》であり慶喜ではない。位階は明治一三年に将軍時代と同じ正二位、二一年には従一位となったが、依然として家達家の隠居の身であることに変わりはない。

ところが、明治三五年六月、明治天皇は慶喜が徳川宗家から分家し、独立した家を立てるのを認め、さらに公爵に叙した。慶喜の名誉は完全に回復されたのだが、このことについて『明治天皇紀』(明治三五・六・三)は、「慶喜は明治の初め一たび朝敵の名を負ひしが、爾来《じらい》謹慎三十余年、殆ど世と絶つ。威仁親王其の情を憐み、請ふ所あり、けだし此の恩命を賜ふ所以《ゆえん》なり」と記す。熾仁は明治二八年に死去しているが、その跡を継いだ弟の威仁親王が慶喜復権のために奔走したのである。

話題が飛び過ぎた。時間を戻す。熾仁は貞子と結婚した直後の明治三年四月三日、兵部省の長である兵部卿に任命された。それまで兵部卿だった嘉彰親王がイギリスへ留学することになったため交代したのである。政府の総裁までつとめた熾仁が格下の卿に就任するのは意外な感じもするが、身分、年齢、経歴からして、当時、熾仁以外にこの職の適任者はいなかった。

王政復古以来、政府の機構は目まぐるしく変わったが、各行政部門の長には元大藩主や有力公卿が就いた。しかし、海陸軍務科、軍防事務局、軍務官、兵部省などと称された軍事をつかさどる部門のトップだけは一貫して皇族の嘉彰がつとめていた。実権はその下にいる西郷隆盛や大村益次郎らが持っていたが、維新動乱のなかで軍事の重要性を強調するには、やはり皇族の権威が必要とされたのである。その意味では、嘉彰よりも熾仁のほうがより兵部卿にふさわしかったと言えよう。

†福岡藩知事

そして明治四年七月二日、熾仁は福岡藩知事（七月一四日の廃藩置県にともない名称は県知事、さらに県令と変わる）に転じる。元総裁が地方官となるのだから、兵部卿就任よりもさらに意外な人事だが、その背景には福岡藩における通貨偽造があった。

明治初頭のころ、幕末以来の財政窮乏のため、ひそかに通貨を偽造する藩が絶えなかった。五二万石の大藩である福岡藩もその一つだったが、明治三年八月、それが露見し、政府は藩の幹部らを斬罪などに処し、藩知事（旧藩主）黒田長知を免職、閉門とした。これに藩士らが動揺し、一部では武装蜂起の動きさえあったので、それを鎮めるために急遽、熾仁が藩知事となり、福岡に赴いたのである（到着は七月一〇日）。

福岡藩士には戊辰戦争の際、熾仁の指揮下で戦ったものが多く、それが熾仁の藩知事任命の大きな理由だったようだが、それにしても熾仁が凡庸ならば、こうした異例の人事がおこなわれるはずはない。そして熾仁は天皇や政府首脳たちの期待にたがわず、首尾よく任務を果たし、翌五年三月、東京に帰った。

福岡にいた間、熾仁には任務とは別に大きな出来事が二つあった。一つは到着直後、父幟仁が隠居したため宮家の家督を継承したことである。あわただしい時期の当主交代だが、幟仁は数えで六〇歳。前々から決まっていたのだろう。そしてもう一つの出来事はまだ二一歳だった貞子妃の死である。

幟仁は単身で福岡に向かったが、貞子もすぐに後を追うことになっていた。『幟仁親王日記』（明治四・九・一五）によると、貞子は福岡の幟仁にあてて何通も手紙を書き、彼女の衣服や道具類なども東京から送られたようだ。九月半ばには天皇から旅費も下賜されている。しかし、その直後に貞子は発病し、侍医が福岡に容態を知らせる書状を送ってきた（『幟仁親王日記』明治四・一〇・一七）。驚いた幟仁はすぐに見舞い金一〇〇両と、大宰府天満宮や箱崎八幡宮の写真などを送った（同一〇・一八）。

その後も幟仁は東京へ貞子の病状を問い合わせる手紙や、神社のお守りを送ったりしているが、いまと違い情報の伝わるのも遅いから、気が気ではなかったろう。そこに年が明けて一月二十日、東京から知らせがあった。同日の日記を引用する。

夕第四字頃、東京より非常急便これあり、妻儀病気のところ、養生あい叶わず、去九日夜十字三十分死去の旨、報知これあり事翌日の日記には手向歌として、次の二首が記されている（清音は濁音にした）。

去年《こぞ》の秋旅たつときを空蟬《うつせみ》の世のわかれとはおもはざりしを
玉章《たまぐさ》にかず〳〵そえし言の葉のつゆもかたみと成にけるかな

悲嘆のあまりだろう、役所にも三日間、出なかった。そしてこれは時間的に不可能だったのだろうが、一月末に東京でおこなわれた葬儀にも帰れなかった。葬儀の模様と貞子の辞世の歌、遺言などを知らせる手紙を読んだ二月一六日の日記には、「可悲々々《かなしむべし》」の文字がある。

われわれと同じく、皇族にも仲のいい夫婦とそうでない夫婦がいる。女癖が悪く、妻を泣かせた夫、夫を尻に敷いた妻は皇族でも珍しくなかったが、熾仁、貞子はこういう夫と妻だったのだ。

†鹿児島逆徒征討総督

熾仁が三月に県令を辞め帰京したのには貞子の死に対する天皇らの配慮もあったろうが、すでに福岡県内は落ち着き、熾仁がいなくても心配のない状況となってもいた。

帰京後すぐに貞子の墓所に詣り、百日祭をいとなんだが、悲しみに打ちしがれているわけにはいかない。日本がオーストリアで開かれる万国博覧会に参加するための御用掛とされ、さらには一〇月に来日したロシアのアレクシス親王の接待役をつとめる。かつては強硬な攘夷論者だった熾仁だが、いつしか側近に向かい、「外国人との交際は、国交を温むる所以《ゆえん》にして、皇族たる者の当《まさ》に力《つと》むべき責務なり」と語るまでに変わっていた（『熾仁親王行実』）。これから後も外国の王皇族などが来日するたびに相手をする。

翌明治六年六月に元新発田藩主溝口直溥《なおひろ》の娘董子《ただこ》と再婚した。貞子妃死後一年半だが、天皇の名代的な役割を果たすことも多い皇族が、いつまでも独身でいるわけにもいかない。二人は熾仁死去まで連れ添う。七年六月には創設された華族の組織である華族会館館長に就任、八年七月には立法諮問機関である元老院の議官に皇族としてただ一人任命され、九年五月、それまで空席だった元老院議長に勅撰された。皇族中の第一人者的存在となったと言っても過言ではない。

ただ注目すべきは、この時期の熾仁が三条実美ら政権主流を「外国の鼻息をうかがっている」と激しく非難する島津久光の保守的な主張に共鳴し、その旨を記した書を天皇に提出するなどしていたことである（『明治天皇紀』明治八・一〇・二二）。攘夷論は捨てても、開化政策にはどこか違和感をもっていたようだが、それが元老院議長としての活動に具体的にあらわれているわけではない。やはり皇族としての「矩」は承知していたのだろう。

そして間もなく熾仁の活動の場はいったん政治よりも軍事に移っていく。明治一〇年二月一九日、鹿児島逆徒征討総督へ任じられたのだ。詳しく説明するまでもなかろうが、明治一〇年二月一七日、鹿児島の西郷隆盛（陸軍大将）が、「政府に尋問の筋あり」として一万六〇〇〇の兵を率いて東上したことで、近代日本史上最大の内乱「西南戦争」が始まった。その鎮圧が熾仁に命じられたのである。

これまで見たように戊辰戦争時に東征大総督だった熾仁は、それ以後、陸海軍いずれにも籍をおかず、軍事の舞台から退いている。明治六年一二月九日、天皇が皇族たちに、「年長の者以外、皇族は陸海軍に従事せよ」と命じたときも、熾仁は軍人にはならなかった。第一章で述べたように、華頂宮博経、東伏見宮嘉彰、北白川宮能久の三親王は明治三年に相次いで軍事修業のために欧米に渡っており、博経、嘉彰は帰国後、能久は在外中に日本の陸海軍いずれかの軍人となっている。また、彼らより年少の伏見宮貞愛は、天皇の命が出る直前から陸幼で学んでいた。つまり男子皇族はよほどの心身の支障がない限り軍人となることに決まっており、この勅命はそれに念を押したものなのだが、熾仁は軍人にはならなかったのである。

その理由はさだかではないが、三八歳という年齢が「年長」と考えられたのかもしれない。明治六年末現在の前記の皇族たちの年齢をみると、嘉彰が二七歳、博経が二二歳、能久が二六歳、貞愛にいたってはまだ一五歳である。それに比べれば熾仁はたしかに年をとっている。また陸軍卿の山県有朋《ありとも》中将は三五歳、陸軍大輔（次官）の西郷従道《つぐみち》少将は三〇歳だから、熾仁が軍人となった場合、処遇が面倒になりかねない。どちらにしろ推測の域を出ないが、とにかく上記のようないわば政治の道を熾仁は歩んだ。

†なぜ征討総督に

それにもかかわらず、なぜ逆徒征討総督となったのか。このとき、熾仁のほかにその地位についても不思議ではない皇族がいた。東伏見宮嘉彰である。嘉彰の軍歴については次章でもふれるが、戊辰戦争当初、熾仁が東征大総督となるに先んじて、大坂に敗走した幕府軍を討つ征討大将軍となり、さらに会津征討越後口総督にも任じられている。そして西郷挙兵の約三年前、政権内の争いに敗れて故郷の佐賀に帰った参議の江藤新平が、征韓論を主張する不平士族たちにかつがれて反乱（佐賀の乱）を起こした際には、政府軍の勝利が確実となったあとではあったが、征討総督として佐賀へ向かった。

明治五年一〇月にイギリスから帰国していた嘉彰は天皇に陸軍軍人となることを希望し、少尉に任官していた。将校で最下級の階級となったのも本人の希望だったが、もちろん皇族だからただの少尉ではない。政敵江藤を完膚なきまで叩きのめそうともくろむ大久保利通らにとっては、嘉彰は総督とするのに格好の存在だった。そして任務は無事に果たされ、嘉彰は凱旋後、一気に少将に昇進、明治九年には戦術、武術の教育をおこなう陸軍戸山学校長となっていた。そして西郷蜂起時には年齢もすでに三〇を越えていたから、再び征討総督となるのは大いにありうることだった。それなのになぜ熾仁が選ばれたのか。

理由はいくつか考えられる。まず、西郷という幕末以降、政治、軍事の両面で大きな役割を果たし、天皇の信任も厚かった人物が反乱を起こしたことに、政権首脳たちが大きな衝撃を受けたことである。江藤の佐賀の乱とはわけが違う。この間違えればとんでもないことになりかねない事態に対処するには、皇族中で最大の実績と権威をかねそなえた熾仁の出馬が不可欠だと大久保ら政権首脳は考えたのであろう。さらに勘ぐりすぎかもしれないが、先述したように、熾仁が政権主流に批判的な政治的信条を抱いていたことも影響したかもしれない。元老院議長でもあるこの親王をあえて征討総督とすることで政権の団結ぶりを示すことができるという思惑も、大久保たちにはあったのではないか。

そしてもう一つ、西郷と呼応して東北などで反政府勢力が反乱を起こす可能性を政権首脳たちが危惧した結果、嘉彰ではなく熾仁が選ばれたということも考えられる。具体的には、万一の事態となったときには、嘉彰はその征討にあたらなければならないので九州には派遣できないとの理由である。当時右大臣だった岩倉具視が三月一一日付で太政大臣三条実美、木戸孝允にあてた書簡（『大久保利通文書』八所収）には、そのような意味のことが書かれており、実際、三月一六日に嘉彰は東京鎮台司令官に任命されたが、嘉彰はそれに不満で出征を希望し続け、結局、七月末には新撰旅団を率いて九州に向かう。

この旅団は警視庁の巡査などから構成されていたが、実際の指揮は長州奇兵隊出身の三好重臣らがとっていたことが旅団の参謀副長だった立見尚文の伝記（『立見大将伝』）から分かる。これは嘉彰の軍人としての能力の有無とはかかわりなく、第一章でも述べたように、そもそも皇族軍人は危険のともなう第一線にはいかないからである。皇族に期待されたのは軍人としての能力を発揮することではなく、天皇の藩屏である貴種が天皇の軍を率いているという事実だった。

†左大臣に

その役割は征討総督としての熾仁も十二分に果たし、一〇月一〇日、東京に凱旋、天皇に「賊徒平定」を報告、天皇は熾仁を陸軍大将とした。王政復古以降、陸海軍を通じ大将は西郷隆盛だけだったが、反乱を起こしてすぐの三月二五日、西郷は正三位の位とともに大将の称号も剝奪された。したがって熾仁は日本唯一の大将である。もっとも、軍人の最高位にはなったが、軍の重職に就いたわけではなく、それからしばらくは元老院議長を兼ねた。さらに明治一三年二月二八日に議長の職は解かれたが、今度は左大臣兼任となった。

左大臣は政府内で太政大臣に次ぐ職であり、太政大臣、右大臣、参議とともに政府の最高首脳部を構成する。初め島津久光が任じられたが、政府に不満をもち辞任したため空席となっていた。熾仁はそこに元老院議長から移ったのである。ちなみに当時の太政大臣は三条実美、右大臣は岩倉具視だった。まさに熾仁は天皇政権の重鎮の一人となったのである。そして六月に天皇が三条らを率いて山梨、三重、京都へ巡幸したときには、天皇から留守中の代理を命じられた。『熾仁親王日記』(明治一三・六・一六)には、「朕巡幸の間、親しく政を視ることを得ず、凡百の事、卿に委任す」との勅語が書き写されているが、皇室内での熾仁の存在感はますます大きくなっていく。

もっともそれ以前でも熾仁は特別な皇族と見られていたようだ。西南戦争が終わってしばらくたった明治一一年八月、戦争の行賞がないことに怒った近衛砲兵大隊の将兵が反乱を起こした。世にいう「竹橋騒動」である。兵たちは仮皇居と太政官のあった赤坂離宮まで迫ったが敗れ、五〇名以上が死刑となった。同年五月には大久保利通が暗殺されるなど、世上に物騒な空気がただよっているなかでの反乱だったが、その直後、市民の間で、「帝がご退位になり、有栖川宮に皇位を譲られた」との噂が出回ったことを、勝海舟の三男梅太郎の妻だったクララ・ホイットニーがその日記に記している(『クララの明治日記』明治一一・八・二七)。

当時、有栖川宮家には幟仁、熾仁、威仁と三人の親王がいた。クララが記した「有栖川宮」

がそのうちの誰を指すかは分からないが、すでに隠居している老齢の幟仁だとは考えにくい。となると熾仁、威仁のどちらかになるわけだが、戊辰戦争、西南戦争などで熾仁が果たした役割を世間が知らなければ、このような噂が出ること自体ありえないだろう。世間の目にうつる熾仁の姿は、皇族の中でもひときわ大きかったのである。

†天皇の信頼

明治一五年六月、熾仁はロシア皇帝即位式参列のため日本を発つ。第一章で紹介した三人の若い皇族と一四年一月にイギリスへ渡った弟の威仁に次ぐ皇族としては五人目の海外行きだが、天皇の名代としての即位式参列だから四人とは重みがちがう。これからも見ていくように天皇の熾仁への信任は厚くなる一方だが、この派遣もそのあらわれと言えよう。ロシアだけでなく、欧州各国、カナダ、アメリカも訪れ、半年後に帰国した。なお、この旅行に董子妃は同行していない。

そして明治一八年一二月二二日、内閣制度が発足したのにともない、左大臣の職は廃止されたが、熾仁は閣僚などに横すべりすることはなく、同日、参謀本部長となった。参謀本部は明治一一年一二月に陸軍省から参謀局が独立してできた天皇直属の軍令機関である。それまで大山巌(中将)が本部長を務めていたが、大山は伊藤博文内閣の陸軍大臣に転じ、熾仁がその後任に就いたのである。かくして陸軍大将熾仁親王は名実ともに軍人となった。

この時点で参謀本部は軍政機関である陸軍省とならぶ存在だったが、明治一九年三月、陸海軍双方の軍令をつかさどる機関となり、しかも本部長は皇族が就任するとされた。日本の軍事組織の中で最も格上となったといっても過言ではないが、熾仁はもちろん本部長に留任した。さらに九月には近衛都督（のちの近衛師団である近衛局の長）も兼任する。軍令の最高責任者が現場の軍団長を兼ねるのはきわめて異例だが、これはそれまで都督だった小松宮彰仁（明治一五年十二月に東伏見宮嘉彰から改名）が軍事視察のため一年半ほどヨーロッパに出かけたための交替であり、彰仁が帰国するとまたもとに戻る。

そして細かい経緯は省略するが、参謀本部長（職名は二一年五月に参軍と改称）に皇族がなるとの規定は二三年三月に廃止され、また参謀本部も陸軍だけの軍令組織に戻ったが、熾仁は参謀総長と改称されたそのトップにとどまる。そして、法規上、参謀総長は従来通り「帝国全軍の参謀総長」とされた。実際には海軍には海軍大臣に属する海軍参謀部が設置されたから、参謀総長の権限が海軍軍令にまで及ぶことはなかったが、やはり熾仁は日本軍全体の中で最も権威ある存在として遇されたのであった。

さらに二四年一二月末、熾仁の権威をいっそう広く知らしめることが起きた。天皇が一〇月に死去した久邇宮朝彦の次の神宮祭主に、熾仁を参謀総長はそのままに任じたのである。『明治天皇紀』には理由は記されていないが、『熾仁親王行実』は、「熾仁親王が皇族中第一の懿親《いしん》であったため」とある。懿親とはうるわしい近親といったほどの意味だが、天皇がそう考えていたとしても、普通ならば軍人を神宮祭主とはしないだろう。それをあえておこなったのだから、熾仁をいかに厚く信頼していたかが分かろうというものだ。

†辞意と死去

ただ、このころから熾仁は心身に不調をおぼえるようになったようだ。そのため、何度も参謀総長辞任を願っている。しかし、天皇はこれを許さなかった。祭主兼任直後に総長を辞めたいと熾仁が申し出たときには、宮内大臣を通じて、「まだそれほどの年ではないし、病気も重くはあるまい。代わるべきものもいないのだから、簡単に辞めるわけにはいくまい。それに皇族が軍務に従事するのはその本分なのだ」と応えた（『明治天皇紀』明治二五・三・三）。それでも熾仁の辞意は固く、同年九月には総理大臣伊藤博文を通じて上奏するが、天皇は侍従長を遣わして慰留する。

この間、熾仁は療養したりはせず、総長、祭主、皇族としての仕事をこなしている。年齢も当時として高齢だが、まだ六〇歳にはなっていない。天皇としてはあまり深刻に考えなかったのかもしれないが、熾仁の辞意が消えることはなかった。明治二七年五月、あらためて願う。

天皇は熾仁を召して、直接、「明治三二年まではつとめるように」というが、熾仁はすぐに辞めたいと応える。天皇は仕方なく、翌日、ふたたび熾仁を召し、「二八年まで総長をつとめよ。ただし、万一、軍事上の異変があったときは、それが終わるまで留任せよ」との勅語を与えた(『明治天皇紀』明治二七・五・一〇)。

当時、日本と清国の間はいつ戦争が始まってもおかしくない状態だった。天皇はそれをふまえてこう命じたのだが、ここまで言われれば熾仁としてもあくまで我意を通すわけにはいかず、辞意を撤回した。天皇も喜んだろうが、総理大臣の伊藤も大山巌陸軍大臣に、「親王が留任をお受けした」とすぐに手紙でしらせた。参謀総長としての熾仁の重みが分かる。

日本が清国に宣戦布告したのは八月一日である。熾仁は宮中に置かれた大本営に毎日出勤し、大本営が九月に広島に移ると、天皇にしたがって同地におもむき、参謀総長としての任務を続ける。天皇もさぞ心強かったろうが、一二月になると熾仁の体調が悪化する。月の初めから大本営にも行けなくなったが、侍医たちが診断した結果はマラリア、チフスだった。そして年が明けると神戸の舞子海岸にある有栖川宮家の別邸で療養することになるが、戦中のため移転は極秘とされ、東京から看病に駆けつけた董子妃も避寒に来たとされた。

舞子到着は一月二日。四日の日記には、兵庫県知事周布《すふ》公平の来訪と、須磨病院長鶴崎平三郎の診察が記されているが、長年つけていた日記はこの日で終わった。そして一五日午後三時、死去。一月二九日、東京の豊島岡の皇族墓地で天皇の特旨による国葬が執りおこなわれたが、この優待は岩倉具視、島津久光、三条実美に次ぐものである。

3　その後の有栖川宮家

†威仁の時代

その後、有栖川宮家を継承したのは威仁親王である。明治一一年、熾仁は年齢が二五歳下で、当時、稠宮《さわ》と呼ばれたこのただ一人の弟を跡継ぎとしたいと天皇に願った。提出した願書には、「私はすでに四十有余歳となりましたが、不幸にして子供がおりません。これでは先祖代々からの天皇の御恩に報いることができませんので、実弟の稠宮を跡継ぎにしたいと存じます」とある（『熾仁親王日記』明治一一・四・二九）。

天皇はこれを許し、稠宮を自分の養子とし、親王の称号と威仁の名を与えた。序章で説明したように、幕末、明治初頭にかけて多くの宮家が誕生したが、皇族の際限のない増加を防ぐために、これらの宮家は一代限り（一代宮家）とされ、二代目からは華族となることが定められていた。実際には明治五年に北白川宮智成親王が死去した後、同宮家が兄の能久によって継がれ、九年には華頂宮博経親王の死後、同宮家が幼い王子の博厚親王によって継がれたように、この定めは徐々に形骸化していくのだが、四親王家の一つである有栖川宮家にはそもそも「一代宮家」の規定は適用されない。威仁は堂々と（?）嗣子となり、兄の跡を継いだのである。

威仁は明治七年七月に海兵の前身である海軍兵学寮に入り、一三年、海軍少尉に任官、翌年一月、五年間の予定でイギリスに留学した。その前からイギリス支那艦隊所属の軍艦で訓練を受けており、海軍卿だった榎本武揚も熱心に後押ししたうえでのイギリス留学だったが、天皇は大幅に予定を繰り上げての帰国を命じる。『威仁親王行実』にはその理由が、「天皇には親王がとかく虚弱なる由、聞こし召されしに因《よ》り」と記されているが、天皇は有栖川宮家の嗣子に万一のことがあったらと心配したのだろう、威仁本人は不本意だったようだが、一六年六月に日本に帰ってくる。

有栖川宮威仁親王

以後、威仁は海軍軍人としてさまざまな任務に就く。日清戦争では軍艦「松島」「橋立」の艦長として出征し、熾仁が死去したときは大陸の大連にいた。さらに常備艦隊司令官などを歴任後、明治三二年五月、海軍軍令部出仕のまま東宮輔導となった。

皇太子嘉仁親王は幼いころから病弱で、学業なども遅れがちだったが、成長して心身ともにやや健康となるにつれ、相変わらず世話をやきたがる東宮職の幹部たちを激しく忌避するようになった。心配した天皇は、明治三一年三月、大山巌（元帥・陸軍大将）を東宮監督に、また総理大臣伊藤博文、前宮内大臣土方久元、前総理大臣松方正義を監督を補佐する東宮伺候に任命して嘉仁の教育、健康管理にあたらせる一方、威仁を東宮賓友として大山に協力させることにした。そして一年二ヵ月後、天皇は東宮監督、伺候の職を廃し、威仁を東宮輔導にし、東宮を監督する全権を与えたのである。三七年一一月には海軍の職を免じ、輔導専任とした。

威仁はいたずらに規律正しい生活を嘉仁に押しつけ、学業だけを重視する東宮職の方針を改め、長期間にわたる地方巡啓を積極的に企画、それに自分も同行するなどしたため、嘉仁の健康は改善し、自立心も増してくる。天皇の期待に見事にそったわけだが、そのためもともと頑健ではなかった威仁の方が心身ともに疲れ果て、天皇が三六年六月から一年間、東宮輔導を休ませたほどだった。熾仁と同様、威仁も身を削るようにして天皇に尽くしていたのである（以上についてより詳しくは原武史『大正天皇』）。

†焼餅やきの御息所

天皇がこのような威仁に対し、他の皇族よりも信頼をよせ、親しみを持つようになるのは当然だろう。明治時代、長年にわたり天皇の侍従を務めた日野西資博《すけひろ》が『明治天皇紀』を編纂した臨時帝室編修局の聞き取りに際して、次のように話している（『明治天皇の御日常』）。

有栖川宮様（注・威仁）が一番親しく御話もございました。小松宮彰仁親王も時々御出でになりましたが、一番有栖川宮様が御親密のやうであります。威仁親王様はよく成らせられまするると、ただ普通の御用談のみでありませず、たいてい一時間くらゐはいつも御話になつて居るやうでございます。その時分には宮様の方は、いろいろ珍しい物を、御持ちになつて御上げになる。また　御上も御自身で御内儀から何か珍しい物を持つて御出でになつて、直きに御上げになることもたびたびあつたのであります

さらに天皇が威仁の健康を常に気にかけていたことについても、日野西は次のような挿話を紹介している。

（威仁親王は）始終御胸が御悪かつたので、（天皇は）その事は大変御心配で、御息所《みやすんどころ》の慰君《やすぎみ》様のことについてよく御沙汰がございました。『御息所がどうも威仁の病気を世話して上げないから困る。あの御息所は焼餅やきで威仁を可愛がらない。だから威仁が可愛想だ』とた

びたび御沙汰になつたことがあります

御息所とは妃のことである。つまり「慰君様」とは「加賀百万石」の前田家から威仁に嫁いだ慰子《やすこ》のことだ。威仁が心安立てに天皇に妻について愚痴をこぼしていたかどうかは分からないが、明治天皇にはこうしたことを気にかける一面もあったのだ。

明治三七年二月一〇日、日露戦争が始まると威仁は大本営付となる（六月、海軍大将に昇進）。年齢の近い伏見宮貞愛、閑院宮載仁、東伏見依仁などは戦争に参加するが、威仁は東京にとどまり、七月末には伊香保に避暑に行く。やはり体調は万全ではなかったのかもしれないが、翌三八年四月にはドイツ皇太子結婚式参列とイギリス王室訪問のためにヨーロッパに出かけているから、徐々には回復していたのだろう。それ以後も皇室や海軍の行事などには参加し、明治四〇年一〇月には嘉仁皇太子の韓国訪問に同行するまでになった。

†有栖川宮絶家と高松宮家への継承

ところが翌年四月、海兵在校中だった一人息子の栽仁《たねひと》王が二〇歳で病死してしまうのだ。この時、威仁は四六歳、慰子妃は四四歳、新たな跡継ぎに恵まれる可能性は低い。明治一〇年代までは宮家同士で養子をやりとりするのも珍しくなかったが、二二年制定の皇室典範は第四二条で皇族の養子を禁じている。そうなると嗣子をあらためて得るには威仁が側室を持つしかなく、周囲ではそう勧めるものもいたが、威仁はそれを拒んだ。『威仁親王行実』に引用されている四月一五日付の伊藤博文への書簡では、「（栽仁死去以降）内外より庶室（側室）の勧告、日日湧くがごとくなるも、愚考するに、かくが如きは、我が本意に非ず」と記している。しかし、それでは有栖川宮家は絶えてしまう。威仁はどうするつもりか。伊藤への書簡は左のように続く。

有栖川宮先代よりの系統を思へば、先例にならい、皇子孫の入らせられんことを希望するより他意なし。閣下の意、いずれにありや

先例というのは有栖川宮第四代正仁《ただひと》親王が跡継ぎを残さず死去した時、霊元天皇の皇子職仁《よりひと》親王が宮家を継承したことを指す。序章でみたように、有栖川宮に限らず四親王家が跡継ぎを欠いた場合、絶家にはせず、天皇、上皇の皇子が養子となって継ぐのが例だった。威仁は今度もそうしてほしいと願ったのである。当時、伊藤は韓国統監であり宮中の職にはないが、天皇の信頼は厚い。威仁は彼が天皇に自分の希望を伝えてくれることを期待したのだ。

このような迂遠なことをしたのは、いかに先例があろうとも、皇室典範が規定している以上、

皇子、皇孫が有栖川宮家に入るのは不可能であるのを威仁もよく分かっていたからだろう。しかしそこをなんとかしてほしい、書簡の行間からは威仁の必死の思いが伝わってくる。

伊藤は困ってしまった。威仁の気持ちはよく分かるし、天皇や皇太子が有栖川宮に格別の好意をもっていることも承知している。しかし、典範を無視することはできない。そこで伊藤や宮中首脳たちが考えついたのが、将来、天皇の皇子が新しい宮家を立てる際に有栖川宮家の祭祀、財産を継承させ、実質的に同宮家を存続させるとの案だった。そして大正二(一九一三)年七月五日、威仁親王が危篤に陥ると(死去は十日)、翌日、大正天皇の第三皇子宣仁《のぶひと》親王が宮家を立て、有栖川宮の旧称である高松宮を名乗った。さらに親王は国葬では喪主も務めた。

当時、宣仁はまだ八歳。普通、皇子が宮家を立てるのは成人してからだから、これがいかに異例であったかが分かる。念のために言えば、兄である雍仁《やすひと》親王(のち秩父宮)ではなく宣仁がえらばれたのは、この時点で皇太子裕仁親王に万一のことがあった時、雍仁が皇位継承順一位となるからだろう。

そして生前、威仁は栽仁の妹で徳川慶喜の息子慶久と結婚した実枝子が産んだ女児、つまり孫娘が、将来宣仁と結婚するのも望んでいたという。その女児喜久子は、昭和五(一九三〇)年二月、威仁の望み通り高松宮妃となったのである。こうして有栖川、高松両宮家は血縁でもつながった。

第四章

皇太子婚約解消と宮家断絶

1　明治天皇への上奏――東伏見宮嘉彰親王

†兄・山階宮晃親王からの評価

これまでもたびたび登場した東伏見宮嘉彰《よしあき》親王（小松宮彰仁《あきひと》親王）は、伏見宮邦家親王の第八王子として弘化三（一八四六）年一月に生まれた。兄に山階《やましな》宮晃《あきら》親王、聖護院《しょうごいん》宮嘉言《よしこと》親王、久邇宮朝彦親王、伏見宮貞教親王など、また弟に北白川宮能久親王、華頂宮博経親王、北白川宮智成《さとなり》親王、閑院宮載仁《ことひと》親王、東伏見宮依仁《よりひと》親王などがいるが、このうち生母が嘉彰と同じなのは能久、博経だけである。

幼時に出家し仁和寺《にんなじ》の門跡（当時の名は純仁）となったこと、王政復古とともに満二一歳で還俗、名も出家前の嘉彰に戻り、新政権の議定《ぎじょう》に任じられ、戊辰戦争冒頭に征討大将軍、会津征討越後口総督となり、以後、兵部卿《ひょうぶきょう》など軍事部門の要職を歴任したこと、さらに明治三（一

東伏見宮嘉彰親王
（後の小松宮彰仁親王）

八七〇）年秋にイギリスに留学したことなど、若いころの華麗なキャリアについてはすでに述べたが、三〇歳年長である兄の晃は、還俗以前から嘉彰の才気煥発ぶりに注目していた。

死去直後に出版された嘉彰の伝記『軍国の誉　故小松宮殿下の御事跡』（以下『軍国の誉』。嘉彰にはこの短い書物の他に伝記類はない）には、晃が薩摩の高崎正風（後年、嘉彰の宮家の別当にもなる）に、「我の弟に仁和寺宮法親王純仁あり。彼、天資厳毅賢明なり……彼をして他日国家の利器たらしめよ。汝、彼に尽くす心を以て彼を佐《たす》けよ」と言ったとある。また、慶応二（一八六六）年九月一七日の『大久保利通日記』によれば、この日、晃はまだ二〇歳の嘉彰を自邸に招き、同じく招いた大久保と「国事の議論」をさせている。これも先にふれたが、このころ晃は反幕派の公家二二名の列参に加担するなど、政治的な立場をあからさまにするようになっていた。そんな時に弟を大久保に会わせた意図は明白だろう。

それからひと月ばかりあとの一〇月二七日、晃は公家列参に際しての行為が「制規に違へる」として、孝明天皇により国事掛を罷免され、蟄居処分を受けた。『続再夢紀事』にある松平春嶽から伊達宗城《むねなり》あての書簡によると、そのことを晃が知ったのは自邸での酒宴の最中だったが、その席にも晃は嘉彰を呼んでいた。晃は処分を聞いても平然として宴を続けたというが、おそらく嘉彰はそのような兄を畏敬の念をもって見ていたのではなかろうか。

そして約一年後の慶応三年一二月九日には王政復古がなり、晃も嘉彰も新天皇政権の中枢に入るわけだが、若い嘉彰がいかに才気煥発だったとしても、外国事務局督として実際に堺事件などの処理にあたった晃とは異なり、軍事部門で長として手腕をふるったわけではない。実権をにぎっていたのは、その下にいた西郷隆盛、廣澤真臣、大村益次郎などの幕府を倒した武士たちであった。つまり、嘉彰は多分に「お神輿」的存在だったのだが、しかし、第三章で述べたように同じく新政権の要職に就いた皇族の多くがすぐに辞めたのに対し、嘉彰は在職し続けた。軍事部門の特殊性があるにしろ、やはり政権内での嘉彰の評価はそれなりに高かったと見るべきだろう。

†イギリスへの留学

嘉彰は明治二年三月、久留米藩主有馬頼咸《よりしげ》の娘頼子と結婚した。幕末から明治初めにかけて還俗した皇族たちの中で妃をもった初例である。先に還俗した朝彦、晃の二人の兄は嘉彰よりもずっと年長ではあったが、正妃はついにもたなかった（もっとも側室との間に子供は生した）。なお、第一章で見たように、嘉彰がイギリスへ渡るに際し、有馬家はかなりの財政的援助をした。また、翌明治三年一月には宮号が仁和寺宮から東伏見宮に変わっている。これは『明治天皇紀』(明治三・一・二九)によれば本人の希望だった。新しい宮号は言うまでもなく実家の伏見宮にちなんでいるが、明治一五年にさらに小松宮と変わる。

この間も嘉彰は軍務官知事、兵部卿などの地位に就いていたが、自分の実力不足を自覚していたようで、何度も職を辞し外国で軍事修業をしたいと願った。それが認められ、イギリスへ向かって日本を発ったのは明治三年閏一〇月一二日、到着したのは一二月九日である。

前にも引いた『軍国の誉』には、嘉彰は仁和寺にいたころから外国へ行くのを熱望していたとある。攘夷の風潮の中でそれは秘密にされたが、側近たちは松平春嶽、島津久光にひそかに嘉彰の希望を告げ、彼らもそれに賛成したという。いささかできすぎた話だし、戦前に出された皇族の伝記類は顕彰の度が過ぎるものがほとんどだから、このエピソードもやや眉ツバの感はあるが、しかし、王政復古直後から嘉彰が外国へ行きたがっていたというのは、同じ時期に同じ望みを抱いていた西園寺公望《きんもち》が『陶庵随筆』のなかで、「私が(慶応三年一二月二〇日に新政府の)参与になって間もなくでありましたが、西洋に留学したいという事を言出した。丁度その時偶然にも、仁和寺宮様並びに五条孝栄という人が同じく言出したと思います」と述べているので確かだろう。

こうして満を持すように渡英した嘉彰だが、ロンドンに着いてすぐの明治四年一月三日にはビクトリア女王に謁見し、握手をしている。日本の皇族が外国の君主と会うのも握手をするのも初めてのことだが、その際のいでたちは烏帽子《えぼし》、直衣《のうし》である。前述のように嘉彰は仁和寺にいたころから外国へ行くことを望んでいたが、『軍国の誉』によれば、もしそれが実現した場合も、「渡航後も日本固有の衣冠を着《つ》くるの方針を執る」つもりだった。その通りの姿となったわけで、嘉彰は意気揚々だったろうが、女王にはさぞ珍しく見えたにちがいない。

†短期間での帰国

その後、嘉彰は海軍の施設などを見て回るなど、軍事知識の習得に励んだが、同時期にフランスやアメリカに渡った能久、博経がそれぞれ現地の軍学校に入ったのに対し、そうはしなかった。たとえ「お神輿」ではあれ、「官軍」の大将軍や兵部卿まで歴任した身で、いまさら外国の軍学校で学ぶわけにもいかなかったのかもしれない。そして、明治五年九月八日、イギリスを発ち、翌月二六日、日本に帰ってくる。滞英したのは正味一年一〇カ月ほどである。

これは他の皇族たちの海外留学期間よりかなり短い。北白川宮能久親王は特別の事情があったにせよ六年数カ月、明治中期までにヨーロッパに渡った閑院宮載仁親王、東伏見宮依仁親王、伏見宮博恭《ひろやす》王は五年から八年弱、現地で健康をそこねた博経、有栖川宮威仁親王でさえ、それぞれ約二年半から三年は外国にいたのに比べると、非常に短いと言ってもいいだろう。

これについて『明治天皇紀』（明治五・一〇・二六）は、「父邦家親王薨去《こうきょ》に因《よ》り」と説明している。伏見宮邦家親王の死去は八月五日であり、たしかに嘉彰の急な帰国の理由はここにあるのかもしれない。ただ、それならば同じく邦家の王子である能久、博経はなぜ帰国しなかったのかという疑問も生じるが、これには「能久、博経は軍学校に通っていたから」といった説明がありうる。しかし、右の『明治天皇紀』の文章のあとには、「（嘉彰が）勉学すと雖も常に其の業の成らざるを憂ひ……私費留学を許されんことを望み」との記述が続いており、学校には通っていなくても、嘉彰も勉学意欲は満々だったことが分かる。それに飛行機でひと飛びのいまとは違い、仮に父の死を知ったとしても、すぐに帰国できて葬儀などに間に合うわけではない。現に葬儀は八月二五日におこなわれているのだから、あわただしい帰国は不自然なような気もするが、これ以上の事情は分からない。

死去する約四カ月前の明治五年四月、つまり嘉彰がドイツにいる間に、邦家は「齢すでに古希を過ぎ、漸《ようや》く老衰」との理由で隠居し、家督を貞愛《さだなる》親王に譲っている。というと、不審に思われる読者もいるだろう。たしかに第三章で見たように、邦家はすでに天保一三（一八四二）年、長男晃の醜聞の責任をとり落飾、隠居し、家督を五歳の第六王子貞教親王に譲っている。そして文久二（一八六二）年に貞教が王子をのこさずに死去したあとは、やはり正妃鷹司景子が産んだ第一四王子の敦《たつ》宮が四歳で伏見宮家を継ぐ。つまり伏見宮家では邦家が隠居したあと、彼の幼い嫡出子二人が相次いで当主となっているのだ。

ところが、文久四(一八六四。二月二〇日に元治と改元)年二月七日に異例のことが起きた。復権した晃が父をも許してくれるように孝明天皇に願った結果、邦家は還俗し、再び伏見宮家の当主に復帰するのである。天皇によって赦免されても、それがただちに当主へ戻ることにはつながらないはずだが、朝彦や晃に関する記述で見たように、当時は京都でも政治的混乱がひどくなっていた。そのため、四親王家の筆頭である宮家の当主が幼児では心もとないという判断が、天皇をはじめとする朝廷内外の人々の間であったのかもしれない。いずれにしろ、それまでの皇室の歴史の中でもほとんど見られない出来事であった。

†嘉彰の不満

そして前述のように邦家は二度目の当主となって八年後に貞愛親王に家督を譲るのだが、この貞愛とは、あの敦宮なのだ(明治四年三月、親王となり貞愛という名も下賜される)。要するに父子がそろって再度家督を継承するという、なんとも珍しい事態が伏見宮家で起きたのである。邦家の二度目の隠居時、同宮家の王子で彼の嫡出子は貞愛一人だったから、これにもそれなりの理由はあるわけだが、しかしどこか釈然としない感じは残る。そして現に異母兄の嘉彰がこれに不満をもったことを示す手がかりが残っている。それは佐佐木高行の日記『かざしの桜』

（明治三二・一・二一）にある左のような記事である。

伏見宮と小松宮は兎《と》角《かく》御不和なり。其訳は、小松宮は庶兄に付伏見家御相続出来ず、維新前は御出家に被為在《あらせられ》候《そうろう》処《ところ》、其頃より今日に至る迄大不平にて

伏見宮貞愛親王

佐佐木は土佐勤王派の中心人物の一人で、明治になってからは参議、工部卿、宮中顧問官、枢密顧問などを歴任、また天皇の信頼も厚く、嘉仁皇太子や内親王たちの教育、養育にもたずさわった大物である。その彼に以上のようなことを話したのは、やはりかつては土佐勤王派で、長年にわたり宮内大臣をつとめた土方久元。二人がこのような会話を交わした背景についてはあとで述べるが、嘉彰が伏見宮家相続について不満を抱いていると宮中首脳たちが認識していたことが、この一文から分かる。

とくに「庶兄に付伏見家御相続出来ず」とのくだりからは、嘉彰が、はるかに年下の貞愛が二度も家督を継承するくらいなら自分が伏見宮を継いでもよかったのでは、と考えていたとさえ推測できる。

たしかには嘉彰は妾腹の出である。しかし、唯一の嫡出子貞愛はすでに幼児ではないとはい

えまだ一〇代半ばで、しかも一旦家督を継いだことがある。そして、兄の晃と朝彦はそれぞれ「前科」があるうえに、年齢も四、五〇代と高いし、もう一人の兄嘉言は死去している。さらに王政復古以来の自分の経歴に関しても、貞愛とは比べものにならないものだとの自負があったろう。となれば、なぜ私ではなく貞愛が……との思いがふくらんでくるのも分からないではない。

もちろん、あまり無理な推測をするのは慎まなければならないが、これから順次見ていくように、特に後半生の嘉彰の行動には、以上のような見方があまり間違ってはいないと思わせるものがあることも確かであった。

†陸軍少尉となる

帰国して一年後の明治六年一〇月、嘉彰は天皇に、「欧州各国では皇族や貴族は若い時から軍人となり、経験を積んでだんだんと進級することになっている」と前置きして、次のような嘆願をおこなう(『軍国の誉』)。

嘉彰、既に叨《みだ》りに大官重任を辱《かたじけの》ふすと雖《いえど》も、白面無識の少年に過ぎず。願くは一介の武弁として、先づ初級の勤務に服し、逐次経験を積み、以て報効を計らん兵部卿といった「重任」まで経験した者が、「白面無識の少年」と自称し、「一介の軍人」として「初級の任務」に就きたいというのだからなんとも殊勝な願いだが、この背景には徴兵令の施行があった。

明治五年一一月二八日、天皇は「国家保護の基を立てるために全国募兵の法を設ける」と詔を出した。それを受け、翌年一月一〇日、徴兵令が公布された、日本国民男子は二〇歳になったら徴兵検査を受け、合格した場合はくじを引き、それに当たれば三年間の兵役に服することになったのである。周知のように官吏、一家の戸主、嗣子、一人っ子、官立学校の生徒は免責されるなど抜け道も多かったが、とりあえずここに国民皆兵の基礎ができた。

そして天皇が詔を出したのと同じころ、皇族と兵役について、「四民論」と題する次のような興味深い内容の文書が書かれた。筆者は不明だが、のちに内閣記録局が編纂した『法規分類大全　兵制門1』に収録されているから、太政官のしかるべき者が執筆したのは明らかである。原文は荘重すぎる文章なのでおおよそを現代風に変えて記す。

皇族は皇室を補佐すべきなのはいうまでもない。それなのに暖衣飽食の生活を送るようでは、上は朝廷、下は万民に対しいかがなものだろうか。皇族も一般の国民同様、軍隊に入るべきではなかろうか。とはいえ、皇族はおおむね深窓で婦女子の手によって育てられたから、体は弱く、急に軍人となる事もできないだろう。そこで現在一〇歳の皇族は一〇年の間、国家に役立てるように努め、二〇歳になったら徴兵検査を受け、そのうえで皇威拡張の先頭に立たれるべきである

皇族に対しなかなか手厳しい内容だが、これは元兵部卿だった嘉彰の目にもとまっただろうし、政権内部でこのような声が公然と語られていることに、負けん気の強かった彼が刺激されないわけはない。それが天皇への嘆願につながったのであろう。

そして同じころ、おそらく嘉彰と話し合った結果であろうが、貞愛も天皇に陸軍軍人となりたいと願った。天皇は陸軍卿山県有朋に諮詢《しじゅん》して二人が軍人となるのは認めたが、嘉彰には陸軍、貞愛には海軍に行けと命じた。しかし、貞愛は自分の体質が海軍に向いておらず（おそらく船酔いをするということだろう）、またそれまでフランス語を学んでいたから、当時、フランスの兵制を用いていた陸軍のほうがいいと重ねて願い、天皇もそれを許した。

もっとも陸軍軍人になるといっても、貞愛はいまならまだ中学生の年齢である。まず陸幼に入って修業することになった。一方、嘉彰は希望通りに「初級の勤務」に就くべく、明治六年一一月二五日、陸軍少尉に任じられた。

†佐賀の乱、西南戦争

少尉となった嘉彰がどこの部署に配属されたのかは分からないが、第三章で見たように間もなく江藤新平らが佐賀で起こした反乱の征討総督となった。もっともそれ以前にこの乱を機会に政敵江藤を徹底的につぶそうともくろんだ内務卿大久保利通が、天皇から全権を委任されてすでに佐賀に向かっており、嘉彰が近衛大隊を率いて佐賀に着いた時には反乱はほぼ鎮圧されていた。参軍（参謀長役）として嘉彰とともに東京を発った山県有朋も神戸までは来たが、そこから引き返してしまうといった具合で、軍事的には嘉彰の出征はあまり意味がなかったのだが、しかし皇族が戦地に赴くということが人心に与える効果を、大久保らの政権首脳は重視したのである。

そして凱旋後の明治七年九月、嘉彰は二八歳で少将に昇進する。『軍国の誉』によれば征討総督になるにあたって少尉は辞任したらしい。総督が将校最下級の少尉ではまずいから当然だが、反乱鎮圧後に功績により一気に将軍となったのは、戊辰戦争時の功労も加味されたのだろう。

当時、陸軍少将は鳥尾小弥太、三浦梧楼、山田顕義《あきよし》、大山巖ら一三名いたが、軍の草創期だから若い者も多い。とくに薩長出身者はそうで、嘉彰よりも一歳年少の鳥尾（長州）などは、明治四年七月にわずか二三歳で少将となっている。時代があとになるほど皇族軍人は猛スピードで昇進するが、このような事実からすれば、嘉彰は皇族であるがゆえに極端に優遇されていたとは言えない。ちなみに当時、大将は西郷隆盛ただ一人、中将も山県有朋、西郷従道、黒田清隆の三人だけだった。

さらに明治九年六月に嘉彰は陸軍の戸山学校長となるが、翌年二月に西南戦争が勃発する。開戦後間もなく有栖川宮熾仁《たるひと》親王が鹿児島逆徒征討総督として九州に向かい、嘉彰は東京にとどまった。既述のように嘉彰には西郷に同調する東北などの不平士族らが蜂起した場合の備えの役が期待され、三月には東京鎮台司令長官にも任じられたのである。しかし、本人は不満だった。もはや現役の陸軍少将、佐賀の乱での功績も認められているはずだ。東北での不測の事態への備えが必要というなら、自分ではなく熾仁親王があたってもいいではないか……おそらくこのように考え、何度も戦地への出征を願い出た。

その結果、嘉彰は新撰旅団司令長官となり、七月に九州に向かう。先述したことは省略するが一つだけ付け加えると、この時東京から同行したのが参議、陸軍中将黒田清隆だった。黒田は開戦当初、熊本での戦いなどで指揮をとり、いったん帰京していたが、戦局が政府軍に不利になったのでまた出征したいと言いだした。政府首脳らは独断専行型の黒田が九州に戻れば、現地にいる山県有朋らと確執を起こすにちがいないと危惧したが、希望を無視することもできず、やむをえず嘉彰に同行させることにしたのだ。言うまでもなく、皇族の権威で黒田の暴走を抑えようとしたのである。

ところが、黒田は嘉彰とともに神戸から海路鹿児島に着いて数日後、新撰旅団の配置などに不満があるとしてさっさと帰京してしまうのだ。嘉彰の面目はまさに丸つぶれだが、次に述べる「明治一四年の政変」の際の言動からは、この黒田という薩摩閥の大物の無礼な行為を忘れなかったことがうかがえる。

†明治一四年の政変

明治一三年三月、嘉彰は中将に昇進し、近衛都督となった。そして、翌明治一四年、当時の政権を揺るがした大事件、「明治一四年の政変」の渦中に入っていくのである。

この事件は明治一四年三月、参議大隈重信が左大臣有栖川宮熾仁に憲法制定についての意見書を差し出したことに端を発する。その内容はイギリス流の議院内閣制度をよしとし、速やかに国会を開設し、憲法を制定すべきという急進的なものであった。大隈は熾仁に意見書を他の大臣、参議らに示さないように頼んだが、熾仁は太政大臣三条実美、右大臣岩倉具視に見せてしまう。その結果、大隈と伊藤博文らの対立が激化し、大隈の罷免に至るのだが、これと並行して起きたのが、北海道開拓使の官有物払い下げ問題であった。

一四年七月、参議兼開拓長官となっていた黒田清隆が、開拓使がおこなっていた事業を薩摩の同郷の実業家五代友厚が中心となっている関西貿易商社に払い下げることを決め、天皇もこれを裁可した。ところが払い下げ価格が法外に安く、しかも三〇年年賦無利子だったため、大隈らはこれに反対した。そこに先述の意見書問題が絡み、藩閥横暴の世論も高まって政争はますます激しくなるが、その最中、嘉彰が動き出すのだ。

『明治天皇紀』（明治一四・一〇・一〇）によると、嘉彰は八月二一日、「開拓使官有物払下に関し、深く世論の鼎沸するを憂慮し」、七月末から始まった天皇の北海道、東北巡幸に同行していた熾仁に、払い下げ問題が揉めるまでの経緯などを記した書簡を送る。注目すべきは、そこには黒田への冷たい批判が述べられていることだ。たとえば政権首脳の中にも払い下げを問題視する者がいることに黒田が怒った有様を、嘉彰は以下のように書く。

黒田大に憤怒し、高官某に面して暴言を吐き燭台を抛《なげう》ち、乱暴至らざるなし。乃《すなわ》ち高官某、巡幸発輦《はつれん》（出発）の日、千住《せんじゅ》御昼餐所に於て払下の事情を具奏し、其の裁可を得たり

要するに逆上した黒田は「高官某」を脅かし、巡幸に出発した直後の天皇から、払い下げについての許可を慌ただしく取りつけたというのだ。さらに実際には約三〇〇万円の価値がある

事業などがわずか三〇万円、しかも三〇年年賦で売られようとしているとの「巷説」もわざわざ紹介し、民権論者などは、政府は「二三の人を庇護し一商会（関西貿易商社）に私す。是れ民の租税より成れる物件を処理するの法を得ざるもの」と主張していると述べる。そして、このままでは「他日一大国難の発せんも測り難」くと警鐘を鳴らし、「皇家のため黙視する能はず」と記す。

ここにはかつて西南戦争のおりに恥をかかされた黒田への嫌悪の情があらわれているが、しかし、嘉彰には、皇族で軍人である自分が政治問題に直接介入することへのためらいもあった。

天皇側近たちとの連携

先に佐佐木高行の『かざしの桜』から引用したが、この日記は明治二八年から三五年にかけてのものであり、彼の誕生から明治一六年までの日記、各種関係文書を整理、編集した記録としては有名な『保古飛呂比《ほごひろい》』がある。その明治一四年九月一八日の条に、同日、当時元老院副議長だった佐佐木が内務大輔（次官）土方久元とともに嘉彰に招かれ、次のように頼まれたとの記述が見られる。

今般、開拓使云々に付、十分尽力の心組《こころぐみ》也。依《よ》つて、左大臣宮へ篤《とく》と申入れ、其上にて奏《そう》聞《もん》致すと決心せり。然るに、是れ迄政治上の儀に付、一度も奏聞することなし。何分、聖上の御信用有之《これある》人の同意を得ずは、被行間敷《おこなわれまじく》と存候に付、足下《そっか》ら両人は、兼て聖上よりも御信用厚きと承り候間、十分心添へ致し呉れ度

具体的には各地を巡幸しながら宇都宮付近まで戻って来ている天皇に会い、開拓使問題で上奏したいが、いままでそういうことはしたことがなく心細いから、二人に一緒に来てほしいと頼んだのである。

先述のようにこれから約二〇年後、佐佐木と土方は嘉彰の評判の悪さを語り合っているのだが、当時は二人と嘉彰は悪い関係ではなかったらしい。王政復古から時間が経つにつれ政権内部で徐々に薩長勢力に疎外されるようになっていた土佐出身の佐佐木や土方は、薩長に対抗するかのように天皇親政の強化を主張するなどしており、払い下げにも反対していた。

もちろん嘉彰はそれを承知のうえで二人にこのような依頼をしたわけであり、頼まれたほうにしても嘉彰の上奏は歓迎すべきことだったが、皇族と手を組んで薩長と正面からぶつかるつもりはなかったようで、自分たちが天皇のもとに同行するのには二の足を踏んだ。また嘉彰は書面で上奏したいといい、その案のようなものを見せたようだが、佐佐木たちはその内容に「余りに圭角がある」との理由で、書面ではなく口頭での上奏にとどめるようにと忠告した。

さらに嘉彰が佐佐木らと会ったことはいつしか外に洩れ、長州出身の参議山田顕義が、「同宮は、常に薩長の権威を振ふ事を忌み嫌はれ候由に付、今日、其辺を奏聞被為遊候《そうもんあそばされそうらい》ては、容易ならぬ事に立至り、かえって激烈民権家の勢力を得て、皇室の御為に不相成《あいならず》と、深く痛心せり」と懸念を漏らしたといったことが佐佐木の耳にも入ってきた(『保古飛呂比』明治一四・一〇・六)。

政権主流側の警戒も広がっていったのだが、結局、嘉彰は書面による上奏はやめることとし、一〇月一〇日、埼玉県の幸手《さって》まで戻ってきていた天皇と会い、意見を述べた。翌日条の『明治天皇紀』には、天皇がそれで初めて大隈と民権論者の関係を知ったとあり、嘉彰の行動は天皇の役にも立ったかのように読めるが、肝心の開拓使問題について嘉彰がどのように奏上し、天皇がどう応じたかは、少なくとも『明治天皇紀』や『保古飛呂比』からは分からない。

大隈は結局、一〇月一二日に罷免(辞表提出)となり、払い下げも取りやめとなるが、嘉彰にしてみれば黒田の責任はどうなるのだ、というところであろう。政府は今度の問題をきっかけに組織の大規模な改革を考えるとの姿勢を示していたが、『保古飛呂比』の一〇月一四日条には、嘉彰が北白川宮能久とともに左大臣熾仁と交わした会話が左のように記されている。

只今の如く組織も改正せず、薩長にて権威を執る時は、天下の人心も不穏ならん。依つて、速やかに御改正あり度、若し其儀行はれざる時は、御辞職可然《しかるべし》と申し上げたれば、左大臣には、尤《もっと》もなることなり、充分尽力すべし、併し、今日辞表は不致候《いたさずそうろう》、大隈同様、天下へ相響き候ては不可然《しかるべからざる》也

嘉彰の薩長への不信感はいっこうに消えていないのである。そして一〇月二一日にはたしかに政権人事も改められたが、その薩長色はかえって濃くなっており、なんと佐佐木高行が懐柔されるかのように参議兼工部卿となっていた。嘉彰はさぞ憮然としたろう。

2　「小松宮彰仁親王」への改称

†なぜ改めたのか

ここで考えなければならないのは、嘉彰がなぜ以上のように政治向きのことに口を出すようになったのかということだ。王政復古以降、皇族たちが政府の要職に就いたことは何度も述べた。しかし、それはあくまでも天皇が日本の最高権力者であることを内外に示すための象徴的な人事であった。左大臣として政府の最高首脳の一員に名を連ねた熾仁にしても、引用した

『保古飛呂比』の記事などから分かるように、政治的な権力行使にそれほど積極的ではなかった。

ところが嘉彰は政府の役職にあるわけでもないのに、政治問題について天皇への上奏までおこなったのである。それが黒田清隆に代表されるような傲慢な薩長権力者への反感に端を発するものであることは、これまでの記述から容易に推測できるだろう。山田顕義の「常に薩長の権威を振ふ事を忌み嫌はれ」との言葉から分かるように、嘉彰は従来からそれを隠そうとはしていなかったが、黒田の大暴挙である官有物払い下げがおこなわれると知り、反感をついに行動であらわしたのであった。

つまりもう我慢できなくなった、ということだが、もう一つ、もともと自負心の強かった嘉彰自身が、時間とともにさらに自信をつけてきたことにも着目しなければならないだろう。少年時代から兄の晃親王らに能力を買われ、王政復古直後に議定などの目立つ地位に座り、戊辰戦争、佐賀の乱、西南戦争では熾仁に次ぐ重要な立場に立った。陸軍でも若くして将軍となり、戸山学校長、東京鎮台司令長官、近衛都督を歴任している。さらに明治一四年二月には、それまでの一代皇族から世襲皇族に格上げとなり、四親王家同様、子孫も皇族の身分を保てることとなった（このことについては第五章で説明する）。となれば、自負心がさらに増すのは当然だろう。

そしてこの天皇への政治問題での上奏という異例の行為についても、『明治天皇紀』にあるように天皇からそれなりに評価を受けたことは、いっそう自信をつけることにつながったにちがいない。ここでややこじつけめいたことを言えば、明治一五年一二月二八日、宮号を東伏見宮から小松宮に、名前を嘉彰から彰仁に改めたことも、その結果かもしれない。

同日条の『明治天皇紀』によれば、名前を彰仁としたのは出家していたころの名、純仁にあった「仁」の字を用いたかったからだという。昭和敗戦後の男子皇族はすべて仁がつく名を名乗っているから、われわれには理解しやすい理由だが、しかし、明治一五年時点では仁のつく名をもつのは有栖川宮熾仁、熾仁、威仁と閑院宮載仁だけで、嘉彰の実家、伏見宮にも「◯仁」は一人もいない。そして言うまでもなく、中世以降の天皇はほとんどが仁のつく名だったから、嘉彰から彰仁への改名の裏には、誇りがちらついていたと考えてもいいだろう。「嘉」の字を使わなかったのは、三年前に天皇家に生まれた親王が嘉仁と名づけられたためであるのは間違いない。

宮号が東伏見から小松となったわけについては、『明治天皇紀』には「仁和寺の縁《ゆかり》に由り」とされている。これは嘉彰が門跡だった仁和寺の所在地が小松という地名だったという意味である。序章で見たように、王政復古前後に還俗した皇族が立てた宮家には、彼らがいた寺にちなんだ名がついている。したがってこの小松宮もその例にならったものと言えるが、ここで推測をたくましくすれば、嘉彰は伏見宮の分家ということをはっきりと示している東伏見という宮号が嫌だったのではなかろうか。既述のように、嘉彰は自分が伏見宮を継承できないのが不満だった。となれば、いわば自前の宮号を持ちたいと思うのは理の当然とも言える。

かくして小松宮彰仁親王が誕生した。以下、本書でもその名を用いることにする。

†外国での浪費

彰仁と頼子妃の間には結婚して二〇年近く経っても子供が生まれなかった。これではせっかく永世皇族に昇格したのに、彰仁の代で小松宮家は絶えることになってしまう。そこで明治一八年末に、兄山階宮晃の養嗣子となっていた末弟の定麿王を養子に迎えた。ハワイ王女の結婚相手として取りざたされたあの王子である。明治二二年五月に皇族の養子を禁じる皇室典範が制定されてからはこのようなことはできなくなったが、それまでは宮家間の養子のやりとりは珍しくなかった。このときも養嗣子がいなくなった山階宮家にはすでに梨本宮家に養子にはいって継いでいた菊麿王が戻って嗣子となり、梨本宮家は久邇宮守正王が養子となって継ぐというややこしいことがおこなわれたのは第三章でもみた。定麿は翌一九年五月、親王号と依仁という名を天皇から下賜される。

そしてこの年の一〇月、彰仁夫妻はアメリカ経由でヨーロッパへ渡った。主たる目的は翌二〇年六月におこなわれる英国ビクトリア女王在位五〇年を祝う祝典に出席することだったが、ドイツ、イタリア、デンマークの皇帝、国王に謁見するなど、イギリス以外のヨーロッパ各国もめぐる旅だった。彰仁には久しぶりの、頼子には初めての外国であり、二人は二〇年一二月に帰国するまでの外遊を大いに楽しんだらしい。ところが、明治天皇は怒った。

明治二二年二月、有栖川宮威仁が慰子《やすこ》妃とともに訪欧することを天皇に願った。しかし天皇は、「婦女の洋行は徒《いたず》らに西欧の物質文化に眩惑せられ、娯楽又は奢侈の悪風を助長するに過ぎず」として、これを許さなかった(『明治天皇紀』明治二二・二・一四)。明治四年、華族に与えた洋行を奨励する勅諭では、妻や姉妹を連れていくのは大いに「可なること」とされていた。ところが天皇の考えはまったく変わってしまったのだが、『明治天皇紀』はそうなった理由をこう記す。

先年、彰仁親王、妃を伴ひて欧州に抵《いた》りしが、徒《いたず》らに宝石・衣類等を購ひしが如き結果に鑑みたまふなり

つまり天皇は外国での彰仁夫妻の浪費ぶりに激しい怒りを示し、威仁夫妻はそのとばっちりを受けたのである。

彰仁らの「浪費」がどれほどのものだったかについて、正確なところは分からないが、伊藤博文編『秘書類纂　帝室制度資料　下』に「小松宮殿下並御息所《みやすんどころ》独逸皇帝及皇后へ謁見の事」と題する文書が収録されており、そこには「旅中入費予算」として六万三〇〇〇円が計上されたとある。そして天皇がいたずらに購《あがな》ったと指摘する衣類のための費用は、妃分一万円弱、彰仁分四、五〇〇〇円、宝石のための費用は妃分一万三〇〇〇円と記されている。時代による貨幣価値の厳密な比較は難しいが、当時の一円にはおよそ現在の数千倍から一万倍の価値があったとして、衣類、宝石あわせていまの金額で約二億円といったところか。

儀式への参列、皇帝などへの謁見に際しては日本の皇族として体面もあるから、みすぼらしい格好はできないし、日本では調達できないものもあろうから、やむを得ない金額とも思えるが、ただこれはあくまでも予算であり、夫妻がもっと派手な金遣いをした可能性はのこる。いずれにしろ、天皇は彰仁にきびしい目を向けたのである。

†大将昇進

天皇の彰仁への評価にかかわる事実はまだある。明治二三年六月七日、彰仁は陸軍大将に昇進するが、天皇はこれにいったんストップをかけたのだ。

西南戦争直後に有栖川熾仁が大将となって以来この時まで、陸軍であたらしく大将となった者はいなかった（ちなみに海軍では明治二七年に西郷従道が陸軍中将から転じるまで大将は一人もいない）。明治五年に中将となり、陸軍卿、参謀本部長、近衛都督などを歴任した山県有朋でさえ、なかなか大将にはなっていない。明治二一年に山県が訪欧する際、総理大臣だった黒田清隆が天皇に山県を大将にするよう願い、天皇もそれを許したが、なぜか実現しなかった。大将という地位の価値はそれほど高かったわけだが、天皇は六月四日、山県に内大臣三条実美を通じ、「陸軍従事以来、枢要の地を歴任し、且軍隊の基礎を定めしより今日の整備に至りしは、汝の功績もっとも多し」と告げ、大将へ昇進させた（『明治天皇紀』明治二三・六・七）。

そのとき三条は天皇に近衛都督の彰仁も同時に大将にしたらどうかと進言した。ところが天皇は、「（彰仁の）勲績もとより有朋と同日に論じるべからず。かつ其の中将拝命年なお浅し」とそれを拒否したのである。

彰仁が少将となった時には、すでに彼より年少の少将もいた。そして中将昇進までは六年半を要したが、その間、彰仁より先任の少将で中将となった者は何人もいる。つまり昇進の面で、格別の配慮が彰仁に払われたとは言えないのだが、もし山県と同時の大将昇進となれば話は違う。山県は中将一八年、彰仁はまだ一〇年、しかも彰仁より二年以上先に中将となり、当時陸軍大臣でもあった大山巌は大将にはならない。年齢も山県五二歳、大山四七歳に対して彰仁は四四歳である。彰仁を大将とすれば、明らかに皇族であるがゆえの優遇となる。天皇が彰仁の昇進に難色を示したのは、こう考えれば理解できる。

しかし、それでは有栖川宮熾仁はどうなのか、という疑問が生じるだろう。さまざまな功労があったにせよ、西南戦争後、いきなり大将となり、長い間、ただ一人その地位にあるのは皇族であるがゆえではないか。皇族の権威が軍の威信を保つために不可欠だからそれも当然とするなら、彰仁も同じではないか。大将にして不都合ではあるまい――こういう判断も成り立ちうる。

そして、結局、天皇も考えを変え、彰仁の大将昇進を認める。わずか数日での心変わりだから、昇進をさせないといったのも本心からではなかったとも思えるが、しかし、あのヨーロッパでの浪費が依然として天皇の心証を害していたとの見方もできるだろう。そして興味深いのは、おそらくこの出来事などが引きがねとなって、彰仁自身が自分は熾仁と差をつけられているのではと感じだし、不満を抱きはじめた様子があることだ。

†天皇の低い評価

前に引いた『かざしの桜』(明治三二・一・二一)には、土方が佐佐木にこう話したともある。

有栖川宮熾仁親王御在世の御時も、御上席なれば何につけ不平にてありし。熾仁親王薨去の後、御跡総長被仰蒙《おおせこうむられ》たるも、尚又、熾仁親王御同様伊勢神宮の斎（祭）主御兼任は御懇望は被為在候《あらせられそうら》へ共、何分御不行跡の御事なれば斎（祭）主は不可然《しかるべからず》との事より、賀陽宮へ被仰付《おおせつけられ》候

参謀総長だった熾仁が明治二八年一月に死去した後、彰仁はその後任となるが、その際、熾仁が兼任していた神宮祭主にもなりたいと希望する。ところが天皇は彰仁の「不行跡」を理由にそれを認めず、祭主には賀陽宮邦憲王を任じるのだ。

彰仁の「不行跡」は宮中首脳たちの間でもかねてから知られていた。『かざしの桜』（明治三〇・一〇・二）には、佐佐木に宮内大臣秘書官や式部官をつとめた長崎省吾がこう言ったとある。

聖上の御厳格に反し、皇族方は兎角御品行不宜《よろしからず》、恐入《おそれいる》なり。就中《なかんずく》小松宮彰仁親王は別ての事なり。過日も高崎正風（小松宮別当）来り云、迚《とて》も御補佐は出来ず閉口なりと

高崎が幕末のころ、山階宮晃から彰仁の聡明ぶりを聞かされていたのは先述したが、皮肉なことに三〇年経つと、こう嘆くようになった。彰仁の品行の悪さは相当なものであり、それは

天皇にも知られていたのである。そして祭主となった邦憲は久邇宮朝彦の第二王子だが、かなりノンビリした性格のために、久邇宮の跡目を弟の邦彦《くによし》王に譲ったと言われていた（第一王子は夭折）。そういう人物よりもなお祭主にふさわしくないとしたのだから、天皇が彰仁の人柄をどうみていたかが分かる。しかし、当人はもちろん面白くなかっただろう。

そもそも熾仁の死去した後、天皇ははじめ総理大臣だった伊藤博文の勧めなどもあり、山県有朋を後任の参謀総長にしようとした。しかし、戦争指導への山県の介入を嫌う川上操六参謀本部次長らの反対で、やむなく彰仁をあてたのである（詳しくは伊藤之雄『山県有朋』）。こういう事情も彰仁の耳にはいつしか入ってきたろうから、不満はいっそう募ったに違いない。

そして参謀総長となった彰仁は、日本の勝利が確実となった明治二八年三月に征清大総督となり、戦闘もほぼ終結し、講和条約締結目前の大陸に渡った。戊辰戦争、佐賀の乱、西南戦争の時と同じような意味合いの出征だが、この時天皇は、戦地での陸海軍将官たちの人事、賞罰についてては、いちいち自分に相談するよう命じた。そのため戦地では物事の決定に時間がかかり、征清総督府参謀長になっていた川上などは困りきったという（『「明治天皇紀」談話記録集成2』所収の「長崎省吾談話速記」）ここからも天皇の彰仁への評価の低さが分かる。

彰仁は明治三一年一月、参謀総長を辞任、同時に元帥となる。後任には川上が昇格した。辞任について『軍国の誉』は、「軍防の機務と兵備の充実が緒についたので」と説明するが、在任わずか三年、年齢もまだ五一歳で職を去ったのは意味深長である。

3　婚約解消事件から小松宮絶家へ

†禎子女王

この後、明治三六年二月に死去するまでの彰仁について、二つの出来事にしぼって見ていこう。一つは皇太子嘉仁《よしひと》親王の婚約解消、もう一つは小松宮家絶家である。いずれも近代日本における皇族のあり方を考えるうえで興味深いものである。

まず前者についての概略を、皇太子の婚約、その解消、さらなる婚約にいたる経緯を記している『明治天皇紀』や『かざしの桜』、さらには『かざしの桜』にも『保古飛呂比』にもない時期の佐佐木高行の日記などを資料とした津田茂麿『明治聖上と臣高行』などによって見ていこう。

明治一二年八月三一日に生まれ、明治二二年一一月三日に皇太子となった嘉仁親王の妃選びが始まったのは、明治二四年のことだった。天皇は嘉仁の妃、つまり次代の皇后をまず皇族から選び、もし皇族に適当な女性がいない時は、旧摂家（公爵）、旧清華（侯爵）、それ以外の公侯爵の娘の順に探すように命じた。

周知のように昔から皇后、中宮などと呼ばれる天皇の正妃は、摂家などの藤原氏の上級公家から出るのが例だった。明治天皇の皇后美子《はるこ》（昭憲皇太后）も摂家の一つ一条家の娘である。美子以外に有栖川宮家の利子女王も配偶者候補にあがっていたが、孝明天皇が美子を推したらしい（『昭憲皇太后実録』慶応三・五・一四）。ところが明治天皇は皇族の女性から選ぶのが望ましいとしたのだ（『明治天皇紀』明治三二・三・二二）。時代は変わったのである。

これを受け、皇女の養育掛だった佐佐木高行が、皇女の遊びの相手をさせるとの名目で、皇族や公爵家の少女らを二四年四月ごろから何度か赤坂離宮や高輪の内親王御殿に集めた。当時、佐佐木が世話をしていた皇女は、まだ二歳の常宮昌子内親王と一歳の周宮房子《かね》内親王の二人。佐佐木は集められた三歳から九歳の一〇人ほどの少女たちの容貌や性質を妻や娘とともに観察した。その結果、佐佐木は伏見宮貞愛の王女で、皇太子より六歳年下の禎子《さちこ》女王が「独り群を抜き」として、皇太子妃にふさわしいと判断、さらに華族女学校で学監（教頭）だった下田歌子も賛成したため、二五年三月ごろ、宮内大臣土方久元が天皇にその旨を奏上した。

皇族を望んでいた天皇はもちろんそれを容れたが、土方が、「禎子に決まった以上、これからは伏見宮邸に少女たちを集めるようにしたらどうか」と進言したのには反対した。その時の天皇の興味深い言葉を、『明治聖上と臣高行』は佐佐木の日記にもとづいて左のように記す。

既に小松宮には、久邇宮の女王を養女とし、妃に備へたき旨、内々申立て居るよし。（中略）伏見宮に集める時は、必らず種々の故障出来るべければ、（華族）女学校の内にて女王又公爵の娘を密に幾人か選み、下田歌子また女学校長に内々含ませ置き、一二年を経たらば模様も相判り申すべし

文中で省略した部分には、九条や三条、岩倉といった公家華族の公爵からも妃候補の自薦の動きがあると書かれているが、もっとも重要なのは冒頭の「既に小松宮には」の部分であるのは言うまでもない。「小松宮彰仁親王が久邇宮の王女の一人を養女として皇太子妃にしようと望んでいる。もし伏見宮禎子に内々決まったと分かるようなことをすれば、かならずさしさわりが起きるから、しばらくそれをあいまいにしておいたほうがいい」。天皇はこう言ったのだ。

前にも述べたように、明治二二年二月に制定された皇室典範の規定で、皇族が養子をとるのは禁じられた。つまり彰仁が久邇宮家の王女を養女とするなど不可能なのだが、彰仁はその無茶なことを考えている。天皇にしてみればあきれ果てるしかないが、なにしろ皇太子の妃選びである。ことを荒立てるわけにはいかず、慎重に対処するように土方らに命じた。それにしても天皇の彰仁への「警戒心」はかなりのものである。あの神宮祭主問題が起きるのはこれから

三年足らず後だが、この出来事がその伏線の一つとなっていたのは間違いなかろう。

†伏見宮への反感

結局、禎子を皇太子妃とすることが公けになったのは、明治二六年五月だった。天皇は土方を貞愛のもとに遣わし、「第一女禎子女王を以て、皇太子の妃たらしむる」と告げたのだ（『明治天皇紀』明治二六・五・三一）。かくしてめでたく一件落着になったはずだったが、それから約五年半も経って、すべてを振り出しに戻すことが起きたのである。以下、『かざしの桜』の明治三二年一月二一日の記事にもとづいて、そのあらましを見ていこう。

二一日午後一時ごろ、内親王御殿にいた佐佐木のもとを、約一年前に宮内大臣を辞めていた土方が訪ねてきた。そして、「宮内省侍医局長の岡玄卿《げんきょう》が、禎子女王には肺病なので皇太子との結婚はすべきでないと申し出た」と告げたのだ。禎子が皇太子妃に内定してからも内親王と同年輩の少女たちは定期的に集まっており、この日も御殿で新年最初の会が開かれていた。禎子も出席しており、となれば土方がわざわざそこに来て、このようなことを佐佐木に告げるのは不可解である。まさか、内親王や禎子のいる前で二人が話したとは思えないが、本来ならば佐佐木の私邸あたりで目立たぬように会うのが自然だろう。『かざしの桜』からはそのあたりの事情は分からないが、土方もよほど狼狽していたのかもしれない。もちろん佐佐木も大きな衝撃を受けた。

そして二人は禎子以外に妃候補にあがっていた少女たちの欠点を並べたて、佐佐木は、「御体裁（容姿）と申し御生質と申し、他年の皇后と奉仰《あおぎたてまつる》には禎子女王の外には見込みなし」とあらためて断言するのだが、そのとき、佐佐木はあることを土方に尋ねた。

> 禎子女王を太子妃に被為立《たたせられ》候《そうろう》事は小松宮には御反対と申事なり、如何の御都合歟《か》

〈小松宮彰仁親王が禎子を皇太子妃とすることに反対していると聞いたが、一体、どういうわけがおありなのか〉

実はこれに対する土方の答えが、一四四ページで引いた「伏見宮と小松宮は兎角御不和なり」なのだ。そして土方はこう続けている。

> 伏見宮の事は何にても兎角御妨げあり、少しも円満ならず

彰仁が久邇宮家の王女を養女にして皇太子妃にしようと画策していることは天皇の耳にも入っていたわけだが、そのような無理筋をたくらむ背景にはこのような伏見宮家、禎子の父貞愛

への反感があったのだ。

†結婚への妨害

これ以後、宮中首脳たちの会合が何度か開かれ、岡侍医局長などの診断書をもとに協議した結果、婚約は解消すべきとの結論が出た（なお宮内省の正式な役職に就いていない佐佐木は会合には出ていない）。会合に出ていた侍従長徳大寺実則は日記に、「失望失望」と記しているが、彼も含めて首脳たちは、禎子の長所は重々承知しながら、皇太子自身がかなり病弱である以上、「皇統継続」のためには健康面ですこしでも心配のある女性は残念ながら妃にふさわしくないとの判断を下したのである。そして天皇にもその旨が上奏されたが、天皇はすぐには返事をしなかった。

天皇の最大の務めは皇統の継続である。憲法のもと、国権を総攬し、陸海軍を統帥する君主となった天皇だが、それ以前に、千数百年続いてきた皇統を連綿と維持していく責務を負った皇室の家長なのだ。そうであれば、健康に不安のある妃では問題があるという判断が正しいことはよく分かる。しかし、天皇は禎子を気に入っていたし、婚約を解消した場合に禎子や貞愛が受ける衝撃に思いをいたせば、簡単に決断を下すことはできない。

上奏を受けてから天皇は二カ月以上悩み、ついに三月二二日、土方に姫路に第一〇師団長として赴任している貞愛を訪ね、婚約解消を伝えるよう命じた(『明治天皇紀』同日条)。天皇が悩みに悩んだことは、土方を姫路まで派遣したことにもあらわれている。というのは、貞愛は三月五日から一八日まで、陸軍の師団長会議出席などのために東京にいたのだ(『貞愛親王事蹟』)。だからその間に貞愛に決定を伝えることは可能だったはずだ。しかし、天皇にはそれができなかった。悩みの果ての忸怩《じくじ》たる思いがあったとしか思えない。

それは禎子への気づかい、思いやりとなった。天皇は土方に婚約解消を貞愛に告げるよう命じた時、同時に禎子が故北白川宮能久の庶長子である恒久王(のちの竹田宮)と結婚するように勧めさせたのである。皇太子との婚約はやむをえず解消するが、そのかわり別の縁談を持ち出す。普通に考えればやや無理はあるが、しかし、天皇にしてみれば精いっぱいの配慮であろう。

ところがこの話は実らなかった。恒久の母(生母ではない)、つまり能久妃の富子が断ったからだ。どうして断ったのか。『明治天皇紀』(明治三二・三・二二)が明記しているところでは、富子からこのことを相談された彰仁が、「近親同士の結婚はダメだ」と、天皇の好意を無にするような助言をしたためであった。

たしかに貞愛、故能久両親王は生母は異なるが、ともに伏見宮邦家親王の王子である。したがって恒久と禎子は従兄妹《いとこ》になる。彰仁は虚心坦懐に純医学的な助言をしたにすぎないと見ることができよう。しかし、天皇はそうは思わなかったにちがいない。彰仁が久邇宮の王女を養女とし皇太子妃にしようとしたことも忘れているはずはなく、「また小松宮が余計なことを」と、内心不快な思いだったであろう。

†募る不満

時間は飛ぶが、天皇の禎子への気づかいを鮮明に伝える出来事はまだあった。少し長めになるが、『明治天皇紀』（同前）の関係個所を引用する。同書には天皇の肉声が聞こえるような記述がいくつもあるが、この文章は中でも出色と言えよう。

> 後年、皇太子妃定まり、第二皇孫雍仁《やすひと》親王生れて後、玄卿天威に咫尺《しせき》し、皇統の万歳を賀したてまつるの次を以て、奏して曰く、若し曩《さき》に内約を履みて禎子女王を冊立したまはんか、恐らくは今日の慶なかりしならんと。天皇、之れを遮《さえぎ》りて宣《のたま》はく、禎子嫁して歳余、尚身《はら》むことなきも、安《いずく》んぞ之れを禎子一人の事に帰するを得んや、汝の言ふ所、甚だ不稽なりと、天顔頗る喜びたまはざるの色あり

〈嘉仁皇太子に第二皇子雍仁親王（のちの秩父宮）が生まれたとき、岡玄卿が天皇にお祝いを

述べたあと、「もし内定通りに禎子女王を皇太子妃としていたら、このお喜びはなかったでしょう」とつけくわえた。天皇はそれをさえぎり、「禎子は（元高知藩主家の山内豊景侯爵と）結婚して一年余となるがまだ妊娠していない。しかしそれは禎子一人のせいではなかろう。お前の言うことは、はなはだおかしい」とおっしゃった。天皇はすこぶるご不快の様子だった〉

雍仁の誕生は明治三五年六月だから、天皇は婚約解消から三年以上たっても、禎子を思いやっていたのである。そうであれば、彰仁への否定的な感情も依然として消えていなかったはずだ。

そして彰仁のほうでも天皇へのわだかまりは募っていったであろうが、いかに皇族といえども、あるいは皇族であるがゆえに、天皇への不満をあからさまにすることはできない。たとえば久邇宮朝彦についてみたように、あるいは以下の各章で見ていくように、皇族たちはそれを隠微な形で発散するしかないのだが、彰仁の場合は、とりわけややこしい、なんとも不可解な結末をもたらす行動をとったのである。

†臣籍降下と養子

明治一八年末に子供のいなかった彰仁が弟の定麿を養子に迎え、跡継ぎとしたのは既述の通りである。伏見宮邦家の末子で慶応三年に生まれた定麿は、年長の兄たちのように独立した宮家を立てることはなく、三歳で長兄山階宮晃の養嗣子となり、さらに彰仁の養子となった。翌年、親王宣下を受け、依仁の名も下賜されたが、この間、ずっとイギリス、フランスで海軍軍人としての教育を受けていた。在仏中に海軍少尉となり、明治二五年二月に日本へ帰った。同年、山内八重子を最初の妻としたが、彼女がのちに禎子と結婚する山内豊景の叔母なのはたまたまである。

帰国後の依仁は海軍軍人として第一線で勤務する。日清戦争が勃発した時は、再びヨーロッパに視察のために派遣されていたが、急遽、帰国し、東郷平八郎が艦長を務める「浪速」に乗り組み、戦闘に参加する。戦後は北白川能久が命を落とした台湾征討戦にも従事した。海軍は陸軍と異なり、佐官までは皇族だからといって他より早く出世するということもなく、艦上勤務も普通おこなった。依仁も短期間の軍令部勤務をはさんで軍艦乗り組みを繰り返し、軍艦「松島」分隊長として南方海上警備中に、荒天のため転倒、負傷したりもした。

このように順調な人生を歩んでいるかにみえた依仁が、養父の彰仁により騒ぎに巻き込まれたのは、明治三五年半ばころのことだった。以下、『明治天皇紀』(明治三六・一・三一)の記述をもとにその概略を記すが、彰仁の伝記『軍国の誉』や依仁の伝記『依仁親王』は、この一件についてほとんどふれていない。

騒ぎの始まりは、明治三五年四月、彰仁がイギリス国王エドワード七世の戴冠式に参列するため渡欧する直前、宮内大臣田中光顕にある願いを告げたことだった。その内容を『明治天皇紀』の記述に注釈めいたことを付け加えて整理すると次のようになる。


自分は故北白川宮能久の第四王子輝久王を養子のようにしているが、皇室典範では皇族の養子が禁じられているから、彼に小松宮家を継がせるわけにはいかない。

そこで自分は臣籍降下し華族となって養子をとり、家の跡を継がせようと思う。

しかし、輝久も皇族なので、華族の家を継ぐのは難しい。

そこで将来、輝久を臣籍降下させ侯爵として小松と名乗らせ、自分の財産を継ぐことを許してほしい。それがかなえられれば、自分は皇族にとどまる。


願いのポイントは臣籍降下、つまり皇族の身分を離れ華族となることを、彰仁自身と輝久について願っていることだ。序章で簡単に説明し、次章でさらに詳しく見るように、明治の初めには皇族の子供のほとんどは皇籍をはなれることになっていた。しかし時とともにその定めは有名無実となり、明治二二年制定の皇室典範にはそのような規定はなく、皇族として生まれたものは、非皇族と結婚した女子を除き、一生、皇族ということになった（永世皇族制度）。したがって彰仁の臣籍降下したいとの願いは初めから理屈に合わず、天皇や宮内大臣を困惑させるものだった。

もちろん彰仁にもそれは分かっていた。そこで、もし将来、輝久を華族にすることを保証してくれるなら、自分の臣籍降下の願いはとりさげるという条件めいたものをつけた。いうまでもなく輝久も皇族だから、これも無理筋にはちがいないが、次章で見るように、このころ、宮家の二男以下については近い将来、永世皇族制度が適用されなくなる可能性がでてきていた。彰仁はそれを承知でこうしたことを言ったのだろう。そして彰仁の願いは結局、かなえられたのである。

†「父子」の確執

さて、ここで読者には疑問が生じるだろう。すでに小松宮家には皇室典範ができる前に養嗣子となった依仁がいるではないか、それなのになぜ彰仁はこんな願いをし、天皇もそれを認めたのか——という疑問が。

これについての彰仁の答えは、「依仁に自分の遺産を継がせるつもりはない」である。つまり彰仁は小松宮家の財産を依仁ではなく、法的に宮家の養子となりえない輝久にやりたいから、このような常識では考えられない面倒なことを願ったのである。別の言い方をすれば、依仁に小松宮家を継がせたくないので、非常の手段をとったということなのだ。

では、彰仁はなぜこのようなことを考えるに至ったのか。容易に推測できるのは、一旦養嗣子とした依仁との間に、何らかの理由で確執が生じたということだ。しかし、それを裏づける材料は『明治天皇紀』には見当たらないし、『軍国の誉』にも『依仁親王』にもまったくない。ということは、活字として残すのをはばかる事情があったにちがいないと勘ぐれるわけだが、残念ながらそれ以上の推測はできない。

『明治天皇紀』によれば、彰仁は依仁について、「別に家号を賜はりて一戸を立てしめんと欲する」と願った。これも見方によってはずいぶん虫のいい話だが、天皇も依仁をないがしろにはできない。明治三六年一月、彰仁の旧の宮号である東伏見宮を名乗らせ、あたらしい宮家を立てさせたのである。

彰仁はその直後、明治三六年二月に死去した。頼子妃は存命だから小松宮家は存続したが、明治四〇年初めごろ、頼子と、輝久の母（生母ではない）で禎子女王の縁談のところでも登場した故北白川宮能久の妃富子が、輝久が皇族のまま小松宮家を継ぐのを認めてほしいと天皇に請願した。皇室典範の規定に反し、また彰仁の願いともまったく矛盾することだが、二人の妃には天皇への甘えがあったのだろう。天皇は伊藤博文に相談したが、伊藤はもちろん「不可」と答え、天皇もそれを容れ、両妃を「懇諭」させた（『明治天皇紀』明治四〇・二・二六）。

輝久は明治四三年七月、臣籍に降下し、侯爵と小松姓を下賜された。明治四〇年二月に皇室典範増補が制定され、王は勅旨か請願により華族となることが認められたが、輝久はその初例である。彰仁の不思議な願いはここに実現したのだ。そして、小松宮家は大正三年六月の頼子妃の死去により絶家となった。一方、依仁は大正一一（一九二二）年六月に死去したが、周子《かねこ》妃（岩倉具視の孫）は長命だったため、東伏見宮家は昭和二二（一九四七）年一〇月、多くの皇族が皇籍を離脱するまで存続した。

第五章　永世皇族制度と降下準則騒動

1　なし崩しにされる「一代限り」

†太政官布告と晃の改革建言

序章でも見たように、慶応四（一八六八。九月八日に明治と改元）年閏四月一五日、太政官は、「伏見宮、有栖川宮、閑院宮の嫡子はこれまで通り天皇の養子とし親王宣下もされる。賀陽宮《かや》（久邇宮《くに》）、山階宮《やましな》、聖護院宮《しょうごいん》（北白川宮）、仁和寺宮《にんなじ》（小松宮）、華頂宮、梶井宮の嫡子以下は姓を賜い臣籍に列することとする。また照高院宮《しょうこういん》は聖護院宮の養子とするが、その嫡子以下はやはり姓を賜い臣籍に列する」という意味の布告を出した。

ここで伏見、有栖川、閑院と同じ四親王家の桂宮のことにふれていないのは、当時、同宮家の当主が独身の淑子《すみこ》内親王だったためだろう。もし同宮家を養子が継承すれば、伏見宮家などと同じ扱いを受けるのが自明のこととされていたと思われる。そして、明治三（一八七〇）一二月一〇日、太政官はさらに念押しをするかのように、左の簡明な布告を発した。

四親王家の外、新に御取建に相成《あいなり》候《そうろう》親王家の儀は、二代目より賜姓華族に被《れっせられ》列候事

説明するまでもなかろうが、四親王家以外の宮家、つまり王政復古前後に立てられた宮家はすべて一代限りとすることが、新天皇政権の方針としてあらためて明確に示されたのであった。ここには皇族の際限ない増加をあらかじめ防ごうとの意図がはっきりとあらわれている。江戸時代には家を継ぐ者以外の宮家の王子や結婚しない王女は僧侶、尼僧となったため、皇族の増加は自然と制限されていたが、慶応四年四月一七日の太政官布告で宮家の王子たちの出家が禁じられたから、こうした定めが必要となったのは言うまでもなかろう。そして、皇族たちが姓を与えられて臣籍に入ることは平安時代などではごく普通のことだったから、これもまさしく王政復古の結果の一つと見ることができる。

第三章でも簡単にふれたが、実は太政官布告が出される前から、皇族のなかにも従来の制度を改革せよと説く者がいた。山階宮晃《あきら》親王である。『山階宮三代』によると、王政復古からわずか一週間後の慶応三年一二月一六日、晃は、「天皇の皇子は親王としても、二代目以下は姓を与え臣下としたほうがいい。もし天皇、上皇に皇子が多い時は、皇子たちも臣下にすればいい

い」との建言をしている。皇子たちさえ場合によっては臣籍降下させよとの提案だから、四親王家も特別扱いしないのが前提となっていることは明白で、晃の主張は太政官布告よりも「革命的」とさえ言えよう。

無理な継承

そしてこれも先述したが、晃は二度目の太政官布告が出された約一年後、建言の内容を実践するかのように、自らの「帰農」と、養嗣子としていた定麿《さだまろ》王（東伏見宮依仁《よりひと》親王）の臣籍降下を願っている。太政官布告の趣旨からすれば、受け容れられてもおかしくないはずだが、太政官の中枢機関だった正院は「聖旨を奉じ」て、願いを許さなかった（『明治天皇紀』明治四・一一・一六）。

そして翌明治五年一月、閑院宮第四代故孝仁《たつひと》親王の妃吉子《ちかこ》が願っていた養子による宮家継承が天皇によって許された。同宮家は第五代愛仁《なるひと》親王が跡継ぎなくして死去した後、三〇年間当主不在だったが、吉子はかねてから伏見宮邦家親王の第一六王子易《たか》宮（のちの載仁《ことひと》親王。吉子の甥になる）を第六代としたいと希望し、それがかなったのである（『明治天皇紀』明治五・一・一〇）。

四親王家の場合、跡継ぎがいなくても絶家とせず、適当な時期に養子をとって継承することになっていたが、しかし、養子には天皇、上皇の皇子がなるのが不文律であり、他の宮家の王子による継承は前例がなかった。そのため後述するように岩倉具視《ともみ》などは易宮が閑院宮を継ぐのに違和感を持ったようだが、天皇はそれを許したのである。

以上の二つの出来事は、太政官布告の基礎にある考えが天皇やその周辺によってかならずしも絶対的なものとされていなかったことを思わせるが、これから見ていく宮家、皇族へのいくつもの特別の計らいは、そのような推測があやまりでないことをさらに証拠立てるのである。

まず、明治五年三月、天皇は「故智成《さとなり》親王の遺言を聴納し、能久《よしひさ》王をして北白川宮を相続せしめたまふ」(『明治天皇紀』明治五・三・二二)。第一章でも事実関係は述べたので詳しくは省略するが、兄聖護院宮嘉言《よしこと》親王の養子となって北白川宮家を継いでいた智成親王(照高院宮)は跡継ぎをのこさずに死去した。太政官布告の定めによれば、北白川宮家はここで絶家となるはずだが、天皇はドイツに留学していた能久に同宮家を継がせたのである。

明らかに太政官の定めに反し、さらに能久が智成の兄という点でも無理な継承だったが、ここで理由とされたのは『明治天皇紀』にあるように智成の「遺言」だった。国の定めよりも個人の遺志を尊重するのはどう考えてもおかしいが、天皇たちもそれは分かっていたようで、『明治天皇紀』によれば、「但し第二世よりは華族に列せしめらる」ことも、わざわざ再確認された。

†明治天皇のあわれみ

次に起きたのは華頂宮家の継承問題だった。邦家親王の第一一王子である博経《ひろつね》親王は皇族として最初に外国留学するが、健康を損ねて帰国し、明治九年五月に死去する。それに先立ち、有栖川宮熾仁《たるひと》親王が宮内大臣を通じて天皇に次のように願った。『明治天皇紀』(明治九・四・二一)の関係部分を要約する。

〈博経親王は若くして国を憂い、米国で海軍軍人となるために学びましたが、不幸なことに病いとなり、志を達せずに帰国いたしました。そして病いが再発し鬼籍に入ろうとしております。二代目からは臣籍に下るとの定めには反しますが、陛下の思召しでとくに嗣子博厚《ひろあつ》王を皇族として宮家を継がせ、父の志を達するようにしていただければ、博経は安心して死ねるのみならず、他の皇族たちの忠誠心を鼓舞することにもなるでしょう〉

博経がアメリカから帰国したのは明治六年八月だが、その後、元盛岡藩主南部家の郁子と結婚し、明治八年一月に博厚が生まれた。つまり、熾仁が以上のように願ったころは、博厚はまだ一歳の幼児である。そこからしても、また熾仁も認めているように太政官布告からしても、このような願いはありえないのだが、天皇は受け容れた。一代宮家のはずだった華頂宮家は存続することになったのである。

その理由を『明治天皇紀』(同右)は、「天皇、博経親王の薄祐《はくゆう》を愍《あわれ》みて」と記す。博経は嘉永四(一八五一)年の生まれで天皇とほぼ同い年であり、すべて夭逝したとはいえ、天皇にも博厚と前後して生まれた皇子女が何人かいた。「薄祐を愍みて」、幸い薄いことに同情して、というセンチメンタルとも言える表現の背後には、このようなことがあったとも思えるが、いずれにしろ、またもや定めは履行されなかったのである。

そして、幼くして宮家を継いだ博厚も明治一六年二月、わずか八歳で死去してしまう。天皇は死去の当日、博厚を養子とし、とくに親王とした。もちろん跡継ぎはいないので華頂宮家も今度こそ絶家かと思うと、二カ月後、伏見宮貞愛《さだなる》親王の第一王子愛賢《なるかた》が継承することになったのである。

愛賢は貞愛の長子だが、生母が側室だったために伏見宮家は継げない。ただし伏見宮は四親王家だから、愛賢が王政復古前後に立てられた宮家の王子のように臣籍降下すべきかどうかは法的には明確ではないが、しかし、彼が華頂宮家を継ぐのはやはり当然とは言いがたい。定めはまたしても揺らいだ。

時間を飛んであらかじめ見ておくと、華頂宮継承後、博恭《ひろやす》と改名した愛賢は、明治三七年一月、経子妃、長男博義王、長女恭子女王とともに伏見宮家へ復帰し、当主となる。伏見宮家を継ぐはずだった弟の邦芳《くにか》王が不治の病となったためである。そして華頂宮家は次男の博忠王が継いだ。永世皇族制度を採用した皇室典範のもと、一代宮家を規定した太政官の定めは効力を失っていたから、博忠の継承自体は違法ではない。しかし、博忠は大正一三(一九二四)年三月、独身のままで死去した。皇室典範は皇族の養子を禁じていたから、もはや華頂宮家が後継者を得る方法はなく、ここに華頂宮家は絶家となった。

†世襲皇族・二世皇族への昇格

さて、以上のように徐々に有名無実化していった太政官布告をさらに変質させたのが、明治一四年二月五日の天皇の「特旨」であった。『明治天皇紀』同日条には左のように記されている。

嘉彰《よしあき》親王を世襲皇族に列し、晃親王を二世皇族に列したまふ。倶《とも》に特旨に出づるなり

簡単な記事だが、内容は重い。東伏見宮嘉彰(小松宮彰仁)の子孫はすべて皇族とし、山階宮晃の子供も皇族とするということで、一代宮家だった両宮家は、二人の死後(あるいは隠居後)も存続することになったのである。

天皇がなぜこのような「特旨」、特別の思召しを発したのか、その理由はここにはまったく

出ていない。嘉彰の小伝『軍国の誉』や『山階宮三代』でも同様である。表現は悪いが、なにかこそこそと重大事がおこなわれたという感が否めない。

そしてこの約半年後、またしても興味深い出来事が起きた。久邇宮朝彦親王が第三王子の世《よ》志麿《しまろ》王（のち邦彦《くによし》王）に桂宮を相続させてほしいと申し出てきたのだ。何度も言うように桂宮の当主は女性、明治天皇の伯母（孝明天皇の姉）である淑子《すみこ》内親王だったが、明治一四年秋ごろから命があやぶまれる状態になっていたらしい。独身だから跡継ぎはいない。そこで朝彦が自分の王子を桂宮家の後継者としようと動いたのである。

朝彦がそのようなことを考えたきっかけはなにか。すぐに思いつくのは嘉彰、晃、つまり朝彦の兄弟に、永世皇族、二世皇族への昇格という恩典がもたらされたことである。第二章で詳しく見たように、朝彦はかつての「朝敵」という古傷をかかえながら、内心ではプライドのかたまりのような皇族だった。兄弟と差をつけられたことが面白くなかったのは、容易に想像できる。彼らの子供や孫が皇族のままでいられるなら、自分の子供が他の宮家を相続してなぜ悪い……。もちろん朝彦は四親王家がとる養子は天皇や上皇の皇子に限られるのは承知していただろう。しかし、王政復古後、閑院宮家が伏見宮家の王子によって継承されるとの前例もできた。となれば、世志麿が桂宮の跡継ぎになってもいいではないか……。

いうまでもなく強引な理屈だが、戊辰以来、冤罪による配流をはじめとする不当な仕打ちを受けてきたとの不満を抱き続けてきた朝彦にすれば、当然の要求をしているだけとの思いがあったにちがいない。

これに反発したのが右大臣岩倉具視であった。朝彦の申し出を耳にしたあと、彼は天皇側近の一人である香川敬三（皇后宮大夫《こうごうぐうだいぶ》）にあて、それに反対する旨の書簡を何通も出した。そのうち明治一四年九月二一日付のものには次のような内容の文章がある（原文は河村浩「宮家相続問題と岩倉具視」にある）。

〈久邇宮が三男の方に桂宮を相続させるよう熱心に願っていらっしゃるが、四親王家はもともとかならず直宮《じきみや》（天皇の兄弟、皇子）によって相続されることになっており、閑院宮相続で例外ができたのもはなはだ遺憾だとの意見も内々あるから、久邇宮の願いもかなわないと思われるが、先日来、久邇宮は各方面に働きかけていらっしゃるようだから、早く方針を定めて不体裁のことにならないようにすべきだと思う〉

岩倉の苦々しい思いが伝わってくるが、岩倉を含む政権や宮中の首脳たちは、太政官布告がさまざまな形で骨抜きとされ、宮家や皇族が増加し続けてしまうことに危機感を抱いていたのである。そして結局、この時はさすがに朝彦の願いは通らず、桂宮家は明治一四年一〇月の淑子内親王の死去をもって絶家となった。

†梨本宮家継承をめぐる朝彦親王の動き

実はこのころ、朝彦は皇族のからむ別の件でも岩倉を悩ませていた。

明治一四年九月一日に梨本宮守脩《もりおさ》親王が死去する。守脩に実子はなく、山階宮晃の王子菊麿を養子としていたが、あらためて説明するまでもなく、太政官布告にしたがえば菊麿は養父の死後、臣籍降下して華族となり、梨本宮家は絶家となるはずであった。ところが朝彦が菊麿を皇族のままにして同宮家を継がせろといいだし、その斡旋を岩倉に頼んできたのである（『明治天皇紀』明治一四・一〇・二〇）。

このとき、朝彦の念頭に自分の王子世志麿が浮かんでいたのは間違いない。もし菊麿が梨本宮家を継ぐという超法規的なことが実現すれば、世志麿が桂宮家を継ぐ可能性もぐんと増すのは確実である（念のためにいえば、菊麿の件が『明治天皇紀』の一〇月二〇日条に載っているのは事の経過がこの日の記事にまとめられているからで、朝彦が菊麿のことを言いだしたのは守脩死去の直後であるのはたしかである）。だからこそ、朝彦は岩倉に難題を持ち込んだのだ。

岩倉は馬鹿らしかったろう。朝彦の下心は見え透いているし、なによりもこれ以上、太政官布告を踏みにじるようなことができるはずがない。『明治天皇紀』（同前）によれば、宮内少輔山岡鉄太郎と香川敬三に次のような趣旨の書簡を送った。

〈これまで天皇が嘉彰親王、晃親王を世襲皇族、二代皇族にしたり、華頂宮、北白川宮の存続を認めたのは、それぞれの皇族の功労を評価されたためだと拝察する。ところが守脩親王は病身で奉公もあまりなさらなかった。もし、親王に恩典を与えれば、他の皇族はもっと優遇しなければならないことになる。また、皇族の中には行動に問題のある方もいらっしゃる。その方たちを奮起させるためにも、これからの菊麿王の行動をみて、もし成果をあげられたら梨本宮家を継がせることにしたらどうだろうか〉

『明治天皇紀』はこの書簡を「密書」と記しているが、岩倉の皇族観も分かる、なかなか率直な内容である。山岡らは岩倉の意見を天皇に上奏したようだが、天皇は迷ったらしい。何日か考えた末、宮内卿徳大寺実則《さねつね》を呼んでこう告げた。『明治天皇紀』の原文通りに記す。

守脩、不幸病体にして博経・晃の如く功労を尽くす能はず。仍《よ》りて朝彦並びに嘉彰・貞愛の情願ありと雖《いえど》も、制規に拠りて華族に列すべきなり

ここまでは岩倉の意見通りの判断である。天皇も太政官布告（制規）は順守すべきと認識しているかのようだ。ところ

山階宮菊麿王

が記事はこう続くのだ。

然れども思ふ旨あり。特に之れを諸王に列せんとす

かくして菊麿は皇族にとどまり、梨本宮家を継ぐことになった。天皇の言う「思ふ旨」の具体的な内容は分からない。ただ一つ分かるのは、天皇には太政官布告を絶対に守るべきものとする考えがほぼなくなっていたということである。

2　皇室典範制定をめぐる攻防——明治天皇と伊藤博文

†草案の臣籍降下規定

そしてそれから数年のうちに、定めの形骸化はさらに進む。明治一六年七月、ついに久邇宮朝彦も二代皇族に列せられるのである。『明治天皇紀』(明治一六・七・一一)はその理由を「親王は仁孝天皇御養子にして、年歯亦耳順《よわいまたじじゅん》に届《いた》らんとす」と記すが、仁孝天皇養子はともかく、年齢が耳順、すなわち六〇歳に達したことまで持ち出すのは、語るに落ちると言うべきだ

ろう。

　あらためてまとめれば、太政官布告があるにもかかわらず、「特旨」などによって例外とされた最初の宮家は北白川宮（能久）、以下、華頂宮（博経）、東伏見宮（嘉彰）、山階宮（晃）、梨本宮（守脩）と続き、ここに一代に限ると規定されていたはずの六宮家は、少なくとも二代目までは存続することになったのだ。

　それをさらに確かなものにするかのように、明治一八年一二月、これまでも事実だけは紹介したややこしいことがおこなわれた。永世皇族となったにもかかわらず子供のいなかった東伏見宮嘉彰（小松宮彰仁）の跡継ぎに山階宮晃の養嗣子だった定麿（東伏見宮依仁）がなり、山階宮家には晃の実子で梨本宮を継いでいた菊麿が戻り、梨本宮家には久邇宮朝彦の第四王子多田王（守正王）が入って相続するのである。伏見宮系の新立宮家の基盤はいっそう固まった。

　が、一方、政権や宮中首脳の間では、やはり皇族の増加に歯止めをかけようとする動きもすすんでいた。のちに皇室典範としてまとまった皇室に関する基本的な規範の中に、臣籍降下についての決まりなどを盛りこむための検討が着々とおこなわれていたのだ。

　この作業を率いていたのは岩倉具視であり、岩倉死後は伊藤博文が柳原前光《やなぎわらさきみつ》（賞勲局総裁など。大正天皇の生母柳原愛子《なるこ》の兄）と井上毅《こわし》（宮内省図書《ずしょ》頭、枢密院書記官長など）らを集めて典範草案作成にあたっていた。岩倉も伊藤も皇族の増加によって国家、皇室の財政的負担が増し、ひいては皇室の基盤が揺るぐことを懸念しており、その意を受けた柳原、井上は、皇族の増加を防ぐための方策をどのように成文化するかをさまざまに考えていた。

具体的な方策についての柳原と井上の意見にはかなりの差があったが（この点については『井上毅とその周辺』所収の川田敬一「皇室制度形成過程における井上毅と柳原前光」が簡明にまとめている）、伊藤は「皇位継承者を一定数確保したうえで、皇族を臣籍降下させる規定をもうけるべきだ」との柳原の主張に賛成し、また三条実美らも同様だった。

明治二〇年三月二〇日、高輪にあった伊藤の別邸に伊藤、柳原、井上らが集まり、皇室典範草案についての協議がおこなわれたが、そこで伊藤は臣籍降下についての規定を典範に盛りこむべきだと明言し、柳原はもちろん、異なる考えをもっていた井上もそれにしたがって典範の草案を起草した（最終的な草案作成は井上）。つまり、一旦皇族として生まれた男子はその子々孫々に至るまで皇族であるとの制度、永世皇族制度を否定する規定が典範に明記されることになったのである。

ところがここに奇妙なことが起きた。典範草案審議のための枢密院会議が開かれるおそらく数日前になって、伊藤が臣籍降下の規定を草案から取り除くように井上に命じたのだ。

†しどろもどろの伊藤博文

草案審議のための枢密院会議が赤坂仮皇居内の御会食所で天皇臨御《りんぎょ》のもと開かれたのは、明治二一年五月八日午前である。当時の枢密院議長は伊藤博文であり、会議の議長も彼が務めた。この日は天皇が審議を命じる勅語を述べ、草案を印刷したものが出席者に配布されて散会、実質的な審議は五月二五日午後から始まった。以後、二八日午後、六月一日午前、午後と会議が開かれ、第三二条まで審議は進んだから、まずは順調な進行具合だったが、六月四日午後の会議は大揉めに揉めた。草案第三三条について内大臣三条実美らが次々に反対の意見を述べたのである。

同条は次のようなものであった。

皇子より皇玄孫に至るまでは生まれながら男は親王、女は内親王と称ふ。五世以下は生まれながら王、女王と称ふ

意味は明瞭で、天皇の玄孫までは親王、内親王と称し、五世、つまり来孫からは王、女王と称するということだが、三条らが主張したのは、これでは天皇の子孫はすべて皇族ということになってしまうから、皇族の範囲を但し書きの形で明記するように修正すべきということだった。つまり皇室典範に永世皇族制度は認めないと、はっきり規定せよとの主張である。

先述のように三条は前からこのような考えを持っており、伊藤も自分と同意見だということを柳原を通じて知っていた。ところが枢密院で草案審議が始まる直前に、伊藤の変心を柳原から知らされ、愕然とし、かつ怒った。この日は午前も会議が開かれ、第二七条から逐次審議がおこなわれたが、三条はほとんど発言をしていない。しかし、第三三条の条文を枢密院書記官長井上毅が読み上げ、審議が始まるや否や、まさに満を持したかのように持説を述べ立てたのである。

議事録である「枢密院会議筆記」によれば、続いて発言した宮内大臣土方《ひじかた》久元、司法大臣山田顕義《あきよし》、農商務大臣兼逓信大臣榎本武揚《たけあき》も三条に賛成、大蔵大臣松方正義は原案に賛成するが、枢密顧問官の佐野常民、吉井友実《ともざね》、大木喬任《たかとう》、そして枢密院副議長の寺島宗則までもが原案修正を求めた。

これに対し伊藤は次のような発言をした。「枢密院会議筆記」から引用する。

修正説も種々起りたれども、本条には決して人臣に下すを得ずと云ふことなし……この問題は典範中の難件にして、最初原案取調の際には、五世以下人臣に下すことを載せたりしが、種々穏やかならざる所ありて、遂に削除したりしなりなんとも正直すぎる弁解と言うべきだろう。第三三条には皇族を臣籍降下させないとは書いてない。もともと自分も永世皇族制度には反対で、草案にも五世以下の皇族は臣下とするとの規定を載せていたのだが、「種々穏やかならざる處ありて」削除したのだ……。これでは三条たちが納得するはずはない。

†伊藤の変心の理由

結局、この日は採決に至らず、第三三条についての審議は六月六日午前の次回会議までもちこされた。そこでも伊藤は弁解めいたことを言いながらも態度は変えず、また、三条ら原案修正派も妥協しないまま起立採決がおこなわれた。その結果は原案賛成一四、反対一〇であった。

枢密院会議に出席する資格があるのは成人に達した親王五名、枢密院議長、副議長、内大臣、内閣の閣僚九名、枢密顧問官一四名（土方宮内大臣は兼職の顧問官として出席）の三一名だが、欠席者が五名おり、また伊藤枢密院議長、寺島副議長は裁決に加わらなかった。したがって投票総数は二四で間違いない。ただ残念ながら、だれが賛否どちらに起立したかは「枢密院会議筆記」にも記されていない。

審議の過程ではっきり原案修正を要求した三条、土方、山田、榎本、佐野、吉井、大木の七名が反対に起立したのは確実である。逆に原案賛成を明言した松方と、六日の会議で同じく原案に賛成する発言をした枢密顧問官の副島種臣《そえじまたねおみ》は賛成に起立しただろう。ここまでは分かるが、あとの一五名がどちらに与したのかは分からない。とくに出席した四名の親王（出席資格のあるのは熾仁、彰仁、能久、威仁、貞愛だが貞愛は欠席）がどのような態度表明をしたのか興味のあるところだが、これも不明である。

しかしそれよりも真相を知りたいのは、伊藤が変心した理由である。あれほど永世皇族制度を否定し、皇族の臣籍降下を典範にはっきりと規定しようと望んでいたにもかかわらず、なぜ土壇場で態度を変えたのか。

この疑問に直接こたえる資料はない。ただヒントはある。それは六月四日午後の会議で彼が口走った言葉である。もう一度引用すれば、「最初原案取調の際には、五世以下人臣に下すことを載せたりしが、種々穏やかならざる所ありて、遂に削除したりしなり」。この「種々穏やかならざる所」とはいったいなにか。

これまで見てきた王政復古以降の永世皇族制度や臣籍降下にかかわる事柄の経緯、そして、後で述べる皇室典範増補についての天皇や伊藤の対応から推測すると、それは天皇が典範草案に臣籍降下の定めを載せないように内々伊藤に命じ、伊藤がやむをえずそれに従ったことを意味すると考えるのがもっとも自然であろう。

天皇にはこれまで自分が太政官布告の趣旨に反する宮家の存続、一代皇族の永世、二世皇族への昇格を、さまざまな留保をつけてではあるが認めてきたことを見れば、自分の真意は伊藤にもよく分かっているはずだとの思いがあっただろう。太政官布告が発せられたころ、天皇は二〇歳になるかならないかの若さ。皇族や宮家の増加を防ぐための規定が作られるのを座視するしかなかった。しかし時とともに、天皇にはあの定めへの疑問が出てきたのだ。それなのに伊藤は草案に皇族臣籍降下の規定を盛ろうとしている。これはなんとしてもやめさせなければならぬ。そして天皇の強い意志がなんらかの「穏やかならざる」形で伝えられ、伊藤はついに年来の持論を曲げることとなった……。

†天皇が抱いた皇位継承への不安

では、なぜ天皇はそれほどの危機感を抱いたのか。それを考えるうえで忘れてはならないのは、天皇は日本という国の「君主」であると同時に、天皇家の「家長」だということだ。そして「家長」の最大の責務は皇(血)統の保持、存続である。神話では二五〇〇有余年、事実のうえでも一六〇〇〜一七〇〇年にわたって連綿と続いてきた天皇という存在を絶やしてはならないのだ。

江戸時代中期から皇位継承は綱渡りの状態だった。明治天皇も父孝明天皇も祖父仁孝天皇も、すべて先代天皇のただ一人の跡継ぎ(他に皇子がいてもみな幼時に死去)。仁孝の父光格天皇は、先代の後桃園天皇に皇子がいなかったため、閑院宮家から入って皇位を継いでいる。そして明治天皇自身にもなんとか育った皇子は病身の嘉仁《よしひと》親王しかいない。このような現実を前に、天皇がどうしても皇位を継承できる皇族を確保しておきたいと思うのは当然だろう。太政官布告の軽視、永世皇族制度への固執は無理もないのである。

伊藤たちもそれが分からなかったわけではない。柳原の作った案の中には、一〇名程度の皇位継承資格者を確保したうえで臣籍降下をおこなうといった趣旨の文言もある。しかし、天皇の不安はそういうことでは解消できなかった。

天皇にしてもこのような形で典範審議へ干渉することになったのは本意ではなかったろう。草案審議の経過をまとめた『明治天皇紀』の明治二一年五月二五日条には次のような文章がある。

（第三三条が原案通り可決されてから）数日の後久元を召して、前日の議は汝等の論ずる所正鵠を得たりと告げたまふ

天皇はいかにも弁解めいた言葉を土方宮内大臣に述べているのだ。土方がどのように応えたかは分からないが、なんとも複雑な心境となったのはたしかである。そして、枢密院会議に出

席する資格がなく、土方、三条らのように臣籍降下明記の意見を述べる機会も与えられなかった柳原などは、この天皇の言葉を知ってか知らずか、のちに井上毅にあてた書簡で悔しさをぶちまけるかのようにこう述べている。

強《しい》て永世皇族の制を主張するも、実際に於て十年を出でず。必ず此ことに於て典範を改正するに至らん

〈一〇年も経たないうちに、典範を改正して永世皇族制度を変えることとなるだろう〉。時期こそずれるが、この柳原の予言は的中することになる。

†皇室制度改革への執念

枢密院での審議を経て皇室典範が施行されたのは、大日本国憲法（明治憲法）が発布されたのと同じ明治二二年二月一一日だった。ここに永世皇族制度も確定した。この時点で皇位継承権をもつ男子皇族は嘉仁親王を筆頭として二二名である。老年や病弱の者も少なくないがかなりの数ではあり、天皇の不安もそれなりに和らいだであろう。

そしてそれから九年後の明治三一年二月、第三次内閣を組織して間もない伊藤博文が皇室に

関する一〇カ条の意見書を天皇に提出した。その二条目は「皇族待遇の事」と題されていたが、そこには典範制定にあたって撤回された伊藤の持論があらためて述べられていた。彼は、〈制定の時に臣籍降下について規定が設けられなかったのはやむを得ない事情があったからだ〉としながらも、次のように主張する。興味深い内容なので、『伊藤博文伝』から主要部分を引用する。

帝位に遠隔の数世を経るの後は降して人臣即華族と為すの制を立てられざるに於ては、帝位継承上に統属を増加し、随《したがっ》て非望の端も之より生ぜざることを保し難し。且《かつ》帝室有限の財力を以て之を保護し、皇室至当の地位を永遠に持続せしめんこと到底望むべからず。随って皇族全体の不利と為るは、其の原因枚挙に遑《いとま》あらず。是れ其の制限の法を定むるは今日の急務たる所以《ゆえん》なり

後半にある皇室財政との関連については以前も伊藤が強調していたところだが、前半の「非望の端」が生じるから云々の指摘は目新しい。要するに、皇位継承権者を増やせば「身分不相応の望み」を抱き皇位をうかがう者も出かねないとの意味で、過激、不敬とさえ言える主張である。

『伊藤博文伝』はこの時期に伊藤が意見書を提出した理由を、〈内外の情勢は多事多端であり、天皇の威光にますます頼らなければならぬことが多いので、皇室の尊厳をいっそうたかめるために〉と説明するが、もとよりこれは決まり文句で、注目すべきなのは、心身ともに虚弱だった皇太子嘉仁親王がなんとか健康になったことだろう。

明治二八年六月ごろ、皇太子は腸チフスにかかり、さらに肋膜炎なども併発して一時重態に陥った。『昭憲皇太后実録』(明治二八・八・一二)によれば、その時天皇は、「後事を慮《おもんぱか》らせたまひ、私《ひそか》に皇室典範を披覧」したという。もし皇太子が死去したら誰が皇位を継ぐのかをたしかめたのである。しかし、幸いにして半年ほどで皇太子の病気は治り、以後、大病はしない。

また、既述のようにのちに解消はされるが伏見宮禎子《さちこ》女王と婚約もし、明治三〇年には成年(普通の皇族の成年は満二〇歳だが、皇太子、皇太孫は満一八歳)に達していた。それやこれやで皇位継承についての天皇の不安はかなり拭われたと見て、伊藤はこのような提言をしたのだと思われる。

†皇室典範増補

伊藤はこのあと、自分が政党を組織しようとしたために政局が混乱した責任をとって総理大臣を辞職するが、皇室制度改革が必要との考えは変えず、そのための調査機関をつくるべきだとあらためて上奏した。天皇はこれを受け容れ、明治三二年八月、帝室制度調査局を設置し、伊藤にその総裁となることを命じた。

そして明治三九年末、総裁を兼任したまま韓国統監となっていた伊藤が京城（現在のソウル）から一時帰国し、天皇に皇族臣籍降下を規定した皇室典範増補案を提出した。天皇はどのような手順を経てこれを制定すべきか伊藤に質《ただ》したが、伊藤はまず内閣で審議し、その後、天皇から枢密院に諮問するようにと求めた。懸案の解決を前に慎重のうえにも慎重を期したのだが、帝室制度局総裁就任以来七年以上というかなり長い間、伊藤は天皇周辺の環境の変化にも注意深く目をこらし、そのうえで増補案提出に踏み切ったのである。

環境の変化とはまず明治三三年五月に皇太子が結婚、そして三四年四月に裕仁《ひろひと》親王（昭和天皇）、三五年六月に雍仁《やすひと》親王（秩父宮）、三八年一月に宣仁《のぶひと》親王（高松宮）と、たて続けに三人の皇孫が誕生し、無事に育っていたことである。これで天皇の皇位継承への不安は大いに和らいだ。

さらに強調しなければならないのは、明治三九年三月、故北白川宮能久の王子恒久王が竹田宮家を、故久邇宮朝彦の王子鳩彦《やすひこ》王が朝香宮家を、また同年一一月にやはり朝彦の王子稔彦《なるひこ》王が東久邇宮家を立てたことである。この三宮家新立については第七章などでもふれるが、これによって天皇の皇女たちが宮家の当主である皇族と結婚できることが確実となり、そこで男子、つまり天皇の外孫が生まれれば、その王子たちも皇位継承権を持つことになる。典範に臣籍降下規定を加えてもかまわない条件がととのったのである。

そして典範増補案は明治四〇年二月五日午前一〇時五五分に開かれた枢密院会議で審議された。天皇は臨御したが、あの典範審議のときは出席した五名の親王はすべて顔を見せず、西園寺公望《きんもち》総理大臣、原敬《たかし》内務大臣、東久世通禧《みちとみ》枢密院副議長や二八名いた枢密顧問官のうち伊藤をふくむ半数が欠席した。議事は枢密院議長山県有朋《ありとも》が進め、増補案は出席者全員の賛成により可決された。閉会は一一時七分、わずか一二分の審議だった。

臣籍降下についての条文は左の通りである。

第一条　王は勅旨又は情願に依り家名を賜ひ華族に列せしむることあるべし

第六条　皇族の臣籍に入りたる者は皇族に復することを得ず

これによって天皇から血縁の離れた男子皇族の臣籍降下が法的にも可能となったのである。なお、ここには単に王としかなく年齢については規定されていないが、明治四三年に制定された「皇族身位令」第二五条により、王は満一五歳になったら臣籍降下の情願ができることになった。

3　降下準則騒動——元老と皇族

†勅旨又は情願

典範増補の適用をうけて最初に臣籍降下したのは、第四章の最後で見たように北白川宮能久の王子輝久王であった。『明治天皇紀』（明治四三・七・二〇）によれば、故小松宮彰仁親王在世中の望みにもとづいた輝久の願いを皇族会議、枢密顧問への諮詢を経て天皇が許し、小松の家名と侯爵を与えて華族としたのである。増補第一条には「勅旨又は情願に依り」とあるから、天皇の命によって臣籍降下させることも可能だが、輝久はあくまでも本人の願いで皇籍を離れるとの形をとった。

この時、皇室には満二一歳の輝久よりも年長の王が九名いたが、彼らが輝久と同じような願いをする可能性はなかったのか。結論から言えばなかった。なぜなら、そのうち七名は宮家の当主か嗣子だから華族となることはありえず、またいわば「部屋住み」のあとの二人、伏見宮邦芳王《くにか》（貞愛親王王子）と久邇宮多嘉王（邦彦王弟）にもそれぞれの事情があった。

まず邦芳は不治の病におかされており、伏見宮家の嗣子の立場も異母兄で庶子の博恭王に譲ったくらいだから、華族となって一家を立てるのは難しい。また多嘉は増補制定直後に結婚した時、天皇によって一旦は臣籍に降すとされながら（『明治天皇紀』明治四〇・三・二七）、そのまま皇籍に残った。明治八年生まれですでに中年に達しており、そのあたりが考慮されて天皇も大目に見たのだろう。

結局、当面は典範増補の規定によって華族となったのは輝久一人だったが、幼、少年の王の数は多い。遠からず彼らの臣籍降下が問題となるのはあきらかであり、宮内省の首脳たちはそれに備えて大正八（一九一九）年ごろから動き出した。これからも頻繁に引用することになる「倉富日記」（大正八・一・一三）には、次のような記事がある。

波多野は、自分（原注・波多野）は是迄既に皇族方に降下の事を話し置けり。内規抔《など》を作らざるも、実行することを得べし。伏見宮（貞愛親王）にも其事を話したる処、博義王が虚弱なる故、博信王の降下を見合せ居る旨話し居られたりと云へり。予（倉富）は、不文にては実行困難なるべしと云ひ居けり

波多野とは宮内大臣波多野敬直《よしなお》、倉富は当時、帝室会計審査局長官である。ともにもとは大

物司法官僚で、波多野は司法大臣、東宮大夫、倉富は朝鮮総督府司法部長官、法制局長官などを経て現職に就いた。二人とも皇族臣籍降下について対処する必要を感じていたが、この記事からも分かるように、波多野は事態をやや軽く考えており、倉富はなんらかの新しい規定をつくらなければならないと思っていた。

†勅旨は効果がない

文中に出てくる伏見宮のことを説明すると、このころ同宮家には当主貞愛のもと、華頂宮家から戻った嗣子博恭王とその長男博義王、三男博信王、四男博英王と四人の王がいた。このうち博恭とその嗣子である博義の臣籍降下はありえない。また、まだ六歳の博英のことも差し迫った問題ではない。しかし、明治三八年五月生まれですでに一〇代半ばにさしかかっている博信の降下については、そろそろ貞愛からなんらかの動きがあってもおかしくない。貞愛はそれを気にして波多野に「宮家を継ぐはずの博義が病弱なので万一のことを考えて」と説明しているのだ。

波多野は貞愛が孫の博信の臣籍降下をなかなか言い出さないでいることに理解を示し、おそらく皇族たちは臣籍降下問題では柔軟な態度をとってくれると考え、したがって別の規定（内規）などは不要と思ったのだろうが、倉富はちがった。そしてしばらくすると波多野も意見を変えはじめた。約三カ月後の四月一六日の「倉富日記」には、二人が交わした実に興味深い会話が残っている。

波多野は、実は現在の宮家にても伏見宮抔《など》は御続遠に付、自覚して臣籍降下を情願せらるる様になれば宜《よろ》しきも、中々右様の御自覚はなし。勅旨に依り降下せらるる規定あるも、先帝の時なれば兎も角、今日にては仮りに勅旨の形式となるも、事実は然《し》からず。元老か宮内大臣の考なりとの推測を受け、今日にては到底降下を実行し難しと云ふに付、予（倉富）より皇室典範増補のとき今一歩進めて降下のことを明定し置けば何事もなかりしに、惜しむべきことを為したりと云ひ、波多野も其通りなりと云へり

おそらく貞愛とあらためて話した結果、波多野は貞愛が内心では博信の降下を望んでいないことを察したのであろう。南北朝時代に天皇家から分かれた「御続遠」の伏見宮などはとっくに王たちの臣籍降下を申し出ていいはずだと正論を吐いている。しかし波多野もそして倉富も、増補にあるように「勅旨」によって臣籍降下させるのは難しいと分かっていた。なぜならば、先帝、すなわち明治天皇の勅旨ならともかく、大正天皇が命じたのでは、既得権を失うのをおそれる皇族たちは、元老や宮内大臣の差し金と思うに決まっているからだ。こんなことなら、

増補にもっと細かい規定を設けておけばよかった……なんともあけすけな会話である。

そして枢密院副議長だった清浦奎吾《けいご》なども同じように考え、それを方々で口にしていたようだ。宮内次官の石原健三はそのことがもし皇族たちの耳に入ったら厄介なことになると心配し、倉富を訪ね、「なるべく早く降下についての細かい規定を立案してくれ」と頼んだ(「倉富日記」大正八・五・三)。もちろん波多野の意も受けてのことである。以後の細かい経緯は省略するが、倉富は帝室制度審議会委員だった伊東巳代治《みよじ》、平沼騏一郎《きいちろう》などとも協議し、「皇族の降下に関する内規」案を作成した。

†降下準則の内容

そして大正九年三月一七日、天皇の諮詢をうけた枢密院はこれを審議し、名称を「皇族の降下に関する施行準則」(以下、降下準則)とするなど若干の修正を加えたうえ、満場一致で可決した。審議の議長を務めたのは清浦副議長で、原敬総理大臣兼司法大臣など七名の閣僚、一八名の枢密顧問官が出席したが、裕仁、貞愛、載仁、依仁親王、枢密院議長の山県有朋は欠席した。

降下準則は四つの条文と付則からなっているが、とくに重要な第一条と付則から摘記する。

第一条　皇玄孫の子孫たる王（略）皇室典範増補第一条及び皇族身位令第二十五条の規定により情願を為さざるときは、長子孫の系統四世以内を除くの外、勅旨に依り家名を賜ひ華族に列す

付則（略）第一条に定めたる世数は故邦家親王の子を一世とし、実系に依り之を算す
　博恭王は長子孫の系統にあるものと看做《みな》す
　邦芳王及多嘉王には此の準則を適用せず

少し分かりやすく解説すると、まず第一条では「満一五歳になっても臣籍降下を情願しない王は天皇の命で華族とする」ことが定められた。ただし「家を継ぐ長子孫の系統は四世までは例外」とされている。

その「四世」が何を意味するかは付則で分かる。伏見宮邦家親王の子が一世、孫が二世、曾孫が三世、玄孫が四世である。具体的に言うと、たとえば久邇宮朝彦親王は一世、邦彦王は二世、朝融《あさあきら》王は三世、まだ生まれていないが朝融の嗣子は四世である。ここまでは皇族の身分を保てる。ただし、長子孫の系統でない者、つまり一世であろうが家を継がない者は華族となる。そして長子孫の系統であっても五世以下は華族となり、宮家は消滅するのだ。

付則の博恭王についての規定は王が一度伏見宮を離れたことを前提にしている。まだ伏見宮

の家督は継いでいないが、将来そうなるのを自明のこととしているのだ。さらに邦芳王、多嘉王に関する規定は、さきにふれたような事情があるので長子孫の系統ではないが華族とはしないとの意味である。石原宮内次官が懸念したように、降下準則のような規定をつくることに皇族たちが神経をとがらせているのは分かっていたから、倉富たちもそれへの配慮も周到にしたつもりで、このような付則を設けたのであろう。

また草案は枢密院での審議に先立って皇族たちに示されており、たとえば東久邇宮稔彦には、つい数カ月前まで東久邇宮家の最高顧問である宮務監督も兼任していた倉富が会って内容を説明している。稔彦は、「もしこれが制定されたら皇族はみな軍人とならなければならないという皇族身位令の規定は改めるべきだ」との条件はつけたが、内容には賛成している（「倉富日記」大正九・三・一二）。

†土壇場での皇族会議延期――邦彦王の反対

さて、枢密院で可決された降下準則は次いで皇族会議に諮詢されることになった。この会議は皇室典範第五五条で「成年以上の皇族男子を以て組織」するとされ、典範第九条、第一九条などで皇位継承順や摂政設置など皇室の重大事を審議すると定められているが、これらの案件については枢密院にも諮詢されることになっており、枢密院での審議の方が皇族会議でのそれより先におこなわれるのが通例だった。そして枢密院での審議結果は天皇の裁可を受けて皇族会議に諮詢されるのだから、皇族会議の審議は形式的なものと言っても過言ではなかった。そして、波多野や倉富らの宮中首脳、また山県有朋などは今度も同様にことが運ぶだろうと思っていたようだ。

ところが、そうはいかなかったのである。皇族会議が開かれる予定の四月八日の前日、宮内省調査課長の南部光臣が打ち合わせのために会議の議長を務める伏見宮貞愛を訪ねたところ、降下準則について若い皇族の中に反対の意見をもつものがいると聞かされ、さらに八日朝、南部が再訪すると、貞愛にこう言われた（「倉富日記」大正九・四・八。以下、八日以降の事実関係については同日記による）。

議長より邦彦王殿下が主として反対せられ、博恭王殿下も之に賛成し居る模様にて、或は反対者の方が多数なるやも計られず

南部が邦彦らが反対する理由を問うと、貞愛は、「邦彦王は議場にて之を述ぶべく、其前に述べ難しと云はれた」と答えるだけだった。南部は宮内省に戻って倉富にこれを報告し、倉富はさらに波多野に伝えるが、会議開会予定時刻の一〇時半が迫ったので、説明員として出席す

る彼らは皇居宮殿内の控室に入った。ところが会議は一向に始まらない。そのうち石原宮内次官が来て、会議は延期となったと告げた。「倉富日記」によれば、波多野や石原が皇族に降下準則に反対の者がいる以上、皇族会議は延期した方がいいと貞愛に進言し、延期が決まったということだった。

怒ったのは山県である。皇族会議には内大臣、枢密院議長、宮内大臣、司法大臣、大審院長も列席することになっており、枢密院議長の山県も待機していたのだが、事情を説明する波多野や石原を延期は不当だと非難し、「久邇宮（邦彦）反対の理由は如何」と訊いた。石原が、久邇宮は会議の席上でなければ理由は述べないと言っていると応えると、山県は、「夫《そ》れは不可解なり。若し宮内官に告ぐべからざる理由あらば、何故に陛下に直奏せられざるや。皇族たる本分を忘れたることなり」と邦彦を激しく批判した。

†邦彦説得

邦彦は皇族会議が延期になっても皇居内に残っていた。やはり皇居で午後から開かれる予定の軍事参議官会議に出るためである。おそらく山県が命じたのだろうが、波多野、倉富らは邦彦に直接会い、反対の理由を尋ねた。邦彦は、「降下準則の大体については賛成する」と言いながら、まだ皇位継承に不安があるから反対だという。波多野たちはそれに反論するが、邦彦は軍事参議官会議開会の時間を気にして時計を何度も見るなど、まともに話し合う気はなさそうである。

仕方なく波多野たちは伏見宮邸に行き、貞愛に皇族による協議会を開くように頼む。貞愛は一一日に開くことを承知するが、同時に東久邇宮稔彦も降下準則に反対していると邦彦から言われたと話した。

先述のように倉富は稔彦から降下準則に賛成と聞かされていたから驚き、翌九日、東久邇宮邸を訪ねて稔彦の真意を質した。稔彦は、「邦彦王から皇位継承への懸念を聞かされ、このようなものに賛成するのは皇族として不可と言われた。自分は皇位継承の問題についてはほとんど考えていなかったので当惑したが、しかし準則に反対するとは言っていない」と弁解する。倉富は「賛成すべきだ」と念を押して宮邸を去るが、邦彦が陰でさまざまな策動をしていることがあらためて分かったであろう。

そして一一日、皇族の協議会が伏見宮邸で開かれたが、意見はまとまらない。反対の態度を明確に示したのは伏見宮博恭、博義の父子、朝香宮鳩彦、そして邦彦だったが、伏見宮父子が反対する理由は分からない。付則で特別扱いされたことが逆効果だったのかとも推測できるが、しかし、博恭の父貞愛は賛成の態度を明らかにしているのだからややこしい。いずれにしろ皇族協議会も意味がなかった。

一三日には波多野が邦彦に会って口説き落とそうとするが、邦彦は、「反対しているのは自分と博恭王、鳩彦王だけ（博義の名は出さない）なのだから皇族会議を開いて多数決で可決すればいいではないか」という。要するに居直っているのである。波多野が、「少数意見と知りながら固執するのはおかしい」と反論してもヌカに釘だった。

そしてついに波多野らは山県に邦彦を説得してもらわざるをえなくなる。山県は渋ったが、結局、一九日に邦彦を訪ね、相変わらず「降下準則を定めれば皇位継承に不安が生じる」一点張りの邦彦に次のように迫った（「倉富日記」同日条）。

この準則案は既に枢密院の議決を経たるものなり（中略）若し此案に対し反対の意見あれば、不本意ながら、自分は枢密院議長たる職責上より黙視することを得ず。（皇族会議で）十分に意見を述べざるべからず

まさに正面からの脅しと言ってよい。これに対し邦彦は「尚ほ熟考すべし」とかわそうとするが、山県は「最早熟考の余地はない」と言い、さらに続ける。

此の事は当局に於ても精々秘密に為しをるも、もはや多少世上に漏れ居る模様なり。若し

皇族にて此案に反対せられたりと云ふ如き事が世間に分かる様になりては、皇族自身の不徳のみならず、皇室の不徳ともなること故、不可と知りたらば速に改めらるべく

説得というよりも問答無用の詰問である。これに対する邦彦王の反応を、山県は石原宮内次官にこういったという。

結局グヅグヅにて、要領を得ず。全く婦人の愚痴に類することにて致し方なし

これではどちらが皇族か分からない。

†賀陽宮恒憲王の反発

しかし山県が勝利をおさめたわけではなかった。邦彦は他の皇族への働きかけを依然としてやめなかったのである。その結果、最も宮中首脳たちを手こずらせたのが賀陽宮恒憲《つねのり》王だった。恒憲は第四章で登場した邦憲《くにのり》王の王子である。母は公家華族の名門醍醐家出身の好子妃。父の死にともない明治四三年末に満一〇歳で宮家を継いだ。既述のように邦憲は久邇宮朝彦の第二王子だったが、かなりノンビリした性格だったために久邇宮の家督は第三王子の邦彦が継ぎ

賀陽宮恒憲王

（第一王子は夭逝）、部屋住みの身となった。しかし、明治二五年末、天皇の特旨で父朝彦の名乗っていた賀陽宮を称することが許され、二八年には神宮祭主となり、さらに三三月五月、皇太子嘉仁親王の結婚を機に久邇宮から独立し新宮家を立てたのである。

　明治天皇が邦憲がノンビリしているのを「あの宮は少し何だから」と面白がっていたことを、長年、天皇の侍従だった日野西資博《すけひろ》が『明治天皇の御日常』で述べている。また、「倉富日記」（大正九・五・一四）には、賀陽宮家の宮務監督もつとめた古参宮内官僚の小原駩吉《せんきち》（のち宮中顧問官など）が、「好子妃は夫が無能だったのに懲り、王女たちは財産がなくても有能な者に嫁がせたいと、長女の由紀子女王を貧乏な公家華族の町尻量基《まちじりかずもと》（公家華族にはめずらしく陸軍で中将まで昇進し陸軍省軍務局長となった）と結婚させた」と語ったとの記事がある。明治天皇は邦憲を神宮祭主にしたくらいだから、「少し何」という評には深刻な意味はないのかもしれないが、賀陽宮家の内情に通じていた小原の言葉はやはり意味深である。皇族や宮中首脳たちの間では邦憲、そして賀陽宮家はかなり軽んじられていたと思われる。

　もともと明治天皇は王子の恒憲も神宮祭主にするつもりだった。『明治天皇紀』（明治四三・

二・四）には、「恒憲王は天質羸弱《るいじゃく》なるを以て将来神宮祭主たらしめんとす」とある。しかし、天皇崩御後、恒憲はほかの皇族と同じように軍人になりたいと希望し（『明治天皇の御日常』）、陸幼年、陸士へと進んだ。おそらく恒憲は父や自分がどのように見られていたかを敏感に感じ、それへの反発から肩肘を張るようなところがあったのだろう。邦彦の働きかけはそこを刺激した。

†振り回される宮中首脳

ところが波多野らは恒憲のことはあまり心配していなかったようだ。当時、恒憲は賀陽宮家の当主とはいえ陸士卒業直前の若者である。まだ二〇歳そこそこで、皇族会議へ出席する資格も得たばかりである。しかも、邦彦が準則に反対していると名をあげた皇族の中にも恒憲は入っていなかったから、恒憲が邦彦と同一歩調をとると思わなくても無理はなかった。

しかし恒憲は叔父の邦彦を父のように慕っていた。そしてもともと邦彦は自分が兄をさしおいて久邇宮家を継いだことをうしろめたく思っており、邦憲が独立した宮家を立てられるように天皇や伊藤博文に熱心に願うなどしていた（『邦彦王行実』）。久邇宮と賀陽宮はいわば一心同体のようなもので、恒憲が降下準則に反対するのは不思議ではなかったのだ。

それにやっと気づいた波多野は恒憲を訪ねた。山県が邦彦説得に失敗した半月ほど後の五月四日である。そして、「降下準則」の必要なことを縷々説明するが、恒憲は納得しない。そしてついでのように、自らの成年式に尽力した賀陽宮家事務官に勲一等をくれないかなどと言いだす。皇太子の成年式には東宮職員への恩賞があったし、李王世子の結婚に際してもそうだったから、自分のほうもいいじゃないか、という理屈である。波多野は呆れ、そのような願いは根本的に間違っていると応えるが、肝心の「降下準則」の話はまるで進まず、恒憲が熟考して五日後に返事をするということで終わった(「倉富日記」大正九・五・四)。

しかし、五日後の五月九日になると、華頂宮の事務官が石原宮内次官に、「恒憲はもっと熟慮したいので二、三日待ってくれといっている」と申し出る。石原は、「熟慮ではなく邦彦が東京にいないので相談ができないのだろう」と皮肉っぽく応じるが、事務官は、「恒憲は成年になった報告を歴代天皇陵などにするため関西に行くので皇族会議には出席できない」とも言うので、石原やこれを知った倉富らは、「それなら反対票が一票減るわけだ」と喜ぶ。

ところが一一日に石原が恒憲を訪ねると、なんと関西行きは延期になったと言われる。そのうえ恒憲はいまさらのように、「なぜ降下準則では邦家親王から世数を数えることになっているのか」と訊く。

読者にはもう説明の必要もないだろうが、北朝三代崇光《すこう》天皇の子孫である伏見宮の系統の皇族たち、つまり有栖川宮と大正天皇の皇子たちを除く当時存在したすべての皇族は、天皇から十何世の末裔、つまり今の天皇とははるかに血縁が離れた存在である。したがって幕末、明治初年の当主邦家から数えなければ、全員が臣籍降下しなければならないことになる。石原は「そんなことも分からないのか」と驚いただろうが、仕方なく降下準則について一から丁寧に解説した。恒憲はやっとその意味が分かったようだが、しかしあいかわらず「賛否を告げるわけにはいかない」と頑なだった。宮内次官が二〇歳の若者に振り回されているのだ。

†皇太子の義父

こうした皇族たちの態度は政界の実力者たちの耳にも入り、彼らを怒らせていた。たとえば波多野宮内大臣から事態の混迷ぶりを聞いた元総理大臣の大隈重信は、反対する皇族たちを次のようにはげしく批判し、大いに気焔を吐いたという(「倉富日記」大正九・五・四)。

此の如き人は世界の大勢を如何に観察し居らるるや。実に驚くべき事にて、陛下に対し不臣の罪を免れず。縷々すべき事には非ざるも、斯様なる場合には、厳戒を下さるる方宜しきに非ずや

元老の一人である西園寺公望も激しい。五月一〇日に開かれた元老会議の席上、こう言った

（「倉富日記」同日条）。

皇族中、所聞の如き意見を有せらるる方あるは実に意外なり。此の如き意見は、露骨に云へば町人根性也

この元老会議には西園寺のほか山県と松方正義の両元老が出席し、波多野、倉富、石原らも陪席していた。彼らも「町人根性也」には溜飲を下げたろうが、前に紹介した山県の邦彦への対応ぶりといい、少なくとも元老や大隈のような政界の実力者たちには皇族への無条件な尊崇の念などないのが分かる。

そしてもう一つ指摘しておかなければならないのは、このころすでに邦彦の長女である良子《ながこ》女王（香淳皇后）と皇太子裕仁親王（昭和天皇）の婚約が「内定」していたということだ。第四章でみたように皇太子嘉仁親王（大正天皇）の妃に九条節子《さだこ》（貞明皇后）が決まるまでにはドラマがあった。これに比べ裕仁親王（昭和天皇）の妃は、さしたる混乱もなく内定したようだ。『昭和天皇実録』の大正七年一月一二日条には左の記事がある。

昨年十二月二十二日、公爵山県有朋・侯爵松方正義・侯爵西園寺公望は会同し、（久邇宮）

良子女王を皇太子妃に御予定の件につき、宮内大臣より各種の調査報告を受け、その可否の意見を種々徴し、ついで貞愛親王へ言上の上、良子女王を皇太子妃に御予定すること然るべしと一決する

これだけ読めばあたかも元老たちが皇太子妃を決めたようだが、皇室典範第四〇条は「皇族の婚嫁は勅許に由る」と規定しており、皇太子の婚約、結婚も天皇の承諾なしにはありえないのは言うまでもない。元老たちの決定は上奏され、天皇がそれを許したうえでの婚約内定である。そしてこのことは新聞(たとえば『東京朝日新聞』大正七・一・一八)でも報じられた。

くだくだしく説明するまでもなかろうが、これは邦彦が将来の天皇の義父になることが確実になったことを意味する。となれば常識的に考えて邦彦はほかの皇族以上に天皇、皇室に忠誠を尽くさなければならない。ところが、邦彦は逆に、「将来の天皇の舅である自分の言うことがきけないのか」と言わんばかりに、天皇の裁可した降下準則の成立をあくまでも阻止しようとする。「婦人の愚痴」(山県)、「町人根性」(西園寺)とまで口走った彼らの激怒のうらに、そのような邦彦への憤懣があったことは容易に想像できるだろう。そして元老たちは皇族会議を五月一五日に開くことを決めた。いつまでも引き延ばすのは許さないということである。

†議決せず

こうした元老や宮中首脳たちの態度を見てか、さすがに皇族の中からも混乱の打開を図る動きが出てきた。五月一二日、北白川宮成久《なるひさ》王が波多野に対し、「降下準則は皇族全体の利害に関することなので皇族会議では評決はしないことになった。会議の場で閑院宮からそう発議し、自分が賛成する手はずだ」と告げたのである（「倉富日記」大正九・五・一三）。

どのようなプロセスで皇族間でこのような合意がなったのかは分からないが、これは皇族会議令第九条の「皇族会議員は自己の利害に関する議事に付き表決の数に加はることを得ず」との規定にそったものである。宮家の王たちの臣籍降下は皇族たちの利害に関することだから皇族会議で審議はしても賛否の決はとらない、ということだ。皇族会議で議決をせず、賛否どちらとも決めなければ枢密院を通過した原案が成立する。皇族としては最大限の譲歩をしたわけだが、成久は質問や意見は述べたいとも言った。波多野は、「質問はともかく反対意見を述べられると、こちらも反駁せざるを得なくなる」と渋ったが、ここは成久も譲らなかった。

この提案を波多野から聞いた倉富や宮中首脳たちの意見は分かれた。ややこしい法律論になるので詳細は省略するが、結局、彼らも成久の言うような形で議事がおこなわれることに賛成し、ついに一五日の皇族会議となった。

この日、山県は枢密院議長として会議に参列するため朝から宮内省の大臣室に来ていた。そしてやはりそこにいた倉富に、「皇族会議で議決をしないことを君はどう思うか」と尋ねた。山県は前記のような形で皇族会議が進む手はずになったのが不満だったのだ。先に邦彦に主張した、枢密院で可決され天皇の裁可も得た降下準則案に皇族たちもはっきりと賛成すべきだとの考えを曲げていなかったのである。しかし、開会は一〇時に予定され、もう時間がない。山県でも如何ともしがたく、皇居内の東溜間《ひがしたまりのま》で開かれた会議は成久と波多野らが合意した筋書き通りに進んだ。

出席した皇族は裕仁皇太子、伏見宮貞愛、閑院宮載仁、東伏見宮依仁親王、伏見宮博恭、博義、山階宮武彦、賀陽宮恒憲、久邇宮邦彦、梨本宮守正、朝香宮鳩彦、北白川宮成久王、成年でありながら欠席したのは京都にいる久邇宮多嘉、病気の伏見宮邦芳、そして四月一八日にフランスへ出発した東久邇宮稔彦の三王である。

議事が始まると成久、邦彦、鳩彦、博恭が質問をした。先日、成久は波多野に会議では皇族に意見を述べさせろと主張していたが、結局、四人の王とも質問という形で発言した。これに波多野と倉富が答え終わると、載仁が、「この議案は皇族各自の利害に関するものなので表決すべきではない」との意見を表明し、成久がこれに賛成、邦彦と博恭は反対した。邦彦は波多野の考えも質すが、波多野は、「皇族方の多数で載仁親王の御意見に賛成されるならば当局も異議はない」と答え、それをうけて議長を務めていた貞愛が、「載仁親王への反対意見はないと思われるので採決はしない」と宣言した。邦彦や鳩彦が述べたのは意見ではなく質問だというわけで、なんとも強引な議事進行だが、ともかくこれで一時間強にわたった皇族会議は終了し、降下準則の施行が正式に決まった。

兼任する司法大臣の資格でその場にいた原敬総理大臣は当日の日記に、「是れにて甚だ面倒なりし皇族降下令《（ママ）》準則決定せられたり」と記している。原は降下準則制定の作業が進んでいるのを早くから知っていたようだが、それが皇族の反対でゴタゴタしているということも折にふれて耳にしていた。皇室についてのトラブルであるにせよ、総理大臣として無関心ではいられず、大いに気を揉んでいただろうから、日記の短い文章からは、これで一安心という気持ちがうかがえる。しかし、実は「面倒」はまだ終わっていなかったのである。

†賜餐ボイコット

会議のあとに皇族や参列者たちに天皇が賜る昼食の席（賜餐《しさん》）が用意されていた。病気の天皇は顔を出さないが、裕仁皇太子は当然出席することになっていた。ところが、武彦、鳩彦を除く皇族たちは、会議が終わるとさっさと帰ってしまったのだ。

皇太子が皇族会議に出席するのはこれが初めてであり、もちろん皇族たちはそれを知っている。にもかかわらず賜餐をボイコットするなど、天皇のみならず皇太子の顔にもドロを塗るような真似であった。さらに倉富が五月一八日の日記に「皇族の多数が賜餐を辞して退出せられたるは偶然と見ることを得ず」と記しているように、皇族たちが結託して山県や宮中首脳たちへの不満をあらわにしたと思われても仕方のない行為だった。

もちろん、山県も憤激した。そもそも会議で採決をしなかったこと自体不満なのだから、賜餐ボイコットなど許せるはずがない。松方、西園寺とともに侍従長を通じて天皇に書面を提出した。その内容はやはり五月一八日の「倉富日記」に記されているが、「皇族会議の結果は必ずしも聖意に合ふものに非ざるべしと思惟す。是れ臣等が尽力の足らざる所にして恐懼に堪へず」というものだった。

言葉通りにとれば待罪書とでも言うべきものだが、降下準則が制定に至ったことは「聖意に合ふもの」である。とすれば「必ずしも聖意に合ふものに非ざる」のは、皇族たちが降下準則に全面的に賛成せず、表決をしないというあいまいなことをし、しかも賜餐を無視するまでしたのを指すとしか受け取れない。つまりこれは自分たちが責任を果たせなかったことを詫びるという形をとった皇族批判なのだ。そして山県以外の元老もそれに同調したのである。

結局、この文書は侍従長から元老たちにそのまま返されたが、山県はさらに難題を持ち出す。「世界大戦後、欧州の国々では皇室の維持さえ困難なのに、日本の皇族たちが先日のような誤った態度では困るので集めて意見を述べたい」と言い出したのだ（「倉富日記」大正九・五・二五）。皇族たちの心得違いを諭そうというわけで、山県が皇族という存在をどのように見ていたかはここからも分かるが、宮内省の首脳たちは慌てた。山県はもし自分の名で皇族を集めるのがまずいのなら伏見宮貞愛に頼んで集めてもらうとまで言うが、倉富や石原は、「宮内大臣が食事に皇族たちを招待するとの形をとったらどうか」とか、「賜餐にさえ出なかった皇族が大臣の招きに応じはしないだろう」とか、頭を痛めるばかりであった。

一方、邦彦たちも負けてはいない。皇族会議の議事録を見たいと要求したのだ。波多野らは、「速記をとっているわけではないから、あくまでも要旨である」との前提で希望した皇族たちにみせるが、邦彦は内容に文句をつけ、訂正を要求する付箋を貼りこんできた（「倉富日記」大正九・六・二五）。

困った宮内省首脳たちは貞愛に邦彦を説得してもらおうとするが、貞愛は、「邦彦はなにかわけがあって強情をはっているのだから、説得しても意味がない」と思わせぶりのことを言って断る。そこで倉富らが思い出したのは、大正八年一二月に久邇宮邸が火事になった時、邦彦が天皇からの見舞いの賜金が少ないと不満をもらしていたことだった。しかしだからといっていまさら賜金を増やすわけにもいかず、結局、邦彦は付箋をはがすことを承知しない（「倉富日記」大正九・七・一）。

その前にも邦彦は、妹の夫で宮内官僚だった仙石政敬《せんごくまさゆき》に対し、「あの準則などはなんの役にもたたないから、ほっておけばいい」と放言する（「倉富日記」大正九・六・一五）など、元老や宮中首脳たちへの反感を隠さない。そのこともあり、波多野宮内大臣は辞職せざるをえなくなる。後任は山県の配下の一人とされる陸軍中将中村雄次郎だったが、中村も数カ月後に起きた降下準則騒動以上のトラブル、宮中某重大事件の渦中で辞任することになる。

第六章

宮中某重大事件と外戚

1　宮中某重大事件の真相――貞明皇后と久邇宮邦彦王

†山県の主張に賛成した元老たち

戦後も長い間、「宮中某重大事件」は元薩摩藩主島津公爵家出身の母をもつ久邇宮良子《ながこ》女王が皇太子妃となるのを妨害しようとする長州閥の頭領、元老山県有朋の陰謀であるとの「通説」がはびこっていた。その陰謀を裕仁皇太子や良子にも倫理を教えていた杉浦重剛らが打ち破り、山県を失脚させたというのが「通説」の筋書きだが、しかし、山県が皇太子と良子の婚約解消を言い出した時、やはり元老の西園寺公望《きんもち》も松方正義もそれに賛成している。西園寺は名門公家、そして松方にいたっては薩摩出身である。この事件を薩長藩閥間の抗争とだけする単純な解釈が成り立たないのは、これだけでも明らかであろう。

では、宮中某重大事件とはどのようなトラブルだったのか。これからその実相を「通説」とは異なった角度から見ていくことにする。より具体的に言えば、この事件を皇族の動きを中心にながめていくことを通じ、事件の本質を解明していきたい。

あらかじめ簡単に言っておくと、この事件が邦彦の「勝利」、つまり山県らの主張した裕仁皇太子と良子の婚約解消はおこなわれないとの形で収束したことは、明治天皇の時代と比べ皇族のありようが大きく変わったことを意味した。

これまで見てきたように、明治天皇も皇族たちに絶対的に君臨してきたわけではないが、しかし、この天皇の時代には皇族はあくまでも天皇の「藩屏」であり、天皇を守るための存在であるとの「矩《のり》」をほとんどの皇族たちがわきまえていた。しかし、この事件はそれが変化してきたことをあきらかにしたのである。貞明皇后は天皇が「不在」のなか、皇族がその「矩」を越える行動をとったことを許せなかったが、しかし、結局は邦彦の「勝利」を認めざるをえなかった。そして邦彦はそれに驕ったか、さらに「矩」を越えようとした。ここで起きたのが「朝融《あさあきら》王婚約解消騒動」である。本章ではこの出来事にもふれていく。

さて、前置きが長くなったが、『田中義一伝記』下巻所収の「附　宮中某重大事件」によれば、宮中某重大事件の発端は、学習院男子学生の身体検査をおこなった陸軍の軍医が、良子の母である久邇宮俔子《ちかこ》妃の実家である薩摩藩主島津家（俔子は最後の薩摩藩主忠義の娘）に色覚異常の遺伝因子があることに気づいたことだった。軍医から報告を受けた陸軍上層部がこのことを山県につたえたのは、大正九(一九二〇)年夏ごろである。

皇太子妃、すなわち次代の皇后に色覚異常の因子があるとすれば、生まれてくる皇子、つまり次々代の天皇は色を判別できない可能性が大である。そして天皇は大元帥だから、日本軍の頂点に立つものが色覚異常ということになる。これを山県は問題にした。そして西園寺、松方にもこのことを告げると、二人も、「医学の専門家に意見を訊き、善後策を講じよう」と応じた。

降下準則問題で辞職した波多野敬直宮内大臣の後任である中村雄次郎は、東大医学部教授や宮内省侍医頭らに調査を命じるが、遺伝学的には複雑なことではなく、専門家たちは軍医の身体検査の結果をもとに、「久邇宮家の長男朝融王と三男の邦英《くにひで》王は色覚異常であり、良子女王にも遺伝因子がある」との意見書をすぐに提出した。これが一〇月一一日である。

良子女王(香淳皇后)

意見書を読んだ山県は、松方、西園寺、中村、元内務大臣で山県系官僚の大立者である宮内省御用掛の平田東助と協議をした。そして五人は、「皇統は神聖でなければならない。かりに色覚遺伝因子があるというのがささいな欠点(瑕疵《かし》)であっても、これを知って黙っているのは臣下として許されない」との意見で一致し、さらに、「健康状態の悪い天皇をわずらわせるのは恐れ多い」と、皇族中の長老である伏見宮貞愛親王に事態を報告し、さらに邦彦にも専門家たちの意見書を見せることとした。

第四章で見たように、貞愛は「王女禎子女王と皇太子との婚約を解消する」との天皇の命を伝えられたとき、即座にこれを承知した。今度も、「皇統を傷つける恐れがあれば、邦彦王から婚約を辞退するのが当然である。自分からそう忠告しよう」といった。山県たちは力強い味方を得たのである。

†邦彦の反駁——覚書を皇后に

しかし貞愛は邦彦に直接会わなかったようだ。久邇宮家の事務官をよび、専門家たちの意見書を渡し、山県たちが婚約を辞退した方がいいと言っていると伝えただけらしい。降下準則のときのことを考えると、山県たちの主張に賛成ではあっても、内心ではもう邦彦がらみのゴタゴタに巻きこまれるのは御免だ、と思っていたのではなかろうか。

実は元老たちが貞愛に邦彦説得を頼もうと話し合ったとき、西園寺だけは疑問を呈した。のちに西園寺自身が、あの時にこう述べたと原敬に語っている（「原日記」大正一〇・二・四。以下「原日記」）。

同宮（邦彦）は一《ひ》と癖ある方なり（中略）伏見宮は久邇宮を説得せらるる程の御力なかるべし

山県たちも西園寺に同感だったかもしれない。しかし降下準則トラブルの再現はなんとしても避けたいと思い貞愛にすがったのだが、やはり貞愛に「御力」はなかった。それでもごく内々にことを収めようとする山県らは、皇太子婚約に問題が起きていることがなるべく広まらないようにするため、東宮大夫や東宮侍従長にさえなにも教えなかった。ところが邦彦の側はそうではなかった。山県たちの意見を受け容れるどころか、一一月二八日、それに全面的に反駁する「口頭覚書」を皇后に提出したのである。そこには、「一旦天皇からお許しをえた婚約を辞退したりしては皇室、国民にも悪影響を及ぼす」「医師たちの意見書にはさまざまな疑問がある」「辞退するのは天皇、皇后、皇太子が婚約を解消すべきだとお考えの場合か、自分が色覚異常の遺伝が天皇家の血統に重大な影響を与えると自覚した時だけだ」といった主張がならぶが、内容もさること

久邇宮邦彦王

ながら、この覚書が皇后に差し出されたことが問題だった。何度も言うように大正天皇は数年前から心身ともに不調だった。しかし、天皇は天皇である。このような重大問題についての意見書めいたものを天皇ではなく皇后に差し出すのは、明らかに天皇をないがしろにする行為である。皇后は怒り、すぐに皇后宮大夫を通じて覚書を邦彦に突き返した(『牧野伸顕日記』大正一〇・五・九。以下「牧野日記」)。

貞明皇后

しかし、邦彦は恐れ入るどころか、その覚書の写しをなんと山県や松方にも送りつけたのである。自分の主張を述べたいのならあらためて二人に書簡でも書けばいい。それなのに皇后から受け取りを事実上拒否された文書をそのまま送るのだから、邦彦の態度はまさに傍若無人である(もっともそのおかげで山県の手元に残っていた覚書は『田中義一伝記』にも収録され、後世のわれわれも内容を知ることができる。なお杉浦重剛側から見た宮中某重大事件の記録『辛酉回瀾録』にも覚書は収録されている辛酉とは大正一〇年の干支)。

邦彦は山県たちが婚約解消を進めようとするのは、降下準則制定に際し自分のとった態度を恨んでいるからだと信じていた。邦彦と親しい松岡均平東大教授が原敬総理大臣にそう話している(「原日記」大正九・一二・一八)。降下準則は自分の意に反し山県らの期待通りに成立したではないか。それなのにいつまでも根に持つのはケシカラン——そのような思いも邦彦にこのような常識外れの態度をとらせたのだろう。

ただし、邦彦には手抜かりがあった。山県、松方に覚書の写しを送る際、「宮内大臣がやらせた医師たちの調査は信用できないのでやり直そう」という提案をしてしまったのである。山県らはこれに飛びついた。すぐに邦彦に返事を出し、東大医学部、理学部の教授五人に再調査をさせると申し出た。自分から言い出したことだから、邦彦もこれを拒めない。かくして日本の医学、遺伝学の最高権威たちの調査がおこなわれた結果、前回の調査と同じ「色覚異常の遺伝子をもっている良子女王が皇太子と結婚すれば、生まれてくる皇子の半数は色覚異常となる」との結論が出た。

†怪文書

これにはさすがに邦彦も動揺した。みずから主張しておこなわれた調査の結果に異論を唱えることは不可能である。宮家の事務官（宮家家政の最高責任者は別当あるいは宮務監督と称され、事務官はその次の地位。さらにその下に属官がいる。いずれも身分は宮内省の官吏）を松方のところにやり、婚約を辞退したほうがいいだろうかと訊かせた。山県ではなく薩摩出身の松方なら、自分に有利な返事をしてくれるかと思ったのかもしれないが、松方も辞退を勧めた。こうなれば邦彦も万事休すのはずである。側近の一人が宮内大臣に「王が辞退するしかないだろうと話した」と告げたということもあり、安心した山県は小田原の別邸古稀庵に静養に出かけた。大正九年も押し詰まったころだ。

しかし事件には別の流れがあらわれていた。もっとも目立ったのは杉浦重剛やその弟子たちを中心とする婚約解消反対の動きだが、そのほかにも反山県の野党政治家や国粋主義者たちがさまざまな形で運動を始めた。ただしこれらをひとくくりにすることはできない。一言でいうと、杉浦の動きは非政治的であり、ほかの多くはこの事件を山県や長州閥打倒のきっかけとしようともくろんでいたのである。

杉浦はもともと山県とも親しかった。そのせいもあってか、いったん天皇が許した婚約を解消するのは「人倫」に悖《もと》るとの主張は曲げなかったが、この問題を政治的に利用しようとする人々とは注意深く一線を画していた。ところが久邇宮家側にはそうした慎重な姿勢はなかった。宮家の属官が次期総理大臣候補の一人と目されていた田健治郎《でんけんじろう》台湾総督に助力を要請したり(『田健治郎日記』大正一〇・一・一七)、反山県の代議士などに接近したりした。

そしてついに久邇宮家は大胆な手段に出た。ある右翼に情報を流し、山県や宮内大臣を攻撃する怪文書をバラまかせたのである。「宮内省の横暴不逞」と題する筆者不明のその文書は、大正一〇年一月二四日に杉浦のところにも送られてきた。その内容は『辛酉回瀾録』にも転載されているが、「中村宮相が由来長閥に阿諛《あゆ》迎合する〇〇的人物」「〇〇公の足下に匍匐《ほふく》しつつ……陰に陽に御婚約の破却を企て」といった調子で、〇〇だらけの絵に描いたような怪文書である。

　ところが、そこには久邇宮家しか知りえない情報が載っていたから、やはり送りつけられた原敬が日記（大正一〇・一・二四）に、「多分、久邇宮関係者の処為《なすところ》と思はるる」と記したように、すぐにネタ元がばれてしまった。原は警視庁に命じて文書を書いた人間を調べさせた。その結果は『辛酉回瀾録』にも記されているが、来原《くるばら》慶助という男が久邇宮家の属官である武田健三から得た情報をもとに書いたことがあきらかになったのである。

　そして事件から半世紀以上たって、久邇宮家の怪文書への関与をさらに証拠立てる文書があらわれた。来原慶助が久邇宮家の属官たちにあてた「脅迫状」を、属官の一人だった分部《わけべ》資吉《もときち》の関係者が公開したのである。そこには「宮家が来原に現金一万五〇〇〇円を払うと約束したにもかかわらずそれを履行しない」「もしこのままなら婚約辞退に発展するかもしれない」という意味のことが書きつらねてあるのだ（脅迫状の全文は拙著『闘う皇族　ある宮家の三代』にある）。

　この脅迫状の内容、すなわち久邇宮家が怪文書の作成、バラまきのために大金の支払いを約束したという来原の言い分を疑うことはできる。しかし、「倉富日記」（大正一〇・三・一八など）によれば、久邇宮家に近い人物が五〇〇〇円を来原に支払ったとあり、額はともかく少なからぬ金が授受されたことは確実だと思われる。

また、怪文書、あるいは金銭支払いの約束について、邦彦が知らなかった可能性もある。現に「倉富日記」（大正一〇・三・二八）には、これは武田の独断専行で、彼以外の職員もまったく関与していないと宮家関係者が言ったとの記事がある。が、武田がこの件の責任を取らされて免職になったとき、邦彦が彼に同情を寄せ、再雇用さえ考えて周囲を呆れさせたとの事実も同日記（大正一〇・三・二八、四・一五、五・一九など）に記されている。

これからすると、きわどい手段をとることに邦彦がけっして消極的ではなく、武田の行為も黙認していたと考える方が合理的だろう。五人の東大教授の調査結果によって一時的に意気消沈した邦彦はけっして戦意は失っていなかったのだ。

†「決着」

怪文書がバラまかれた直後の一月二六日、『読売新聞』に「杉浦翁憤慨して辞表を提出す宮相と道徳上の意見衝突」との見出しの記事が掲載された。杉浦の辞表提出は前年一二月四日だが、政治的に利用されるのを警戒した杉浦はそれを伏せていた。しかし、読売がスクープしたのだ。記事には「裏面には非常に複雑した問題が潜んでいる」などと思わせぶりな文章があるが、皇太子婚約問題にはいっさいふれていない。しかし『読売新聞』は発禁処分を受けた。怪文書流布と相まって事態が紛糾するのを恐れた原総理大臣などの意向が働いたのであろう。

しかし、これが逆効果となった。野党内から発禁の理由について政府を追及するという動きが出てきたのである。代議士たちの中には来原の怪文書を読んでいた者もいたから、明らかにこの問題を政治的に利用して原内閣を追い込もうとの目論見である。

それから事態は一瀉千里に進んだ。二月二日、原は中村宮内大臣を招き、「この問題を長く未定のままにしておくと皇室のためにもよくないし、行政上にも憂慮に堪えないので速やかに対応してほしい」と要請する。原はそれまで婚約を解消せよとの主張に賛成しており、山県の配下である中村もそれに同調しているだろうと予想していたのだが、中村はすでにこの時、婚約解消はできないとの判断を固めていたようだ。原には、「この問題は自分の責任で解決する」と返答しただけだったが、翌三日、西園寺と会って、「婚約は解消できない。自分は事態が混乱した責任をとって辞職する」と言明した（「原日記」大正一〇・二・四）。

原と同じように中村は山県の意向に従うと思っていた西園寺は驚くが、翌日にこのことを西園寺から聞かされた原も驚く。そして興奮したのだろう、西園寺になんとも大胆な発言をした（「原日記」同前）。

久邇宮家の運動、薩州人の運動甚だし（中略）皇室の将来を考ふるに久邇宮外戚を以て何かに干渉無きを保すべからず。而して又之《しこう》に所謂薩派が跡押《これ》をなす様のことありては、皇室国家の為めに由々しき大事を生ぜんも知るべからず

〈皇太子が良子女王と結婚して久邇宮が外戚となれば、皇室国家の将来に何が起こるか分からない〉。この予言めいたものがかなり当たっていくことはこれから本書でも見ていくが、しかし希代の「現実政治家」である原は先行きを見通し、一切を宮中の問題として中村宮内大臣にまかせることにする。そして、中村は山県、松方の了解もとり、二月一〇日、内務省と宮内省から「皇太子御婚約に変更なし。宮内大臣辞職」との発表がおこなわれた。

†皇后の怒り

しかし、これで宮中某重大事件が終わったわけではなかった。本書のようにその本質を皇族のありようの変化に見出すとすれば、事件はまだ道半ばといっても過言ではない。そこでまず注目すべきはこの発表の翌日、つまり二月一一日、紀元節にあの武田健三ら久邇宮家の属官二人が明治神宮に参拝し、しかもそれが新聞に写真付きで大きく報じられたことである。

この日は雨天だったが、明治神宮の境内は反山県、反長州閥の右翼団体のメンバーが多くい

た。彼らは前もって「皇太子婚約遂行」などを祈願するために紀元節に明治神宮を集団で参拝すると予告していた。宮内省などの発表が一〇日におこなわれたのも、集団参拝が暴発につながるのを事前に防止するためだったが、要するに紀元節の明治神宮は彼らの勝利を謳歌する場となっていたのである。右翼団体と一線を画していた杉浦重剛は、明治神宮ではなく靖国神社に参拝したが、武田らはわざわざ明治神宮に出かけた。山県を挑発するつもりはないとしても、いかにも「勝利」を誇示するかのような無神経な行為と言わざるをえない。

邦彦はさすがに外に向かって喜びをあらわにするようなことはなかったが、婚約解消せずと発表された直後に、皇太子に拝謁したいと申し出た。このころ婚約問題と並んで皇太子の外遊も右翼たちの攻撃の的になっていた。山県や原、宮中首脳たちは皇太子の視野を広めるためにも外遊が必要と準備を進めていたのだが、右翼たちは「天皇が病気なのに皇太子が日本を離れるなどとんでもない」と反対していたのである。しかしとくに原はこの点では断固として譲らず準備を急がせ、宮内省は二月一三日、「三月三日に日本を発ち、九月三日に帰国」との皇太子ヨーロッパ訪問の日程を決め、内閣に通知した。このことはまだ外部には公表されなかったが、邦彦はどこからか聞きつけ、皇太子出発前に拝謁したいと申し出たのである。

これに貞明皇后が、「まだ正式に発表にもなっていないのに穏やかではない」と怒った。もちろん背景にはあの覚書のことがある。またまた邦彦が僭越なことをすると、皇后は不快感をあらわにしたのだ。

さらに邦彦は良子の天皇への拝謁も願い出た。時期ははっきりしないが、皇后が「厳寒」を理由に拒否したというから（「原日記」大正一〇・七・一〇）、これも二月半ばごろのことであろう。邦彦は皇后の気持ちを逆なでするようなことをし続けたのである。

そして皇后の怒りはついに爆発した。五月九日、前々任の宮内大臣で信頼する波多野敬直をよび、皇太子の婚約について衝撃的な発言をしたのである。驚愕した波多野はそれを中村雄次郎の後任の宮内大臣となった牧野伸顕に伝え、牧野は皇后の言葉を日記（大正一〇・五・九）に左のように記した。


未だ真の御内約であるから御取り消しになれぬ分けでもない

皇后は覚書のことや皇太子への筋違いの拝謁願いについても言及し、「久邇宮様が御自分様が勝つたと云ふ御態度では宜しからず」とまで邦彦を非難したと、波多野は牧野に話した。

皇后にとって皇太子の婚約問題は解決などしていないのである。

†挑発的な邦彦

困惑した波多野は皇后にこう応じた。

御婚儀の事は中村男（爵。雄次郎）より御変更あらせられずと発表したるに付、勅許もあっての後の事と存ずるが故に今更御変更の余地はあるまいと思ひます

ごくまっとうな意見である。しかし、これに対して皇后はまた驚くべきことを言った。

御勅許のありたる次第ではない。大臣（中村）から電話で葉山へ報告の形で中村の発表したるを通知してきたまでの事である

〈中村宮内大臣が新聞などに「婚約に御変更なし」と発表したと天皇の静養先の葉山に電話で連絡してきただけで、天皇はお許しになどなっていない〉

つまり皇后は正式な勅許は出ていないと言うのだ。宮内省がいくら「皇太子婚約」と発表しても、それは「内約」に過ぎず、それを前提に宮内大臣が「御変更あらせられず」と言っても意味がないと主張しているのである。

たしかに勅許を勅語やそれを記した文書によるものと厳密に解釈すれば、これまでそういっ

たものは存在しない。そして正式な婚約は一般の結納にあたる「納采の儀」がおこなわれて初めて成立する。しかし、波多野の言うように、世間では天皇も皇太子と良子の婚約を許したことは周知の事実となっている。皇后の言い分は明らかに無理筋なのだが、皇后も当然それを承知のうえでこのように言い張ったにちがいない。それほど邦彦に怒っていたのである。

一方、邦彦の無神経な行動はやまない。六月半ばには俔子妃、良子女王、次女信子女王とともに、東京郊外の田健治郎の別荘を訪ねた（「松本日誌」大正一〇・六・一九。松本剛吉は田の秘書官）。事件の渦中、台湾総督の田に久邇宮家の属官が助力を求めたことは先述したが、この訪問もそれと無関係とは思えない。当日、田は台湾におり、代わって松本が接待したが、後日、松本はこのことを原に話す。原は日記（大正一〇・七・一〇）に、「女王の為の運動なりしが如し」「宮家に於て各方面に運動らしき事をなすは如何にも苦々しき事なり」と記した。

さらに邦彦は良子の天皇への拝謁の願いもやめなかったようだ（「牧野日記」大正一〇・八・六）。牧野はこれを心配し、久邇宮家の事務官に注意している。ただ、牧野は事務官から、六月ごろに皇后が良子と俔子に会った際、自分が皇太子妃に内定したとき昭憲皇太后からもらったものだといって、ダイアモンド入りの腕輪を渡したとも聞き、やや安堵している。皇后が波多野に先述の発言をしたのは五月初めだが、それから皇后の気持ちは和らぎつつあると思ったのだろう。

†原敬の危惧

それにしても邦彦はなぜこのようにことを荒立てるような行動を続けたのか。その理由としてもっとも考えられるのは焦りである。山県らの「策謀」を破ったにもかかわらず、一向に正式の勅許は下りず、「納采の儀」の時期も決まらない。九割九分は大丈夫としても一抹の、しかし大きな不安は消えない。またあの右翼による脅迫もある。大金支払の約束はなんとか武田健三の独断専行ということにしたが、ほじくり返されることはないのか。そして不気味なのは、敗者のはずの山県らが元気を取り戻していることだ。

六月上旬、一旦辞表を出した枢密院議長に留任するとの挨拶に邦彦を訪れた山県は、「私の考は前より更に渝《かわ》りはありませぬ」と強い調子で言い(「松本日誌」大正一〇・六・九)、さらに、例の怪文書には殿下しか知らないことが出ていたと当てこすった(「原日記」大正一〇・六・七)。

山県よりも態度をより鮮明にしていたのは原である。山県、西園寺に対しても、「婚約問題はまったく解決していないし、皇后も婚約維持に賛成ではない。外遊中の皇太子が帰国し、摂政となったあとで判断されればいい」と断言した(「原日記」大正一〇・七・二七、三一など)。また牧野宮内大臣にも同じことを言い、邦彦一家が田健治郎別荘に出かけたことにも注意をうながした(「原日記」大正一〇・八・三)。

ここで思い出してもらいたいのは、以前、原が西園寺に告げた次の言葉だ。「久邇宮外戚を以て何か干渉なきを保すべからず」「皇室国家の為めに由々しき大事を生ぜんも知るべからず」。東北の賊藩に生まれながら、粒々辛苦のすえに政友会総裁となり、山県ら藩閥勢力をも巧みに懐柔しながらついに実質的に日本初となる政党内閣を率いるまでに至った原にしてみれば、皇族が皇太子の義父となることで権勢をふるうなど許せるはずもなかった。それがこうした態度をとる根底にあったと思われるが、しかし、原は一一月四日、東京駅で一九歳の暴漢により刺殺されてしまう。

その翌日、貞明皇后は牧野に対し、「原はいつもにこ〳〵して、よくあの様の襟度が保てるものと考へ居りたり。日常、容易ならざる心配重なりたらんに、実に珍しき人なりし」と語って落涙した（「牧野日記」大正一〇・一一・五）。涙の中には皇太子婚約に一貫して疑問を呈した原への感謝の情が含まれていたであろう。

原暗殺から三週間後の一一月二五日、裕仁皇太子は摂政に就任する。天皇の病状悪化にともない、摂政設置を牧野らが本格的に検討し始めたのは、皇太子外遊中の六月下旬である（「倉富日記」大正一〇・六・二三など）。宮中首脳らの間には反対の声もあったが、天皇の状態を熟知している牧野は、「自力での歩行も難しく、言葉もよく出なくなり、記憶力も減退している。幼時に脳膜炎にかかったことなどもあり、精神面に障害が及んでいる可能性もある」との趣旨の「御容体書」を公表したうえで摂政設置に踏み切った。

皇后も牧野に、「急に仕事がなくなると天皇もがっかりするだろうから、何かいい方法を考えてくれないか」という意味のことを述べたうえで同意したが、牧野の日記には皇后がさらに口にした言葉が記されている（大正一〇・一〇・一一条）。

輔導を置く事は御不賛成なり。夫《そ》れは権力が自然輔導たる皇族に加はる事を恐るゝの意味に於て

第三章で見たように嘉仁皇太子の輔導に明治天皇の信頼の厚かった有栖川宮威仁親王が就いたことがあった。また嘉仁の即位後、伏見宮貞愛が内大臣府出仕として天皇の輔導役の立場になったことがあった。このような前例があるから、裕仁が摂政となったとき、皇族が輔導となることはありうる。しかし、皇后は、「そうなれば皇族が権力をもつ」と反対したのだ。このとき、皇后が皇太子の義父となる邦彦を念頭に置いていたのはまず間違いない。皇后も原と同じく、「外戚」が権力をふるうのを警戒していた。

†皇后翻意

当然、牧野もそのことは察したろう。皇后があいかわらず邦彦を許していないことを認識したはずである。牧野が宮内大臣に就任したとき、世間では大久保利通の次男、つまり薩摩閥の一員である牧野が皇太子婚約遂行に向けて突っ走るのではないかとみる向きも多かった。しかし、牧野はそうはしなかった。摂政となった裕仁は婚約が遂行されることを疑わず、牧野に結婚後の女官制度改革について熱心に語ったりするが（「牧野日記」大正一一・二・二八）、牧野はあくまでも慎重だった。二月一日には山県も死去し、障害が一つ取り除かれたが、牧野はまだ動かない。

三月半ばに駐日スウェーデン公使がやってきて、皇太子結婚の日取りを尋ねた。おそらく婚儀への同国王族出席が予定されていたのだろうが、牧野は「未定」と答えるだけだった（「牧野日記」大正一一・三・一四）。その数日後、邦彦に会ったときさえ、具体的なことは何も言わず、そのうち天皇の決定をあおぎたいと述べるのみである（同三・一七条）。

結局、牧野が本格的に動き出すのは五月半ばだった。まず明治天皇の皇女である竹田宮昌子大妃（大妃は先代の妃）を訪ねて、「婚約は予定通り遂行」と話す（「牧野日記」大正一一・五・一六）。もともと昌子ら女性皇族の多くは、久邇宮家関係者に「宮中某重大事件は山県の陰謀による」と吹き込まれ、良子女王に同情していたから（「原日記」大正一〇・二・九）、これを聞いて喜んだ。

そして牧野は伏見宮貞愛のところにも行き、「皇太子の結婚問題をこれ以上延ばすわけにはいかない。良子女王は将来の皇后としてふさわしい」と述べた（「牧野日記」大正一一・五・二九）。貞愛は婚約解消を主張しており、宮内省から「解消せず」との発表があった直後、倉富勇三郎に、「少しとはいえ欠点のある娘を妃として差し上げ、邦彦王は心が安んじるのか。自分なら躊躇なく辞退する」と話していたほどだったが（「倉富日記」大正一〇・二・一二）、もはや自分の主張に固執せず、「大臣の意見に同感」と応えた。牧野は安心した。

残るは貞明皇后である。六月九日、牧野は皇后に拝謁し、これまでの経緯を詳しく説明したうえで、内定通り婚約を遂行したいと述べた（「牧野日記」同日条）。皇后はまず、「皇室に色覚異常の遺伝子が入るのは恐れ多い。自分も近眼が皇子たちに遺伝していることを申し訳ないと思っている」と言ったうえで、「しかし、皆がよく相談して決めたからには涙を呑んで勅許されるのも仕方ない」と応えた。皇后はついに婚約遂行に同意したのである。が、そのあと次のように付け加えることも忘れなかった。

実は昨春の出来事以来は色盲の事は第二段となり、久邇宮殿下の御態度、今少し御謹慎

被為《ならせられ》べきものと考ふ。愈々《いよいよ》御進行被為候以上は、此点に付、十分御自覚あり度《たく》、切に希望す

〈いよいよ婚約遂行となる以上は久邇宮も慎んだ態度をとるべきだ〉。皇后は婚約遂行を認めたうえで、邦彦にきびしくクギをさしたのだ。牧野も、「邦彦王の態度について皇后は再三おっしゃっている。皇后が深くお心を煩わせていらっしゃることはよく分かる」と感じた。

†牧野の苦心

以上のような手順を踏み、牧野は六月一二日、皇太子に会った（「牧野日記」同日条）。一昨年来のことや医学的調査の結果をあらためて報告し、「御内定通り勅許を仰ぐを上策と考慮致す」と進言したが、皇太子はとくに嬉しそうな顔もみせなかった。先日、竹田宮大妃に会った際、大妃から「皇太子は自室に良子の写真を飾っている」と聞かされ、皇太子も婚約遂行を待ち望んでいると思っていた牧野はやや意外だったらしく、日記には、「殿下には格別の御表情を拝せず」とある。しかし、もちろん皇太子も異を唱えたわけではない。

このあと牧野は就任したばかりの加藤友三郎総理大臣、清浦奎吾枢密院議長と会って状況を報告し、西園寺にも書簡を出す。そして六月一六日に再び皇后に拝謁するが、皇后はまたして

も「久邇宮に対する御感想」をもらす（「牧野日記」同日条）。となれば、その数日後に牧野が邦彦に会い、「婚約について正式に勅許を仰ぐこととなった」と告げ、天皇への「御結婚願」に署名するよう頼んだとき、左のように忠告したのは当然であろう（「同」大正一一・六・一九）。

将来の為め相当の御挨拶を――乃《すなわ》ち過去に於て本件に関し少なからぬ御心配を掛上げたる事、今後良子殿下に付ては宜しく御願申上ぐる意味を最近の機会にをゐて皇后陛下へ被仰《おおせ》上《あげら》れ度《たく》、左候《さそうろう》時は将来の御間柄にも御都合宜しかるべく、物は始めが大切なり

〈今後のためなるべく早い機会に、皇后にいろいろ御心配をおかけした、良子女王をよろしくお願いすると申し上げていただきたい。始めが肝心です〉。率直きわまりない言葉だが、邦彦も殊勝に、「総《すべ》て同感、左様可致《いたすべし》」と応え、「御結婚願」に署名した。

しかし、牧野はまだ安心しなかった。翌々日、祝いのために久邇宮邸に赴いたとき、またた今後の態度について邦彦に進言したのである。〈なるべく控えめにお願いする〉〈皇后との関係がもっとも大切です〉と繰り返し、〈新聞に写真が載るのもお避けください〉とまで念を入れた。さらに宮家の事務官たちにも同様に注意するが、彼らも十分に分かっているようなので、牧野は「従来よりは好都合なるべく予期す」と日記（大正一一・六・二一）に記す。

翌日、裕仁皇太子は結婚を許可する親書に署名をした。いうまでもなく摂政としての行為である。これで皇太子と良子女王の結婚は正式に決定した。「婚約解消せず」との発表から一年四カ月を経て、宮中某重大事件はやっと決着したのであった。

そして婚儀も翌年秋におこなわれることになったが、九月一日、関東大震災が起きたため、延期となる。皇太子自身の決断であった。皇太子は九月一六日に牧野にその旨を言うが、牧野は、皇太子が自分で決めたことを喜ぶ。さらに牧野は日光に避暑中の天皇、皇后にも延期を伝えるが、皇后は全面的に賛成する。牧野は皇太子の意向を重んじる皇后の態度にも感服するが、そこにはこれをきっかけにまた結婚問題が混乱するようなことがあっては大変との牧野の心境もうかがえる(「牧野日記」大正一二・九・一六、一九)。

2 婚約解消騒動——久邇宮朝融王

†新たな騒ぎ

このようなアクシデントはあったが、婚儀は大正一三年一月二六日に無事おこなわれた。天皇の病状はあいかわらず思わしくなく、また関東大震災では山階宮佐紀子妃、閑院宮寛子女王、東久邇宮師正《もろまさ》王の三人の皇族が死去するなど、暗い空気のただよっていた皇室では久しぶりの慶事であった。ところがそれから間もなく、またもやとんでもない騒動が生じた。主役はほかならぬ久邇宮邦彦とその長男の朝融である。

騒動の経過については倉富勇三郎が実に詳しく日記に記しているが、まず、その発端を二月三日条の記事によって見てみよう。

この日、久邇宮家事務方の責任者（宮務監督）である国分三亥が倉富のところにやってきて、おおよそ次のように話した。

〈朝融王が天皇の許しも出ている酒井伯爵家の令嬢菊子との婚約を解消したいと望んでいる。王は「皇太子が結婚するまでは問題を起こすのを見合わせていたが、いよいよ決心した」と言い、自分たちが思い直すように進言しても頑として承知しない〉

〈父の邦彦も「菊子には節操に疑いがある。確証はないが、そのような疑いをもたれる女性を跡継ぎの妃にしては祖先に申し訳ない。良子のこともあり、婚約を解消すれば朝融王も自分も非難されるだろうが、どれだけ非難されてもなんとしても解消したい」と言っている〉

久邇宮朝融王

〈仕方がないので昨日、宗秩寮《そうちつりょう》（皇族、華族の結婚、皇族会議、爵位などに関する事務的なことを担当する宮内省の部局）総裁の徳川頼倫《よりみち》らに会い邦彦父子の希望を伝えたが、徳川たちは天皇が一旦許した婚約をそんな理由で解消できるはずがないではないか、と相手にしてくれない。仕方がないので、明日牧野宮内大臣と会って事情を説明することにした〉

このころ倉富は帝室会計審査局長官で、この種のことを直接管掌しているわけではないが、かつて宗秩寮総裁事務取扱を兼任していたこともある。また国分も倉富と同じく司法官僚出身で、しかも倉富の後任の朝鮮総督府司法部長官である。そんな関係で困ったことが起きたと告げにきたのだろう。

朝融と菊子の婚約に天皇が内々の許しを与えたのは大正五、六年のころである。まだ学習院中等科に通っていた朝融が、学習院女学部に通う二歳下の菊子に一目惚れし、婚約したいと願ったのだ。それを今度は解消したいという。しかも、朝融の妹良子が皇太子との婚約を解消されそうになったとき、「天皇の許しがすでにあったのだからなんとしても遂行すべき」と頑強に抵抗したのは誰あろう邦彦なのだから、なんとも滅茶苦茶な話である。

驚いた倉富は、「そこまでになっている以上は宮内大臣がなんとかするしかなかろう」と応じるが、二月五日に国分と会った牧野は、話を聞いても自らがすぐに乗り出すことはせず、徳川宗秩寮総裁に対応を命じた。

徳川は元和歌山藩主家の侯爵だが、かつて西園寺公望に「深思熟慮細心の注意を持っているが惜しいかな勇気に不足」と評されたことがある（頼倫の息子である頼貞の『頼貞随想』）。如何にもお殿様らしい人物で、即断即決ができず、それが事態の解決を長引かせる要因の一つともなったのだが、さらに面倒なことに息子の頼貞は久邇宮俔子妃の妹と結婚しているから、久邇宮と徳川家は姻戚である。これも頼倫には心理的なプレッシャーとなった。

†牧野の諫言

牧野の指示を受けた徳川は、倉富、小原駩吉（宮内省内匠頭）、松平慶民《よしたみ》（宗秩寮宗親課長、のち宮内大臣）、入江貫一（内大臣秘書官長）などの意見を聞いたが、彼らはこの一件は皇室全般にかかわり、宗秩寮では処理しきれないから、まず牧野が邦彦に会うべきだと主張した。徳川は婚約の相手である酒井家との交渉は自分がやると言ったが、それも倉富たちに止められ、結局、牧野に邦彦と会ってくれと頼むことになる。

牧野はウンザリしたのではないか。やっと皇太子の婚儀までこぎつけ一安心していたところに、また久邇宮がらみの騒動の尻を持ち込まれる。さらに次章で見るように在仏中の東久邇宮稔彦をめぐるトラブルも発生している。いい加減にしてほしいと思ったはずだが、責任者のはずの徳川が頼りにならない以上、宮内大臣としては放っておくわけにもいかない。邦彦が言い立てている菊子の「節操」について調査し、また閑院宮載仁親王の意見も訊くなどしたうえで邦彦と会った。そして次のように厳しく諫言した（「牧野日記」大正一三・二・一五）。

此れは道徳上の問題たるは勿論、殿下には今日となりては直接御縁続きの事なれば、本件の取扱如何に依りては御立場に非常なる困難を来しては、実に容易ならざる義に付（中略）此点より視るも（婚約の）御実行に努めなければ不相成《あいならず》

〈勅許も出ている婚約を解消するなど道徳的にも許されない。しかも殿下は天皇と直接の縁続きになっておられるのだから、婚約を実行されなければ大変なことになります〉

まさに反駁の余地のない正論である。邦彦王もこう応えた。

一々尤《もっと》もなり。左様なくてはならぬ

これでことは終わりのはずである。が、そうはならなかった。邦彦は、「このことについては長い間、悩んでいたが、皇太子の婚儀が終わるのを待っていたのだ」と弁解しながら、例の「節操」問題を持ち出す。

自分の動機は令嬢に関係の伝聞なり。之は噂に止まるとするも先祖に対しては済まず、二、三男なれば兎も角、嗣子の配偶としては認容する事態はず

しかし、牧野はこの噂が広まった事情についても調べ上げていた。詳しくは省略するが、酒井家の近親者の一人が何らかの意図をもって「節操」云々の話を広めていたのだ。牧野がこの旨をいうと、邦彦は黙ってしまう。が、それが主張を引っ込めたことを意味しないのは、これまでの経験から牧野には分かっていた。日記にはこうある。

今後果たして那辺《なへん》まで御反省なさるべきや、頗《すこぶ》る心配なり

†摂政をだます

そして牧野の予感は当たり、邦彦父子は願いを取り下げようとしない。さらに事態をややこしくしたのは、在外公使や外務大臣などの閣僚、ベルサイユ講和会議全権などを歴任してから、いわば天下りのように宮内大臣に就任した牧野に対し、生え抜きの宮内官、とくに小原駩吉あたりが敵意を燃やし、ことごとに妨害するような言動を示したことであった。

困ったのは先述のような性格の徳川で、総裁としての使命感から各方面に伝手《つて》を探すなどして解決に動こうとはするものの、はかばかしい成果は出ない。さらに酒井伯爵家の側にも面倒なことがあった。当主で菊子の義兄にあたる忠正（のち農林大臣、貴族院副議長）は、問題の早期解決を望み、内心では婚約解消もやむをえないと考えていたが、旧家臣で酒井家家政全般の相談人となっている武井守正（枢密顧問官、男爵）らが、酒井家の体面をかけても妥協は許さないと強硬な態度を取り続けたのだ。もともと阿部伯爵家（元福山藩主家）からの養子である忠正はそれを無視することもできない。

それやこれやで時間だけが経つが、そのうちにゴタゴタは外部にも漏れ、九月六日には『万朝報《よろずちょうほう》』が「久邇宮家から婚約解消を申し出た」という記事を掲載し、他紙も追いかける。宮内省首脳たちは怒りかつ慌て、硬骨漢として知られた松平慶民などは「朝融王を謹慎させられないか」と主張し、倉富は「朝融王は不良少年との評判があるから、婚約を解消されても酒井家に不面目にはならない」と言い、徳川は「朝融王を反省させるために自分が辞職する」と口にした（「倉富日記」大正一三・九・八）。しかし、彼らがいろいろ言い合っても事態打開のめどは立たない。

手詰まり状況の中で皆がイライラしていたのだが、同じころ、朝融がありえないことをしでかす。正確な月日はあきらかではないが、摂政に対し、「婚約の件は決着がついた」とウソをついたのである。婚約解消がいつまでもできないので焦ったあまり口走ったのかもしれないが、それを知った牧野らは、東宮大夫を通じて摂政に事実を伝える（「牧野日記」大正一三・九・一六）。またおそらく同じ時に、朝融は「菊子は胸の病気だ」とも言ったらしい。詳しいことは分からないが、これについては牧野たちも知らず、したがって摂政も菊子は本当に胸が悪いと思い込んでいたようだ（「同」大正一三・一一・一五）。

このあと、何度も閣僚をつとめた大木遠吉（貴族院議員、伯爵）のような大物も解決に乗りだしたりするが、これには徳川が激しい不快感を示す。「倉富日記」（大正一三・一〇・一八）には徳川の従兄弟でもある松平慶民が、「（徳川は）云はば徳川家の存立問題とでも思ひ居るならん」と評したとさえあるが、徳川の手腕に見切りをつけた宮内省首脳たちの間から徳川外しの動きが出てきたこともあり、彼はすっかり意固地になっていたのである。

そして新聞では関連の報道が断続的に続く。その内容もあながちデタラメではなく、関係者しか知りえないことも多く出てくる。本来ならば極秘に処理されるはずの皇族がらみの醜聞が、世間にもどんどん広まっていったのである。

†酒井家に責任なし

結局、事件が決着したのは一〇月末であった。徳川は一〇月二〇日ごろに牧野に対し「解決は近い」と告げたが、牧野は半信半疑だった。ところが、一〇月二八日の『東京日日新聞』に、「酒井伯家から晴れの婚約を御辞退　七年ぶりの御内約を解かせらるる朝融王と酒井菊子姫」との大きな見出し付き記事が菊子の写真とともに掲載された。徳川の酒井家への説得がついに実ったのだが、この報道のあとも徳川は問題が解決したことを牧野以外にはいっさい知らせなかった。自分を軽んじた連中への意趣返しか、あるいはお殿様らしい無頓着さかは分からないが、宮内省首脳らが徳川から事の成り行きを聞かされたのは、一一月八日のことである。騒動は最後の最後まで奇妙な形をとった。

そして宗秩寮から婚約解消が正式に発表されたのは一一月一七日である。「酒井家から辞退を申し出、それを受けて久邇宮が婚約を取り消すことを願い出た」という内容だが、同時に久邇宮、酒井両家がそれぞれ出した声明文には、どちらにも「この解消について酒井家にはまったく責任はない」旨が明記されている。

さらに声明文発表と同時に酒井忠正は新聞記者たちに、「宗秩寮総裁から久邇宮家の事情を聞き辞退やむなしと判断した。酒井家には婚約取り消しの理由はない」と念押しをしている。つまり、婚約を辞退したのは酒井家だが、それを望んだのは久邇宮だということを明言したのだ。

また、宗秩寮の発表文と二つの声明文の草稿は国立国会図書館憲政資料室所蔵の「牧野伸顕関係文書」（以下「牧野文書」）に収められているが、そこには牧野が念入りにチェックしたあとが残っている。牧野も邦彦、朝融の責任を世間にウヤムヤにしないようにしたのだ。そしてこれは公表されなかったが、宗秩寮発表の前日、東宮侍従長の入江為守が久邇宮家を訪れ、摂政の訓戒の言葉を伝えている。

牧野はことが解決したら何らかの形で摂政から邦彦を戒めてもらうことを考えていた。閑院宮載仁や西園寺公望もそれに賛成したので、牧野は皇后に拝謁し、事件の一部始終を説明したあと、次のように言上した（「牧野日記」大正一三・一一・一五）。

（皇太子）殿下、久邇宮へ対し御詞《おことば》のあるは、事情に顧み、皇族監督上、又、天職御行使の点より是非願上度《ねがいあげたく》、御縁故の殿下にも誠に恐懼《きょうく》の至りなるも、公私の区別は明白に御示しある事は大切の事と存ずる

〈皇族を監督するうえ、また摂政の任を果たすという点からしても、皇太子殿下には邦彦王に訓戒の言葉を与えることを是非ともお願いしたい。邦彦王は皇太子の義父にあたるのでまことに恐れ多いが、公私の別ははっきりさせることが重要だと存じます〉

これを聞いた皇后は全面的に賛成し、かねがね久邇宮家についてはいろいろと耳にしていた、

ともいう。これを聞き牧野は、「大変に心配されている御様子」と感じた。皇后の久邇宮家への不信感は、皇太子結婚後も消えていなかったのである。

†邦彦への戒飭

ついで牧野は摂政のところに向かい、やはり事件の経緯を説明し、「公私の区別を立てて邦彦を戒めてもらいたい」と願った。すると摂政は、「以前、朝融王は菊子が肺病なので婚約を解消したいといった。そのとき自分は、本当に肺病なら仕方がないと言ってしまったが、そのことは差し支えないか」と訊く。驚いた牧野が、「肺病のことなどまったく問題になっておりません」と応えると、摂政は安心した様子で、邦彦を戒めることも承諾した。

そして一六日の入江為守による久邇宮邸訪問となるのだが、入江は左のような摂政の訓戒の言葉が記された文書（写しが「牧野文書」に収録）を邦彦王に差し出した。

御内意 伺済《うかがいずみ》の上取結ばれたる結婚内約遂行の運びに至らざりしは遺憾のことと思ふ。自今一層慎重ならむことを望む

これを読んだ邦彦はどうしたか。翌日の「牧野日記」（大正一三・一一・一七）には、入江が

こう報告したとある。

摂政殿下御詞扣《ひか》へを御手交致したる時、邦彦王之れを一読、何等の謹承せる意味の口上なく、其儘《そのまま》納められたりとの事なり

「確かに承知いたしました」でも「以後、気をつけます」でもなく、そのままポケットかどこかへしまいこんだのである。牧野はあきれ果てたのだろう、「夫れにしても何か御仰《おおせ》ありて然るべし」と記すが、もしかしたらこのことが先述の宮家の声明書などへの念入りなチェックに反映されたのかもしれない。

なお、『昭和天皇実録』は摂政が入江に「御詞を伝達」させたことは明記している（一一月一六日条）。しかし、上記のような邦彦の態度についてはまったく記していない。ここからは『昭和天皇実録』という記録のもつ、綿密に記されてはいるが皇室、皇族に関する情報は注意深く取捨選択されている、との史料としての微妙な性格がよくうかがえる。

また一七日、摂政は朝融に会っている。この日、第一艦隊、海軍軍令部、海軍省の将校たちへの恒例の賜餐があり、第一艦隊所属の戦艦「山城」に乗り組んでいた朝融も皇居にやってきたのである。つまりこの日に摂政と朝融が顔を合わせたのは婚約問題とは別に前々からの予定

に従ったものなのだが、『昭和天皇実録』によれば、二人は賜餐に先立って一対一で会っている。その際、婚約解消の話がでなかったとは常識的には考えにくいが、残念ながら『昭和天皇実録』には何も記されていない。

†その後の朝融王

さて、当然のことながら世間の同情は菊子に集まった。義兄の忠正によれば「山のような同情の手紙」がよせられたという（『東京朝日新聞』一一月一八日）。そして、忠正の友人の近衛文麿らの世話で、菊子と旧金沢藩主家の前田利為《としなり》侯爵との縁談がすぐにまとまった。前田は明治一八（一八八五）年生まれで菊子より一八歳年上だが、前年に妻を喪い独身である。陸軍軍人で、当時は歩兵中佐、陸軍大学校教官。陸士では東条英機と同期で、その有能さに東条が嫉妬したという話もあるほど、大名華族の軍人の中では群を抜いた俊秀だった。

二人が本郷の前田邸（現・東大キャンパス）で結婚式を挙げたのは翌一四年二月七日だったが、それに先んじる一月二六日、皇居内の賢所で朝融と伏見宮知子女王の婚儀の礼がおこなわれた。あのような騒ぎを起こした以上、朝融がスンナリと結婚するのは難しいはずだが、一三年の大みそかに貴族院議長の徳川家達《いえさと》公爵が邦彦の代理として牧野を訪れ、朝融が知子と婚約する勅許を得てほしいと頼み、さらに節分前には結婚したいと望んでいると伝えた（「牧野日記」同日条）。このころ、前田が菊子と結婚することは広く知られていたから、久邇宮側のあわただしい動きには、こちらがなんとしても先に結婚したいとの焦りも見える。そして短時日の間に婚儀に至ったのである。

知子は伏見宮博恭の第三王女だが、「倉富日記」（昭和三・六・二九）によると、父博恭に、「朝融王も酒井との婚約破れ、速に結婚出来ざれば、其面目にも関するに付、朝融王と結婚することを承諾せよ」と言われて、「犠牲になる積りにて結婚した」とのちに語っている。博恭は朝融と同じく海軍軍人（当時、佐世保鎮守府司令長官、大将）であり、またなによりも多くの宮家の本家としての立場から、朝融を気づかい、娘に辛い思いをさせたのだろうが、それにもかかわらず、朝融は結婚後に侍女をはらませ、また騒ぎを起こす。知子が結婚の経緯について語ったのはこの時のことである。

この侍女妊娠についても「倉富日記」が詳しいが、結局、侍女の親に慰謝料めいたものが払われ、生まれた子供は養子に出された。邦彦は、「朝融の不品行にも困ったものだ」と嘆いたというが、朝融が久邇宮家の嗣子であることは変わらない。

前に倉富が、「朝融王は不良少年との評判がある」と語ったことを紹介したが、西園寺公望も、「朝融王は余り出来の良い方にあらず、不良少年とでも云ふ様な人の様子だ」と松本剛吉に語っている（「松本日誌」大正一三・一一・二二）。たしかに一連の騒動はそうした評を裏書きしているが、この王には大の音楽好きとの一面もあった。

捕物小説「銭形平次」の作者として有名な野村胡堂は、クラシック音楽の熱烈なファンでレコード収集家でもあったが、そのエッセイ集『胡堂百話』の中に、朝融は「三十年にわたるクラシックファン」「一流のレコード蒐集家」として登場する。胡堂を毎週のように宮邸に招き、自分が胡堂宅を訪ねたこともあったらしい。また著名なチェリストであるジョセフ・ホルマン秘蔵のチェロを大金をだして買おうとしたこともあった（「倉富日記」大正一二・五・一〇など）。もし朝融が財閥の御曹司あたりだったら、こうした側面のほうが人口に膾炙《かいしゃ》し、女性がらみのことは軽く冷やかされるくらいですんだかもしれない。そう思えば、皇族という、本人がそれになりたいと望んで生まれてきたわけでもない身分の人々は、われわれには分からない苦労もあるのだろう。

3　邦彦死後の久邇宮家――久邇宮邦英王

†伯爵か侯爵か

邦彦が死去したのは昭和四（一九二九）年一月二七日である。邦彦は前年の五月一四日、陸軍の特命検閲使（当時、陸軍大将）として訪れていた台湾で、趙明河《チョミョンハ》という朝鮮独立運動家の青年に襲われた。趙は「直訴、直訴」と叫びながら邦彦の乗る自動車のドアに取りすがり短刀で刺そうとしたが、邦彦は無事だった。しかし韓国では邦彦がそのとき重傷を負い、それがもとで六カ月後に死去したことになっている。ソウル郊外の独立記念館にはその旨を記した石碑もあるというが、しかし、邦彦は襲われたあとも予定通り台湾各地の陸軍部隊などを視察している。帰国後も旅行や行事への参加を繰り返し、さらに三年一一月一〇日から京都でおこなわれた昭和天皇の即位の大礼にも奉仕しているから、韓国で伝えられているような事実はありえない。

『邦彦王行実』によれば、即位の大礼後、熱海で静養していた邦彦王は、昭和四年一月一六日、軍事参議官会議などに出席するために上京し、二一日に熱海に帰ったが、二三日、急に失神し、その四日後に死去したのである。臨終の場には東京から急遽やってきた良子皇后もいた。死因は「結腸S字状部潰瘍と腹膜炎の併発」だった。刺された傷が原因ではないにしても、まだ六〇歳にもならない早い死であることは確かだった。

久邇宮邦英王

宮家を継いだのは言うまでもなく朝融だが、その後、あまり時間が経たないうちに、久邇宮家ではまたいくつかのトラブルめいたものが起きた。今度の主役は朝融の弟、邦彦の第三王子邦英《くにひで》王である。

邦英は明治四三年生まれだが、まだ幼いころに、邦彦と東伏見宮依仁親王の間で、彼を後継者のいない東伏見宮家の跡継ぎにしようとの約束めいたものがあったらしい（「倉富日記」大正八・四・二）。明治二二年制定の皇室典範で皇族の養子は禁じられているから、それ以降は皇族が別の宮家を継ぐことはそもそもありえないのだが、どうも邦彦と依仁に相談された当時の波多野敬直宮内大臣が、大正二年七月に宣仁親王が高松宮を立てる形で実質的に有栖川宮家を継いだ例もあるからと、誤解されるような返事をしてしまったようだ（「倉富日記」大正八・一一・二二）。

しかしやはりそのようなわけにはいかず、第五章で詳しく見たような経緯を経て施行された「降下準則」の規定により、邦英は昭和六年四月に臣籍降下し、東伏見の家名を名乗り伯爵となるのだが、このとき爵位についてのトラブルが起きた。

宮内省の内規で、一つの宮家から複数の皇族が臣籍降下する場合、最初に降下した者には侯爵を授け、それ以外の者は伯爵となることになっていた。山階宮家の第二王子芳麿王と第三王子藤麿王はともに侯爵（山階侯爵、筑波侯爵）となっているが、これは藤麿が幼いころ、明治天皇から成人後に神宮祭主となるように命じられていたための例外で、それ以外では内規は厳守された。

したがって、久邇宮家では第二王子の邦久王が大正一二年一〇月に臣籍降下し侯爵（久邇侯爵）となっていたから、いくら皇后の弟といえども邦英は伯爵にしかなれない。ところが、邦英の降下に先立ち、宮内大臣の一木《いつき》喜徳郎（牧野伸顕の後任）のもとに「其爵位に付、或る方面から内々希望」があったのだ。一木はこれを天皇に上奏したが、天皇は「極めて公明正大なる聖慮」で、この願いを退けるように命じた。一木からこのことを聞いた牧野（当時、内大臣）は、「今更ながら感動する」と日記に記す（「牧野日記」昭和六・二・一七）。

†東大不合格

この「或る方面」が朝融、「内々希望」は「伯爵ではなく一級上の侯爵に叙してくれ」というものであることはほぼ間違いない。それを天皇は「公明正大」に退けたのだ。また、邦英が東伏見を名乗ったのは、東伏見宮家は継承できなかったが、同宮家の祭祀は引き継いだためで、そこから考えると朝融とともに東伏見宮家からの働きかけもあった可能性もあるが、いずれにしろ、天皇は邦彦を戒めた時と同じく、私情を優先しないとの態度を崩さなかったのである。

実はこれよりかなり前の「牧野日記」（大正一〇・九・六）に、次のような興味深い記事がある。大正一〇年の外遊の途次、随行した外交官の沢田節蔵に皇太子が次のように語ったというのだ。

久邇宮（邦彦王）とは自分意見の違ふ事あり。殿下（邦彦王）は自分の妻の父君に渉《わた》せらるゝに付、他日意見の合はぬ事もありて困まる場合を生ずべし。然しそふ《（ママ）》云ふ時は公私の区別を立て処置すれば差支なかるべし

つまり摂政になる前から、昭和天皇は天皇の守るべきケジメを十分に認識していたのである。そしてそれはあの降下準則騒動のときの皇族たちの態度、あるいは朝融のワガママな婚約解消などを見て、さらに確固たるものになったであろう。もし邦彦がまだ存命で、邦英の爵位を上げてくれと頼んできても、おそらく天皇は一蹴したにちがいない。

このような天皇の姿勢と比べ、これから紹介するどこか滑稽とさえ言える出来事は、公私の別を立てるというモラルが、少なくとも久邇宮の皇族にはなかったとあらためて思わせるものだった。

邦英が正式に東伏見伯爵となったのは昭和六年四月四日だが、その直前の三月二四日、つまりまだ皇族だった邦英は、東京帝国大学（以下、東大）法学部の入学試験に不合格となった。これまでもみたように、明治以降、心身にとりたてて問題のない男子皇族は陸海軍いずれかの

軍人となるのが決まりだった。ところが邦英はおそらく色覚異常のため、そのような道を進まず、高等科まで学習院に通い、さらに東大法学部で学ぶのを望んだが、希望は叶わなかったのだ。

この五年前の大正一五(一二・二五、昭和と改元)年二月二一日の『東京朝日新聞』朝刊には、「今度、学習院中等科四年に進む邦英王が東大法学部政治学科進学を志している」「殿下は学習院でもまれな秀才であり、神宮祭主に内定している山階宮藤麿王が東大文学部に在学しているが、邦英王が法学部に進めば明治以来の皇族の進路に新例が開かれる」といった内容の記事があり、「『えらい宮様がお出来に成った』と得意満面の福原学習院長」との見出しまでついている。

ここから分かるのは邦英がかなり早くから東大法学部で政治学を学びたいと志望していたことだが、それより着目すべきは、新聞がそのことを大々的に書きたてたことである。言うまでもないが、試験というものは合格することもあればダメなこともある。それにもかかわらず「朝日」がまだ志望の段階で記事にしたのは、まさか皇族が不合格になるはずはないと確信していたからだろう。

†裏切られた常識

多くの皇族、華族の子弟たちが通う学習院と東大入試の関係は複雑だった。文学部など志望者の比較的少ない学部は、学習院高等科(旧制高校)から入学を希望する者を無試験で受け入れた。そのため学業成績が優秀とは言いがたく、結局、中退する志賀直哉、武者小路実篤、里見弴なども文学部へ進めたのだが、法学部、医学部などの人気学部は学習院の学生にも入試を受けさせ、合格しなければ入学を許さなかった。そして他の旧制高校生と比べ、学習院高等科生の合格率は必ずしも高いとは言えなかった(竹内洋『学歴貴族の栄光と挫折』)。しかし、それはあくまでも華族、平民の場合であり、皇族が受験すれば特別扱いとなるのは、新聞のみならず世間の「常識」であった。

ところが邦英は落ちた。そのころ東大文学部の学生で、戦後、『文藝春秋』編集長になる池島信平は、邦英が礼装の法学部長に導かれて試験場に向かうところを見ていたが、邦英が不合格だったことを知り、のちに「皇室のことといへば、だんだん神棚にまつりあげる時代であった。大学当局としても、よく落したと今日になつてもすがすがしい気持がする」と、述懐している(『編集者の発言』所収「入学試験逆コース」。ただし入試の年など一部に記憶違いがある)。つまり池島も法学部がまさか皇族を不合格にするとは思っておらず、その常識的な予想を裏切る判断がなされたことを喜んだのだ。

しかしおそらく世間や池島と同様に予想していた宮内省首脳たちにしてみれば、喜ぶどころではない。あわてて京都帝国大学（以下、京大）に邦英を入学させてくれるように頼み込んだのである。

そもそも当時の学習院高等科からは京大に進む者が多かった。大学進学者の少ない当時、京大でも旧制高校を出ていさえすれば、ほとんどの学部に簡単に入れたのである。入試を受けなかった邦英の入学も京大当局は認め、本人もそれを承知した。ところが、邦英はあっというまに変心した。京大には行きたくないと言い出したのだ。当時、皇后宮大夫兼侍従次長だった河井弥八（戦後、参議院議長）の日記（昭和六・四・二五。以下、「河井日記」）には、「関屋（貞三郎宮内）次官より、東伏見伯爵京大に入学を欲せざるを聞く」と記されている。

関谷次官が河井にこのことを話したのは、河井が皇后宮大夫兼侍従次長、すなわち邦英の姉である皇后の最側近だったからである。そして「河井日記」には「東伏見伯」とあるが、邦英がただの伯爵ならば、宮内省首脳たちがこのことを問題にしたりはしないだろう。河井は翌二六日には早速、仙石政敬《せんごくまさゆき》を訪ねて協議した。仙石は華族の監督にあたる宗秩寮総裁だが、それと同時に久邇宮朝彦の王女を妻としていた。つまり皇后や邦英の義理の叔父で、問題解決にあたっては、なかなかデリケートな立場である。そして案の定と言うべきか、翌二七日には久邇宮家の別当（事務方の責任者）が仙石のところに来て、なんとかならないかと言ったようだ（「河井日記」同日条）。

さらに二八日、河井は仙石から、邦英が東伏見宮家の祭祀を継いだため、邦英の養母のような立場になっている東伏見宮周子《かねこ》妃が皇后に拝謁する予定と聞く。そこに皇后女官長が河井に「邦英のことを皇后が心配している」と告げた。進学問題は皇后の耳にも達しているということで、不安になった河井は皇后に会い、これまでの次第を報告し、「まだなにもおっしゃらないように」とクギをさす。それもあってか、結局、皇后は周子とは会わなかった。ところが代わりのように邦英が皇后のところに来て、長時間話していく。姉弟が語り合った内容は河井にも知らされない（「河井日記」同日条）。

そして『昭和天皇実録』（昭和六・四・二八）に、「午後、故依仁親王妃周子に御対面になる。続いて伯爵東伏見邦英に謁を賜い、御対談になる」とあるように、この日、周子と邦英は天皇に会っている。そこで二人が天皇になにを語ったかは『昭和天皇実録』からも分からない。「御対面」との表現からすると、周子は単なる御機嫌伺いかと思われるが、邦英とは「御対談」だから、話の中で進学問題がもちだされた可能性はある。

「河井日記」には周子、邦英の天皇への謁見のことは記されていないが、侍従次長でもあった河井がそれを知らなかったはずはない。さらに邦英が叔父の朝香宮鳩彦にも泣きつくなどしていることが分かったため、事態がいよいよ面倒な方向に向かいかねないと思ったのであろう、河井は三〇日、皇后に邦英とどんな話をしたのかを訊ねた。すると皇后が邦英に同情的な態度をとったことが察せられた。皇后はケジメよりも肉親の情を優先したのである。そこで宮内省首脳らは決断が必要と判断し、一木宮内大臣が天皇に会い、邦英に京大に進むよう警告することの許しを得た(「河井日記」同日条)。『昭和天皇実録』同日条によれば、天皇はこの時初めて邦英の進学問題について知ったことになっている。

そして翌五月一日、一木が邦英を訪ね説得するが、邦英は京大拒否の意思を変えようとしない。万策尽きた一木らは、この日の夜、天皇、皇后が周子妃、久邇宮朝融、知子夫妻、俔子《ちかこ》大妃と邦英を晩餐に招くことになっているので、そこで天皇から邦英を直接説得してもらうことにする。天皇も了承し、どういう形だったかは分からないが邦英に話をした。その結果、邦英が京大で学ぶことがやっと確定したのである(『昭和天皇実録』、「河井日記」同日条など)。それを一木から聞いた牧野は日記(昭和六・五・四)にこう記した。

(邦英王は)御若年とは申し乍《なが》ら兎角《とかく》御動き易き御性質にて、此際は治まりたるも、今後御入学後、又々何等か問題の発生せずとも限らず、適当の指導者は是非必要なるが如し邦彦や朝融にさんざん苦労させられた牧野は邦英のこともよく分かっていた。この「又々何等か問題の発生せずとも限らず」との予言は見事に的中するのである。

†天台宗管長?

邦英は京大で政治学ではなく文学部で歴史や美術を学んだ。もともと仏教美術に興味をもっており、学習院中等科在校中から学習院の機関誌のような『輔仁会雑誌』に奈良の仏像などについての文章を連載(のちに『宝雲抄』という本にまとめる)しているくらいだから、そもそも法学部よりもこちらに向いていた。

在学中の成績も優秀で、昭和九年三月、文学部国史学科を卒業したときは、一七名の同期生中の首席だったという。すぐに国史研究室の副手に採用され、昭和一四年春には文学部講師となって、飛鳥時代の文化について教えた。いくら元皇族だからといって、身分だけではこういうわけにはいかない。学問的才能は豊かだったのである。

しかし、周囲には皇族時代からのおかしな取り巻きのような連中もいたようだ。以下、主として高松宮宣仁親王の日記(昭和一八・五・七。以下「高松宮日記」)の記事によるが、昭和一八年の初めごろ、そのなかの一人が邦英をかつて祖父朝彦親王もなった天台宗の長である天台座《ざ》主《す》(「高松宮日記」や当時の新聞記事には管長とあるが正確には座主。明治初期にいったん管長と改称したが、すぐに座主に戻った）としようとたくらんだらしい。もちろん邦英は僧侶ではないから座主になどなれるわけがないが、その取り巻きは皇后の弟ならそれができると邦英に吹き込み、邦英も「歴史を研究するには便利かもしれない」くらいのつもりで、その気になってしまった。

ただ、さすがに僧侶にならなければ無理ということは分かり、祖父朝彦と同じように青蓮院《しょうれんいん》の門跡（門主）となり天台座主を兼ねようと考え、そのことを兄の朝融にいった。「高松宮日記」（昭和一九・一・一五）によれば、朝融は、「どうせなつても失敗するであらうから、やらして見よう」と冷たかったようだが、宮内省首脳たちは内心では反対しながら、「下手に止めだてすると『東伏見宮の祭祀をつがぬ』と申し出られるのを恐れる」という姿勢だった。以前、何かあったときも、邦英はその手をつかって我意を通したらしい。

新聞も「東伏見伯が第二百五十代天台宗管長に就任」などと飛ばし記事を載せたが（たとえば『東京朝日新聞』昭和一八・四・七）、しかし弱気の宮内省と異なり、宗教行政を管轄する文部省は「いんちきな得度では許さぬ」と強い態度を見せ、天台宗当局にもその旨を申し入れた（「高松宮日記」昭和一九・三・三）。「いんちき」というのは、天台宗の僧侶は結婚できないはずなのに邦英はすでに結婚しているではないか、との意味だろう。この正論の前にさすが邦英も無理押しはできず、このときは僧侶となるのを断念した。

「高松宮日記」には以上のような経緯を記した記事のあと、唐突に、「邦英が皇族出を振りまわし、量も皇族以上の配給を受けている」との趣旨の文章が続いている。高松宮もよほど憤慨していたのであろう。

なお、邦英は敗戦直前に青蓮院で得度を受け僧侶となる。そして長野善光寺の貫主を経て、昭和二八年には青蓮院門跡となり、慈洽《じごう》と名乗る。昭和六〇年に京都市が古都税をつくったときは京都仏教会会長として反対運動の先頭に立ち、数年後に廃止させた。さらに、本来世襲ができない青蓮院門跡の座を次男に継承させようとして天台宗当局に猛反対されるが、結局、主張を通し、銀行員だった次男を得度させ、門跡を継がせる。死去したのは平成二六（二〇一四）年一月一日。享年一〇三。いまのところ、近現代の皇族、元皇族の中ではもっとも長寿を保った人であった。

第七章　フランスでの自動車事故と帰国拒否

1　北白川宮成久王の悩み

†内親王の夫たち

明治時代、ほとんどの男性皇族は留学や視察、天皇の名代としての儀式参加など、さまざまな目的で外国、とくにヨーロッパの国々に出かけた。ところが大正になるとそれが一時途絶える。大正三（一九一四）年七月に第一次世界大戦が勃発し、約四年にわたり続いたからだ。大戦終結後、皇族たちはまた海外に出るようになるが、そのなかで最初に日本を発ったのは東久邇宮稔彦《なるひこ》王で、大正九年四月に神戸から海路、フランスに向かった。さらに大正一〇年一一月には北白川宮成久王、同年一二月には朝香宮鳩彦《やすひこ》王が同じくフランスに渡る。

第五章で見たように朝香宮は明治三九（一九〇六）年三月、東久邇宮は同年一一月に新しく立てられた宮家である。朝香宮と同時に立てられた竹田宮（恒久王。父は北白川宮能久親王）も同じだが、この三宮家は明治天皇の皇女（内親王）たちの嫁ぎ先としてつくられた。

皇女であっても非皇族と結婚すれば皇族ではなくなるが、皇族と結婚すれば皇族の身分が保てる。明治天皇は自分の皇女たちが結婚後も皇族であることを望んだ。身分もさることながら、皇女が皇族と結婚して産んだ男子は天皇の外孫であると同時に皇位継承資格を持つから、天皇が何よりも恐れる皇統の絶える危険性は減るのである。

明治三〇年代末の各宮家には内親王の配偶者として年齢が釣り合う独身の当主や嗣子は北白川宮成久《なるひさ》しかいなかった。当主（嗣子）以外の皇族は何人かいたが、折しも宮家を継がない皇族を臣籍降下させる皇室典範増補が制定される可能性が高くなっている。そうなれば遠からず皇女たちと結婚できる皇族はどんどん減ってしまう。そこで天皇は急いで皇女の配偶者たりうる若い皇族たちに宮家を次々に立てさせたのだ。

明治天皇には一〇人の皇女がいたが、そのうち六人は夭折し、いずれも側室の園祥子《そのさちこ》を生母とする昌子、房子、允子《のぶこ》、聰子《としこ》の四内親王だけが成長した。そして昌子は恒久、房子は成久、允子は鳩彦、聰子は稔彦と結婚したのである。昌子は恒徳王《つねよし》、房子は永久王、允子は孚彦王《たかひこ》、正彦王《ただひこ》、聰子は盛厚王《もりひろ》、師正王《まろまさ》、彰常王、俊彦王と、それぞれ王子を産んだから、天皇の期待はかなったことになる。

†系図の改竄

さて、こうして明治天皇の女婿となった四人の王のうち、恒久は大正八年に病死したが、あとの三人は渡欧した。彼らはほぼ同い年で、陸幼、陸士でも同期の陸軍軍人だったが、最も目立っていたのは稔彦で、若いころから「御性質は鳩彦王に似させ玉へど、沈毅剛勇の御気風は殿下に於て殊に著しきが如く拝察せらる」と評されたり（坂本辰之助『皇族及皇室』）、新聞にも「将来の参謀総長の適任者と目されている」（『東京朝日新聞』大正四・四・二五朝刊）と書かれたりしている。

皇族の公的な系図である皇統譜では久邇宮朝彦親王の第九王子で末子ということになっているが、実際には二カ月先に生まれたとされている鳩彦のほうが弟で、稔彦は第八王子である。鳩彦を産んだ女性の方が稔彦の生母よりも朝彦のお気に入りだったため、兄弟の誕生順を逆にするという奇妙な系図の改竄がおこなわれたのだ。

朝彦は稔彦、鳩彦が生まれた四年後に死去するが、父の死後も稔彦は久邇宮家で鳩彦に比べ冷遇され、鳩彦の生母におべっかをつかう使用人によって虐待めいたことをされたりもした（詳しくは拙著『不思議な宮さま――東久邇宮稔彦王の昭和史』参照）。それは稔彦のトラウマともなったが、逆に皇族らしからぬ反発心のもとにもなり、いつしか世間では稔彦が同世代の皇族の中ではピカ一との評判が立つようになったのだ。

そしてヨーロッパに渡航したのも三人の中では稔彦が最も早く、先述のように大正九年四月のことだった。本人が昭和三〇（一九五五）年に書いた回想記『やんちゃ孤独』によれば、参謀総長の上原勇作や山県有朋に早く行くように勧められたということだが、大正九年一月二六日の『東京朝日新聞』朝刊には、「稔彦王が日本を発つのは七月か八月」とある。結果的には誤報だが、しかしそれも無理からぬことで、この記事が書かれた当時、稔彦妃の聰子内親王は懐妊しており、稔彦の渡航も出産のあとになると記者は考えたにちがいない。しかし稔彦は待ち切れなかった。子供の顔を見ることなく出発したのである。聰子妃は五月に第三王子の彰常《あきつね》王を産むが、稔彦がその顔を見るのは七年後のことである。

稔彦の在外は往復に必要な期間もいれ三年の予定だった。この「予定」が大きな騒ぎの原因となるのだが、それについてはあとで詳述するとして、これからまず稔彦がフランスに渡って約二年後の大正一二年四月に、北白川宮成久の起こした自動車事故のことを見ていこう。

†パリの成久王のノイローゼ

先述のように成久が渡仏したのは大正一〇年一一月だが、その外遊についてはちょっとしたゴタゴタがあった。大正一〇年三月三〇日と言えば、宮中某重大事件が表面的にはどうやら一段落した直後だが、この日の「倉富日記」に、「宮内省では成久の外遊は往復に要する期間を含めて一年と考えており、陸軍もこれに賛成している」という趣旨の記事がある。さらに同日記の四月七日条には、前宮内次官で某重大事件で中村雄次郎宮内大臣とともに辞職した石原健三が、「陸軍は東久邇宮と比べ北白川宮にはあまり期待をしていないので一年ほどでいいと考えている」と述べたと記されている。要するに宮内省も陸軍も成久の外遊は形だけのものでいいと思っていたということだが、成久はこれに不満であり、また宮内省内部でも新大臣の牧野や倉富などが一年では意味がないと主張し、結局、成久の外遊期間は二年半ということになった。

北白川宮成久王

成久がフランスに着いた年の一一月半ばには、妃の房子内親王もパリにやってきた。すでにフランスにいた稔彦の妃聰子内親王も渡仏する予定だったが、房子の方が先になった。広岡裕児『皇族』によれば夫妻はパリでの自由な生活を満喫していたらしいが、房子がパリに着くまでの成久は慣れない海外での暮らしに苦労していたようだ。ニースに旅行した際に喉を痛めたが、治療にあたったフランス人医師と言葉が十分に通じないために不安になり、日本から医師を派遣するように宮内省にしきりに申し入れたりしている（「倉富日記」大正一一・八・一〇など）。また、フランスから帰ってきたある陸軍軍人が、「北白川宮はフランスで何もしていないのであまり評判が良くない」と言ったという話も「倉富日記」（大正一一・一一・二）にある。

このような成久の状態も妃がやってきたことで一旦は落ち着いたようだが、しかしそれも長くは続かなかった。翌大正一二年三月末ごろ、稔彦が成久の住まいを訪ねるが、稔彦はその時の成久の言葉や様子を約二〇年後、昭和一八年の日記帳の末尾に次のように記した。少し長くなるが引用する（なお稔彦の日記は『一皇族の戦争日記』と題して出版されているが、その内容は防衛省防衛研究所所蔵の原本「東久邇宮日誌」がかなり編集されたもので、ここで紹介する部分も割愛されている。以下、本書で稔彦の日誌という場合はこの原本を指す）。

自分（成久王）はこの頃、この世の中がいやになった。度々死ぬ夢を見るがどうも変だ。或《あるい》は自分は近く死ぬかもしれない。若し自分が死んだなら、後はよろしくたのむ。秘密の手紙が書さいの戸棚の鍵のかけた、何番目の引出の中に入れてある。その鍵は机のどの引出に入れてあるから、若し自分が死んだら、その手紙を決して他人に見せずに私（稔彦）が焼いてくれ

尚ほ、母上に対する不満、先代二荒《ふたら》伯爵が、自分があれ程勉めたるも、常に自分に好意を有せず、最後は自分に恨み事を云ひて死にたるは甚だ遺憾なり。現上野伯爵に対する不満等を話しながら、永い間、声をあげて、泣きくずれたり

成久は完全にノイローゼ状態だったのである。そうなってしまった理由は推測するしかないが、母親（故能久親王妃富子）や先代二荒伯爵（芳之）、現上野伯爵（正雄）への不満を泣きながら話したことからすると、単に外国での不慣れな生活などが原因ではなく、かなり根深いものだったと思われる。第一章末尾で述べたが、成久の父能久の死後、二人の妾腹の男子があらわれ、それぞれ二荒伯爵、上野伯爵となった。また、能久の遺言をめぐり、富子妃がへそを曲げるということもあった。北白川宮家の内情はかなり複雑で、成久を悩ませていたのかもしれない。

とはいえ、二荒も上野も成久より年下だし、富子は実の母である。普通ならば当主の成久が過剰に気をつかうこともなかろうが、もともと成久は労働者の窮状に同情を寄せるなど優しい性質だったというから（「倉富日記」大正九・七・八）、プレッシャーに耐え切れなかったのかもしれない。

†大事故

それはともかくとして、このとき成久は稔彦と会うと、四月一日にドライブにいこうと誘った。稔彦が「三月三一日からロンドンに行くので」と断ると、成久は「友情がない」と怒り出し、その挙句、先述のような愁嘆場に至るのだが、そう言われてもどうしようもない稔彦は、前に成久の運転する車に乗った時、運転がかなり危なっかしかったこと、車がスピードの出る車種だったことを思い出し、運転はだれかにやらせること、車を別のものにすることを勧め、成久をなだめすかして帰った。

ところがこの忠告を成久は守らなかった。四月一日、パリからノルマンディの保養地ドーヴィルに向かう途中のペルネーというところで、成久の運転する車が一二〇キロのスピードで道路わきの木に激突してしまったのだ。同乗していたのは房子妃と、稔彦が断ったので代わりに同行した鳩彦、それに助手席にいたフランス人の運転手、房子のお付きのフランス人女性だった。成久と助手席から外へ放り出された運転手は即死、後部座席にいた房子と鳩彦は重傷、二人の間に座っていたフランス人女性は軽傷だった。

ロンドンにいた稔彦は、その日のうちに「日本の三人の皇族がフランスで交通事故で死んだ」と現地の新聞記者から聞かされる。日本大使館に勤務していた徳川家正（家達《いえさと》の長男。のち貴族院議長）の案内でロンドン郊外を見物し、ホテルに戻ったところに電話があったのだ。驚いて方々に問い合わせるが、詳しい事情は分からない。とりあえず翌日のパリ行航空便を予約するが、荒天で飛行機は欠航となり、やむをえず船でドーバー海峡を渡ってパリに戻ったのは二日の夕方だった。そこで付武官から「死去した皇族は成久王」などと正確な情報を聞いたあと、すぐにペルネーに向かった。

深夜の到着となったので入院している房子と鳩彦には面会できなかったが、公立施療院に安置されていた成久の遺骸には対面できた。損傷がひどく、稔彦はあまりの悲惨さに驚いた。翌朝、病院で房子、鳩彦にも会えたが、病院長は楽観できない状態という。二人は「自分たちはどうなるのか」と涙ながらに訊くが、稔彦としては「かならず治ります」と励ますしかない。

以上の事故についての記述も「東久邇宮日誌」の昭和一八年末尾の記事によるが、おそらく事故当時のメモなどをもとにしたのであろう、二〇年後に記したものであるにもかかわらず、その内容は詳細でリアリティーがある。このあとも成久の遺骸をおさめる棺の手配、パリへの移送の手はずも稔彦がおこない、日本大使館での通夜の喪主役も務めた。遺骸が日本に帰るときもマルセイユまで行き、船が見えなくなるまで見送っている。さらに事故現場で救助にあたってくれた地元民をお茶に招いたり、礼の品を送ることまでした。そして結果的に遺言となってしまった成久の言葉通り、「秘密の手紙」を焼くことを成久に随行していた北白川宮家の属官に命じた。まさに事故の処理は稔彦が一手におこなったと言ってもいい。

もちろん、パリで入院していた房子、鳩彦の見舞いにもしばしば訪れた。房子は気丈にも成久の生死についてはいっさい訊かず、鳩彦は「事故当日、先約があったのだが成久に強いてすすめられたので同行した」などと語ったと「東久邇宮日誌」にある。

六月初旬、鳩彦のもとに日本から妃の允子内親王がやってくる。もともと姉の房子のようにしばらくしてから夫のあとを追って来仏する予定だったが、事故のため急いで駆けつけたのである。夫妻はこの後、大正一四年九月まで二年三カ月にわたってパリで生活し、同年一二月に日本に帰るが、その間の様子、とくに消費生活については、かつての朝香宮邸である東京都庭園美術館にのこる資料によって書かれた青木淳子氏の『パリの皇族モダニズム』に詳しい。明治天皇が小松宮彰仁親王夫妻のヨーロッパでの浪費について激怒した話は第四章で紹介したが、鳩彦夫妻の生活ぶりもなかなかのもので、もし明治の世ならばひと悶着あったかもしれない。

2 帰国しない王——東久邇宮稔彦王

十三年か四年か

さて、この間、というよりも事故の前からなのだが、稔彦は別のトラブル、しかも自分自身が主役である騒動の渦中にいた。これについては伊藤之雄氏の『東久邇宮稔彦王の迷走と宮中・陸軍』、『東久邇宮稔彦王の復活と宮中・陸軍』や、前出の拙著『不思議な宮さま』に詳しいが、あえて簡単にまとめると、決められていたはずの予定期間が過ぎても日本に帰ってこようとしない稔彦によって、天皇、皇族、宮内省が数年にわたって振り回されるという大トラブルである。

前述のように、稔彦の在外予定は往復に要する期間も含んで三年とされていた。大正九年四月に日本を出たのだから、帰国は大正一二年春か初夏あたりとなる。その間にフランス、イギリスなどを回って主として軍事研究をおこなうということになっていたが、稔彦はフランスに到着して一年ばかり経ったころから、在外期間を延長しようと図るようになる。

このあたりの事実関係は「倉富日記」に詳しい。倉富勇三郎はこのころ帝室会計審査局長官だが、稔彦の渡仏以前に一時、東久邇宮家の宮務監督を兼任しており、そのため宮務監督の後任である村木雅美（陸軍中将、元東宮武官長）からいろいろと稔彦についての相談にあずかっていたのである。

まず、大正一〇年九月二一日の「倉富日記」には、村木がやってきて、「稔彦王から、『自分のフランス留学は四年の予定である。波多野敬直宮内大臣もそれを承知していることについては倉富が証人である』との手紙が来た」旨を告げた、と記されている。村木は稔彦の留学は新聞などでも報じられていたように三年間と思っていたから、あわてて倉富のところに事情を訊きに来たのだ。これに対し倉富は、「四年というような話はない。ただし、初めは二年の予定だったのを波多野が一年間延長を殿下に保証し、そのとき自分が証人となったのはたしかで、それは聰子妃もご存じだろう」と応えた。

村木は倉富の説明に納得したようで、「とにかく予定通り三年ということをはっきりさせねば」とうなずくが、ついでのように、「殿下は初めは三年のうち一年はイギリスで帝室と人民との関係などを研究されるはずだったが、いまはずっとフランスにおられるつもりのようだ」といった。これを聞いた倉富はピンときて、逆に村木に、「殿下はまだ絵画を研究されているのか」と尋ねた。

当時、稔彦はフランスの陸軍大学に籍を置いていたが、倉富の耳には少し前から稔彦が軍事研究をそっちのけにして絵画に熱中しているとの批判めいた声が入っていたのだ。そのため倉富は稔彦が軍事研究以外のことを楽しむために在外期間を延ばそうとし、四年などと言い出したのではと疑ったのである。

稔彦はもともと絵が好きで、日本では水彩画、パリに来てからは油絵を習っていた。またクロード・モネやパリにいた藤田嗣治などとも付き合いがあった。村木もそれは知っていたらしく、倉富に「そのようだ」と応える。そして二人は「絵もいいが、とにかく外遊の本来の目的を忘れているかのような評判が立つのは困る」と言い合うが、おそらく倉富も村木も、この時はまだ事がどんどん悪いほうにひろがっていくとは考えもしなかったろう。

†費用削減

二人が会った数日後、今度は倉富のもとに東久邇宮家の事務官である金井四郎が来る。金井は稔彦の起こしたトラブルの処理の中で心身ともに疲労困憊し、気の毒な最期を遂げることになるのだが、そのことはあとで見る。

このとき彼が倉富を訪ねたのは、村木が倉富と話をした結果、在外期間の延長は認められないと判断したのを知ったためと推測される。もちろん、金井も稔彦の希望を承知していた。そしてずっと以前から事務官だった金井は、宮務監督となって日も浅い村木よりも稔彦の性格をよく知っており、稔彦が簡単に希望を引っこめそうもないことが分かっていた。そこで、もし稔彦と村木が真っ向から対立したら困ると思い、前宮務監督の倉富に相談に来たのだろう。

東久邇宮稔彦王

金井は倉富に稔彦が在外期間を延長したいと望んでいる理由を、概略次のように説明する（「倉富日記」大正一〇・九・二六）。

〈皇太子殿下がパリに来られた時、稔彦王は自分の住まいで午餐会を催したが（『昭和天皇実録』によると大正一〇年六月七日）、そこに出席していたフランス陸軍の元帥が、王が陸大を卒業したら、普通は外国人に認められない部隊での隊付勤務を特別にしていただこうと思う、といった。王が陸大を卒業するのは来年一〇月で、そのあと隊付を一年するとしたら三年では足りない。もし宮内省で延長はダメというなら、陸軍のほうでなんとかならないだろうか〉

たしかに隊付が終わるのが再来年、すなわち大正一二年秋とすれば、在外期間三年は超過してしまう。もっともらしい理由だが、倉富としても軽率なことは言えない。「陸軍が賛成すればなんとかなるかもしれない」とあいまいな返事をするが、金井はさらに、「もしダメなら四年目は私費ということではどうか」と言う。

これにも倉富は、「宮内省としては費用を理由に延長の可否をきめるわけではない」と、逃げるが、実はこの費用のことはなかなか重要なのだ。というのは、当時、皇室財政の逼迫が問題になっており、宮内省では皇族の外遊費用の削減も検討されていた。宮内大臣だった牧野伸顕の残した「皇族外遊費用について」という文書（「牧野文書」所収）によれば、大正一一年度から皇室関係予算の経常費、臨時費を削減し、在外中の皇族にも経費の節約を願うことになっていた。金井がこのことを早くから聞きつけ、パリの稔彦と相談のうえで、私費にすれば延長可能だろうと、倉富に上記のように言った可能性もある。

倉富がこれを牧野に報告したかどうかは分からないが、「皇族の外遊費用について」からは、この年の末の時点でも、牧野が依然として稔彦の在外期間は三年と考えていることが分かる。費用がどうであろうが、宮内省として延長は認められないとの態度を崩していない。

†政治法律学校へ

しかし、稔彦は希望を取り下げないばかりか、まるで延長は決まっているかのような行動をとる。一一年七月にフランス陸大を卒業したのち（先述のように金井は一〇月と言ったが七月らしい）、パリにある教員には社会主義者も多いという私立の政治法律学校に入学するのだ。あのフランス陸軍の隊付になるという話はどこかへ行ってしまったわけで、しかも入ったのが軍事とは縁もゆかりもない学校だから、周囲は驚いた。そしてこのこともあり、陸軍と稔彦の間にはキナ臭い空気が漂い始める。

第一次世界大戦終結後、この空前の総力戦から学ぶべく、日本陸軍は幹部たちをフランスに派遣した。そのなかの一人にのちに参謀総長となる金谷範三少将がいたが、前にも引用した「東久邇宮日誌」昭和一八年末尾の部分、また自伝的著作の『やんちゃ孤独』において、稔彦は金谷についてさんざんな書き方をしている。

　多くの人命と富を消耗した大戦から、陸軍は戦力の近代化の必要性を痛感した。稔彦も地上部隊から航空戦力、機械化部隊を中心とするよう陸軍を変えるべきだと考え、フランスにやってきた金谷たちにそう力説したが、すると金谷は、稔彦が「気が狂った」とか「赤の危険思想に染まった」とか言いふらしたり、あるいは面と向かって罵倒したというのである。

　金谷は陸士、陸大を卒業後、ドイツ、オーストリアにも駐在し、第一次大戦中は参謀本部作戦課長なども歴任した軍人である。バリバリの開明派ではないが、日本でも軍近代化が不可避であることが分からないはずはなく、稔彦が上記のように主張したからと言って、「気が狂った」「赤」などと非難するはずがない。日記や自伝に自己正当化による誇張や歪曲のあるのは珍しくもない、というよりも当然とさえ言えるが、稔彦の金谷評も眉にツバして読まなければならない。

　ただ金谷になんらかのことで批判されたという事実がまったくなければ、稔彦もここまでの書き方はしないだろう。そこで注目すべきは、前記のように稔彦が陸大卒業後に政治法律学校に入学したことである。金谷がフランスにいたのは大正一一年二月から半年間だが、フランスに来た当座は金谷も稔彦がフランス陸軍の隊付勤務となると聞かされていたのではないか。ところがいつの間にかそれこそ「赤」がかった学校で学ぶことになっている。もちろん稔彦は皇族だが陸軍軍人でもあり、金谷が少将なのに対しまだ少佐だから、金谷が稔彦の行動について舌鋒鋭く批判することは大いにありうる。

現に金谷は帰国後、牧野に、「稔彦王は新聞の受け売りをして、軍閥がどうとか民主主義がどうとかいうので言語道断と忠告しておいた」と言っている（「倉富日記」大正一二・一・二六）が、誇り高い稔彦はそうした金谷の態度に大いに反発したのだろう。

†付武官交代

そして稔彦が政治法律学校に入ったころ、ある人事がおこなわれた。稔彦とともにフランスに来ていた付武官の溝口直亮《なおよし》大佐が野砲第三連隊長に転じ、蒲穆《かばあつし》大佐が後任として日本からやって来たのだ（着任は大正一一年八月）。

天皇や皇太子に侍従武官が付くように、軍人皇族には付武官がいて、皇族が外国に行く時も従う。溝口は元越後新発田《しばた》藩主家の伯爵だから皇族の付武官には適任だった。ただ稔彦は束縛を嫌い、溝口にも週に三日しか自宅としているアパートに来させなかったという。のちに蒲の後任となる安田銕《てつ》之助が手記「断腸秘録」でそう書いている（「断腸秘録」は「安田銕之助関係文書」〈以下「安田文書」〉所収。なおこれからもしばしば引用するこの手記は、昭和八年ごろに安田が公開を前提にせずに、長男で戦後、学習院大学学長となる元久に口述筆記させたものであり、内容の信憑性は高い）。もっとも稔彦が溝口をとくに忌避していたわけではなく、また付武官の交代も通常の人事異動だったようだ。

ところが稔彦はこれをただの交代とは思わなかった。蒲は当時、参謀本部付で、のちに国際連盟陸軍代表になるほどのエリートである。溝口の後任にふさわしいはずだが、稔彦は陸軍当局や宮内省が自分を監視するために蒲を送りこんだと邪推したのである。おそらく金谷などが自分を誹謗中傷するようなことを言いふらした結果の人事と思いこんだのだろう。そして蒲に対し、ろくに会話をしないなどつれない態度をとり続けた（「倉富日記」昭和二・八・二四）。そのため安田によれば、蒲は神経衰弱にかかり健康を損なってしまったという（「安田文書」所収。マイクロフィルム⑭251の文章）。

そして時間を先回りして言えば、蒲は大正一三年末、日本へ戻り、前年二月から駐仏大使館付武官補佐官だった安田銕之助が後任の皇族付武官となる。溝口、蒲は大佐だったが、安田はまだ大尉であり、年齢も稔彦より二歳若い。陸軍当局としては稔彦に妙に勘ぐられまいと、それなりの配慮をしたつもりだったのかもしれないが、仮にそうだとしても稔彦には通じなかった。安田が台湾軍司令官、参謀次長などを歴任した福田雅太郎大将の長女と結婚しているのを理由に、いったんは安田が付武官となるのに難色を示し、渋々承知したあとも、しばらくは蒲に対してと同じような態度で接したらしい。安田は「断腸秘録」で、「稔彦王は金谷ら多くの陸軍軍人によって自分の思想が悪宣伝されていると思っていた」という意味のことを書いている。

一方、日本では牧野らがずっと頭を痛めていた。前述のように牧野は稔彦が三年以上外国にいることに反対だったが、稔彦が簡単に翻意するとも思っていなかった。そこで、蒲大佐が付武官となった直後には、日本に一時帰国していた石井菊次郎駐仏大使と会い、稔彦のことを懇々と依頼した（「牧野日記」大正一一・一〇・八。なお、牧野は石井を前駐仏大使の松井慶四郎と誤記している）。さらにその数日後には、近日中にフランスへ渡る朝香宮鳩彦と同行する藤岡万蔵少佐に皇族留学中の心得を説示した際、とくに稔彦についての「内話」をする（「同」一〇・一〇）。要は鳩彦には稔彦のようなまねをさせてくれるな、とクギを刺したのである。

†人情に薄い

牧野は離日直前の鳩彦にも一〇月二五日に会うが、その際も稔彦のことに話は及ぶ。「牧野日記」同日条によれば、鳩彦は、「彼の御方《おかた》（稔彦）は変はつてゐらつしやる」と述べたという。本章冒頭で記した誕生順の改竄や、幼児期の「差別」めいたことも尾をひいたのだろうが、成人してからも稔彦、鳩彦は決して仲の良い兄弟ではなかった。そして年を経るにつれ、世間では稔彦の評判のほうがよくなっていったことにも、鳩彦は心中、面白くなかっただろう。それが「変はつてゐらつしやる」との言葉にもあらわれているが、だからこそ、稔彦の問題は自分がなんとかしようと思ったらしく、フランスに着いて間もなく稔彦に会い、予定通りに帰国するように説得した。

しかしそれも無駄骨だった。稔彦と会ったあと、鳩彦が兄の邦彦に出した手紙によれば、稔彦は「最初は二年の予定だったが、波多野宮内大臣は二年経ったら二年延長し、いつまでも外国にいていいと言っていた。勅命で帰国を命じられても従わないで皇族を辞めるつもりだ」と主張したという（「倉富日記」大正一二・三・一六）。鳩彦の忠告にもまるで耳を傾けなかったのである。

また、「倉富日記」（大正一二・三・一八）には、当時、フランスにいた宗秩寮宗親課長の松平慶民《よしたみ》が稔彦に会い、「在外期限が切れるから早く延長の勅許を願え」と言ったところ、「勅許など必要とは思わないが、もし願うとしても自分がいいと思うまでは帰国しない」と応えたと電報で知らせてきたとの記事もある。牧野と倉富は、「稔彦王は興奮しているのだろう。このままにしておくほか仕方ない」と、あきらめ顔である（「倉富日記」大正一二・三・二〇）。

ただし、やはりパリで稔彦と会った小磯国昭陸軍大佐（のち総理大臣）などは、「稔彦王が鳩彦王の忠告を受け容れなかったのは、鳩彦王が皇后陛下の意向なるものまで持ち出し、細かいことを言ったので感情を害したからだ」と言い、「稔彦王は朝早くから運動や勉強に励んでいる、パリでの生活が楽しいので帰国したくないのだろうが、来年の六、七月ごろまでには帰国するだろう」と弁護している（「倉富日記」大正一二・三・一九）。しかしこの見通しもやはり甘かった。

そうこうしているうちに起きたのが成久王の自動車事故だった。その処理に稔彦が奮闘したのは前述の通りだが、それに対し宮内大臣から礼の電報を打つべきだとの声が宮内省幹部から出た。ところが倉富などは、「電文に注意しないとかえって王の感情を害する」と心配する（「倉富日記」大正一二・四・九）。皆が腫れ物に触るようなのである。ちなみにしばらくして稔彦には天皇から一万円が下賜された。

さらにこの年九月一日には関東地方を大地震が襲い、母聰子妃や兄弟とともに神奈川県鵠沼《くげぬま》の別邸にいた稔彦の第二王子師正《もろまさ》王が五歳で死去する。このことはすぐにパリにも知らせられるが、稔彦はそれでも日本に帰ろうとはしなかった。

もちろん現在とはちがい、帰るには船で長い時間がかかる。あえて帰国しないという苦渋の決断をしたとも考えられるし、のちに日本に帰ったとき、稔彦はすぐに鵠沼を訪れているから、幼い息子の死を悲しんだことはたしかだろうが、しかし当時、金井四郎が聰子妃に向かって「王殿下は人情に薄い」と言ったように（「倉富日記」昭和二・一・二三）、稔彦を冷たいと非難する声はあったし、また、宮内省や陸軍には、帰国するとふたたびフランスに戻れないと恐れているのだろう、と勘ぐる向きもあったことは容易に想像できる。

翌大正一三年四月、稔彦は天皇の名代としてルーマニアを訪問する。同国の皇太子が日本を訪れたことへの答礼だが、このとき稔彦の在仏は既定の三年をとっくに超えている。それが天皇の名代というのだから在外期間延長が公式に認められたかのようだが、そうではない。ちょうどこのころから、牧野が稔彦を早く帰国させるための相談を元老西園寺公望や宮中首脳らとしきりにしていることが「牧野日記」から分かる。折しもあの久邇宮邦彦、朝融父子の巻き起こした婚約解消騒ぎも牧野を悩ませていたが、稔彦問題でも筋は曲げられないとの彼の考えにまだ変化はない。

†「四年」を認める

ところがこの年の一一月、傷が癒えてすでにパリから帰国していた北白川宮房子と会ったことをきっかけに、牧野の態度は変わってくる。大正一三年一一月二一日の「牧野日記」によれば、稔彦の在外期間問題がもめているという噂は皇族間でもひろまっており、心配した竹田宮昌子大妃が、牧野に妹の房子と会ってパリでの稔彦の様子について教えてもらうように勧めたのである。

牧野は二七日に北白川宮邸に出かけ、房子から稔彦についてさまざまなことを聞くが、最も彼を驚かせたのは、房子がパリを発つときに稔彦に「御再会を期待」と言ったのに対し、「真面目に玄界灘を離るるに臨み云々」との返事が返ってきたとのことだった（「牧野日記」同日条）。

引用した原文の文章を分かりやすくすれば、「また日本でお目にかかりましょう」との房子の挨拶に、稔彦は「日本を発ち玄界灘を離れたときから日本には帰らないつもりでした」と、真剣な調子で応えたというのである。房子は、「一《ひ》と通りの事にては解決困難ならん」とも言い、牧野は、「事容易ならざる事」を痛感した。

また、「牧野日記」にはないが、房子が在仏中に稔彦の女性関係について気づいていたことが「倉富日記」（大正一三・一二・三、二〇）の記事から分かる。親しい女性ができたので帰りたくないのでは、といった憶測は前々からささやかれていたが、房子はこのとき牧野にそれを裏づけるようなことを話した可能性は高い。

またこれも「牧野日記」にはないが、房子は金井に、「稔彦王は皇族全員が臣籍降下したあとでなければ帰国しないと言っていた」と話している（「倉富日記」大正一三・一二・三）。同じことを房子は牧野にも告げたにちがいない。臣籍降下云々についてはあとで詳述するが、前々から稔彦が口にしており、問題の解決を困難にする大きな要因となっていた。牧野の「事容易ならざる事」との感はいっそう強くなったであろう。

そして牧野は問題解決に柔軟な態度でとりくむことにする。まず摂政に稔彦の在外期間を四年とすることを許可するように願った。摂政は、「際限がないからすぐに帰国させたらどうか」と言うが、牧野は、「いろいろ考えましたがいい解決法がありません。面倒な事態になると摂政にも御迷惑をかけますから、なるべく稔彦王にキズがつかないようにしたい」とさらに願う（「倉富日記」大正一三・一二・二五）。稔彦の顔を立てるために、「最初から四年だった」という事実に反する主張にお墨付きを与えてほしいということだ。摂政も翌大正一四年一月二二日、これを正式に許可する（「牧野日記」同日条）。

すでにこの時点で稔彦は四年を数カ月オーバーしてヨーロッパにいるわけで、このようなことをしても意味はなさそうだが、牧野も摂政も、とにかく稔彦が頑なな態度を変える口実をつくってやろうとしたのである。そして少しのちのことだが、牧野はこの年の五月にイギリスに留学する直前の秩父宮雍仁《やすひと》親王に会い、わざわざ「あちらで稔彦王と会っても在外期限のことについては触れないでほしい」と頼んでいる。牧野は三月に宮内大臣を一木喜徳郎（元法制局長官、内務大臣）と交代し内大臣に転じていたが、引き続き問題解決に腐心しているのである。

†礼の返電なし

しかしパリではそのような気遣いを無にしてしまうような面倒が起きていた。久邇宮朝融が大正一四年一月に慌ただしく伏見宮知子女王と結婚したことは前章で述べたが、その際、稔彦はパリにいた朝香宮夫妻と連名で久邇宮邦彦に祝電を送った。これに対し夫妻宛には礼の返電があったにもかかわらず、稔彦にはなにもなかったのである。

もともと稔彦は一四歳年上の邦彦ともウマが合わなかったようだが、邦彦の長女良子《ながこ》女王と裕仁皇太子との結婚にも反対していた（「倉富日記」昭和二・一・一九）。反対の理由は分からないが、それが邦彦を怒らせていたことはありうる。だからといって礼の電報を寄越さないというのはたしかに非礼ではあるが、稔彦はこのことも帰国問題と関連づけた。そういう兄が皇太子の「外戚」としてのさばっている日本には帰りたくないと、またまた頑なになってしまったのである。

さらにこの年の六月には、朝融の弟で、すでに臣籍降下し久邇侯爵となっていた邦久が結婚するが、稔彦はそれを無視した。もちろん前のことへの意趣返しである。前年末に蒲大佐に代わって付武官となっていた安田大尉は気をもみ、独断で稔彦名の祝電を邦彦に送る。ところが今度は返電がきたことで、それが稔彦に分かってしまう。言うまでもなく安田は主人に良かれと思って電報を打ったのだが、稔彦は許さず、なんと五〇日以上も安田の顔を見なかった（「断腸秘録」）。

さらに「断腸秘録」によれば、秩父宮との関係でも稔彦を怒らせる出来事があった。秩父宮は七月にマルセイユに到着したが、そこから鉄道でイギリスへ向かう途中に立ち寄るパリの日本大使公邸で、稔彦に会うことになった。そのためそのころスイスに行っていた稔彦は急いでパリに戻ったが、秩父宮の予定が変わったため、二人は大使官邸ではなく、駅頭でほんの数分間顔を合わせるだけになってしまった。秩父宮の予定変更にはやむをえない事情があったのだが、稔彦は、これも宮内省が自分と直宮《じきみや》の秩父宮が親しく接しないようにするためにしたこと、と怒ったのである。こうなれば、摂政が在外は四年と認めたくらいではどうにもならない。

このような中、生来、責任感と皇室への忠誠心が厚い安田は、理不尽な勘気にふれたにもかかわらず、蒲大佐のように神経衰弱にもならず、稔彦のために尽くすことを忘れない。交通事故の傷も治り、允子妃と九月にパリを離れることになった鳩彦を訪ね、「弟宮殿下をお助けになれるのは殿下しかいません」と、稔彦のために尽力してくれるように懸命に頼んだ。ところが、鳩彦は事故の際に大いに稔彦の世話になったにもかかわらず、冷たい返事をした。安田は仕方なく允子に、「万一、鳩彦王殿下が稔彦王には帰国の意思がないなどとおっしゃったら、問題解決は絶望的になります。なんとかお助けください」と力説し、允子が「尽力しましょう」と応えてくれたので安心した（「断腸秘録」）。

允子が実際に尽力したかは分からないが、仮になんらかのことをしたとしても、それは実を結ばなかった。鳩彦、允子夫妻の次女である大給湛子《おぎゅうきよこ》の『素顔の宮家』によると、允子が昭和八年一一月に死去したとき、鳩彦は、「ウチは富美宮（允子）あっての宮家だから」と言った。また車に乗るときも、朝香宮家では夫より妻のほうが先だったという（日本での話である）。鳩彦は妻が明治天皇の皇女であることを日ごろから強く意識していたのだが、日本に帰国してからも稔彦への冷たい態度を変えない。稔彦の問題においては、妃の意向を尊重しなかったことになる。それほど、兄弟の間はこじれていたのであろう。

†旧友派遣

さて、いよいよ大正一五（三・二五、昭和と改元）年となる。稔彦が日本を発ってから五年半以上が経過したのだが、年の初めに鳩彦夫妻と入れ替わるように二人の陸軍軍人が日本からパリにやってきた。大山柏大尉と町尻量基《まちじりかずもと》少佐である。

大山は山県有朋と並ぶ陸軍の巨頭だった大山巌元帥の息子の公爵で、学習院、陸幼、陸士を通じて稔彦の二年後輩である（安田とは陸士同期）。つい最近までドイツに私費留学しており、ヨーロッパの事情にも詳しい。牧野たちはそこに目をつけ、稔彦を説得するためにパリに行かせようとした。しかし大山は厄介な任務を一人で引き受けるのを渋り、「町尻少佐と一緒なら」という条件をつけた。第五章でも紹介したが、町尻は公家華族（子爵）の養嗣子であり、夫人は賀陽宮邦憲王の王女、つまり稔彦の姪である。しかも学習院から陸大まで稔彦の一年後輩、公家華族の軍人では例外的な俊秀として知られており、フランス駐在の経験もあった。大山よりも稔彦説得には適任とさえ言える。

もちろん身分、職務柄、これまでの事情をよく知る町尻もいやがったが、大山に口説き落とされ、二人は閑院宮載仁の早期帰国を稔彦に勧める書簡もたずさえ、ともにパリに派遣されることになった。のちに大山は「畏友町尻量基君と私」(『町尻量基追悼録』所収)で、「いわば無理心中と云う形」と回顧している。

さて、二人の「旧友」を迎えた稔彦はどうしたか。以下、安田の「断腸秘録」によるが、二人は一月末にパリに着いてすぐ、「ある任務でパリに来たが、ついでに拝謁したい」と申し出た。本当のことを言えば稔彦が会ってくれないと思ったからだが、それでも薄々察したか、稔彦はなかなか二人に会おうとしなかった。仕方なく大山たちは安田とも相談し、本来の目的を正直に告げ、載仁親王の書簡も預かっているとも伝えたが、それを聞いた稔彦は、「なぜ宮内省は二人が来ることを事前に自分に伝えなかったのだ。卑劣極まる」と激怒した。二人の来仏も、やはり宮内省の陰謀と決めつけたのである。

それを安田がなんとかなだめすかし、稔彦は二月下旬に二人に会った。その際のやりとりについて大山たちが報告した電報の写しが「牧野文書」にあるが、それによれば、稔彦は、「なぜ二人の派遣をあらかじめ告げなかったのか」「なぜそれほど帰国せよと言うのか」「自分が臣籍に降下し、軍人を辞めたいと熱望していることを宮内大臣はどう考えているのか」と訊いた。これに対し、大山たちは、「新聞などで騒がれたくなかったからだ」「天皇の片腕となっていただきたいからである。円満にご帰国いただければすべてに好結果をもたらす」「臣籍降下などについてはご帰国後に相談したい」と応えた。

大山たちはこの説明に稔彦がかなり納得したと感じ、報告の電報に、「前途に光明を認め得た」と記した。しかし、結局、稔彦は態度を変えなかった。二人は数カ月間、無為にパリに滞在したのち、稔彦が記した牧野らへの「覚書」と、載仁への感謝を述べた書簡を持たされて帰国することになる。

†天皇病状悪化

牧野、一木、倉富ら宮中首脳が帰国した大山、町尻から稔彦の様子を聞いたのは六月一二日である。「牧野日記」同日条には「正気の沙汰とは聞へざる」とあり、一同、あきれ果てたようだ。また、「断腸秘録」によれば「覚書」にも、「自分のことは自分で決める。宮内省がいろいろ策動してもダメだ」といった趣旨のことが記されていたという。牧野たちも万策尽き果てた思いだったろう。

しかし、事態を放置するわけにはいかない。実は大山らは安田からの伝言も預かってきた。

それは、「これまで宮内省、陸軍はさまざまな風聞などを信じて動いていたようだが、今度、初めて稔彦王自身のお考えが伝えられた。それをすべて受け入れることはできないにしても、これまでの不行届きを謝罪する電報か書簡を送っていただきたい」というものであった。

なんとか問題解決の糸口を見出したいという安田の願いがあらわれているが、彼はこの年の初めに日本に残してきた妻シノ子がまだ二八歳の若さで病死するという悲運に見舞われている。その悲しみの中でも稔彦のために気を配っているのである。それへの同情もあずかってか、牧野たちはひたすら低姿勢で臨むことにし、牧野、一木、そして宇垣一成陸軍大臣がそれぞれ「恐懼に堪えぬ」との電報をパリに送った。

ところがこれもまったく無意味だった。「断腸秘録」には、自分が書いた「覚書」を牧野と一木が密かに改竄したらしいと稔彦が思いこんだととれる趣旨の記述があるが、とにかく何をしても稔彦が考えを変えることはないのである。九月末には石井駐仏大使から数回にわたって帰国を勧められるが、やはり首を縦に振らなかった。

しかしそれから間もなく、大正天皇の病状が楽観を許さないようになっていった。一一月一一日には宮内省から、「ご安心申上げる状態にないので、佐賀でおこなわれる陸軍大演習への摂政殿下の行啓はとりやめる」との発表がある。こうなると当然、稔彦も帰国せねばならないはずだが、いっこうその気にならない。困り果てた安田はロンドンにいる秩父宮にすがることにした。気の毒なことに安田は一一月一七日に彼がフランスに赴任してから生まれた男児を喪っている。一月の妻の死に続く不幸だが、そのなか一二月一日にロンドンに行き、秩父宮に会った。

秩父宮は稔彦に帰国するよう説得してほしいとの安田の頼みを承諾し、「近々パリへ行き、稔彦王に会おう」と言ってくれる。安田は一安心してパリに帰るが、この間も宮内省や陸軍からは天皇の病状悪化を知らせ、帰国をうながす電報が次々に来る。安田はそれを稔彦に示して、なにがなんでも日本へ帰らなければと力説するが、稔彦は、「当局は天皇のご病気を利用して、自分に帰国を強制しようとの考えだろう」と拒む。さらにこれに続けて、「自分の皇室への忠誠は連綿たる皇位、皇統への忠誠だから、天皇の病状で進退を決するようなことはしない」とまで言い放った（「断腸秘録」）。

稔彦が少年、青年時代から大正天皇のことを軽んじていたのは、本人が『やんちゃ孤独』で書いていることからもあきらかだが、それにしても皇族の言うセリフではない。安田も仰天したにちがいない。

そして一二月一四日には邦彦、鳩彦からも電報が来る（以下、紹介する稔彦宛、あるいは稔彦発の電報の写しは「安田文書」にある）。二人はそれまでに稔彦についていろいろと意見を交わしていた。一二月一〇日付で鳩彦が稔彦に出した書簡が第六章でも登場した久邇宮家の属官、分部資吉の手元に残っていたが、そこで鳩彦は、「吾々ももう腹を決めねばならぬ時だと思います」と書いている。おそらく二人は稔彦の処分問題まで話し合っていたのだろうが、しかし、電報ではそこまで強い態度は示さず、邦彦は、「もし帰らなければ貴殿の不徳であるのみならず累は皇室に及ぶ」と忠告し、鳩彦は、「貴殿と兄弟姉妹近親一同の将来のためにも帰国を望む」と訴えているが、やはり効果はなかった。

†秩父宮の説得

こうなってはどうしようもないと思ったか、安田はついに、「かくなるうえは殿下は皇族をおやめになる覚悟と存じます。そこで皇族としての遺言を残されるべきですが、それは臣下にではなく皇族にお告げになるべきでしょう。幸いロンドンに雍仁親王がいらっしゃいますから、お目にかかられてはいかがでしょうか」と、稔彦に迫った。

稔彦はいったん承知するが、高熱を発したため、一二月二〇日、安田が代わりに親書をもってロンドンに向かう。秩父宮は日本に帰る直前だったが安田に会い、稔彦に宛て、「二二日にフランスのシェルブール港に寄港するので、そのとき来てくれないか」との電報を打ってくれた。ところが、稔彦からはなんの返事もない。仕方なく秩父宮は二二日朝、イギリスのサザンプトン港を発ち、パリに戻る安田もそれに同行した。

ところが夕方、イギリス海峡をへだてたフランスのシェルブールに着くと、なんと稔彦がいるではないか。驚いた安田が、「なぜ電報にご返事をなさらなかったのか」と訊くと、稔彦は、「シェルブールに行くのがあらかじめ分かると、そのまま日本に連れ帰られると思ったから」と言うのだ。それを聞いた安田は、「皇族にはわれわれの予測できない強迫観念ともいうべきものがあると慨嘆した」と「断腸秘録」に記している。

出港までの慌ただしい中、秩父宮と稔彦は船室で三〇分ばかり話す。そのあと、秩父宮は甲板で安田に、「稔彦王が、この際は帰国しないが、もしあとで自分が迎えに来てくれたら一緒に帰ると約束したから、ご苦労だがいましばらく仕えてくれ」と告げた。自分の説得を稔彦が受け入れたと思ったのだろうが、安田は、「なお危機は迫っていますから、恐縮ですがいまのことをすぐに摂政殿下に無線でお伝えいただきたい」と応じた。依然として疑心暗鬼なのである。現に二人が話している間も、稔彦は船に横付けされた小艇《ランチ》から、「安田、安田」と何度も呼ぶ。安田が余計なことを言うのではないかと心配だったのだろう。

この数日前、安田がロンドンにいた二一日、聰子妃から稔彦に電報が来た。聰子はそれまでも何回か電報を打っているが、こんどのものはまさに声涙ともにくだるというべき内容だった。「安田文書」から全文を引用する。

厚き思召《おぼしめし》の御直電、唯熱き涙を以て拝誦し、深く御礼申上げます。私及子供達の今日は、誠に申上げ様もなき苦しき立場に陥つて居ります。何卒一刻も速に御地御立ちの御知らせを頂ける様、呉呉《くれぐれ》も御願ひ申し上ぐる外ありませぬ

これに対し、二四日、稔彦はこう返電した。

秩父宮殿下に御目に懸《かか》り余の考を述べ、且御身等の将来の事を依頼し置けり。御帰朝後、伺はれたし

すぐには帰らない、ということだ。

†自決を口走る

この電報を稔彦が発した直後、一木宮内大臣から、「天皇がいよいよ重態に陥ったのですぐに帰国してくれ」との電報が来る。そして一二月二五日午前一時二五分（パリ時間では一二月二四日午後五時二五分）、天皇は葉山御用邸で崩御した。

このことはすぐにパリにも知らされたので、安田は稔彦にこう言上する。「断腸秘録」から

の引用である。

秩父宮の御奮発も殿下（稔彦）の御態度にて全く徒労に帰するといふ結果になりては、秩父宮殿下に対しても申訳なき儀たるべし。御家族御一同の御衷情、御兄弟の宮方々の御精神、且つは御血筋の神々の御志等を御察しありて、一つ御決心遊ばす様に安田が最後の御願を申し上ぐる

秩父宮、家族から神々まで持ち出しての情理備わった説得だが、これにも稔彦はうなずかない。普通ならばこのあたりでサジを投げるところだが、安田は粘り強く、さらなる手段を講じた。ロンドンにいた小松輝久侯爵に連絡し、パリへ来るように求めたのだ。

既述のように小松は北白川宮能久親王の王子だが、臣籍降下し、海軍軍人としてイギリスに留学していた。学習院初等科では稔彦と同級生である。安田の頼みを快諾し、二五日夜半にはパリに到着、翌日午前、稔彦のアパートにやってきた。

幼いころの同級生ではあるが、二人がとくに親しいということはなかったようだ。小松がイギリスに来たのは大正一四年三月だが、そのあと稔彦と深く付き合った様子もない。もしそうならば、もっと早く安田も協力を依頼しただろうが、これまで一連の騒ぎの中で、彼が小松に

接触した形跡もない。今度の依頼は万策尽き果てた末の、いわば「ダメもと」の行動だったのだろう。

ところが小松の説得は成功したのである。稔彦と一時間ばかり話したのち、小松は安田を呼び、「稔彦王は帰国を承知した。すぐに東京に電報を打て」と告げた。そしてその場にいた稔彦に「それでよろしいか」と念を押し、稔彦は「よろしい」と応えた。やっと一件落着である。安田はロンドンに帰る小松を駅まで送っていったが、車の中でこれまでのことをいろいろと話した。小松はおそらく労《ねぎら》いの言葉をかけ、安田も安堵の念をもらしたことだろう。

しかし、安田が稔彦のアパートに戻ると、日本出発以来、稔彦に随いている属官の池田亀雄が泣いている。そして、「王は自決されるかもしれない。自分の精神は死んだので、お前たちは体だけをたずさえて帰国せよ、日本への電報も打つ必要はない、安田にも今日は会わないとおっしゃっている」と、涙ながらに語った。

安田は怒った。稔彦の部屋に行き、「体だけをもって帰国せよと言われたのは本当か」と質したあと、「ここで自決などされては国際的な問題ともなり、皇室、国体に由々しい影響を及ぼします。また、妃殿下や秩父宮殿下をはじめとする皇族方も、殿下が心身ともに完全な状態でお帰りになるのを望んでいられます。どうかお考えを変えるようにお願いします」と諫言し、さらに、「電報はすぐに発しなければなりません」と迫った。すると、稔彦は反駁もせず、「御随意に」と返事をする。とにかく精神的に混乱を極めているのである。

安田はすぐに日本大使の官邸に行き、大使や駐在武官に事情を説明し、日本へ電報を打ってもらう。そして万一の事態に備え、「自分が電話をしたら、すぐに医者を稔彦のところに来させるよう準備をしてくれ」と頼んだ。

†ついに帰国

パリからの電報が届いた時、宮内省では一木や倉富が稔彦に帰国を命じる勅語の文案を協議していた。天皇（摂政）をわずらわす形での帰国命令は最終手段であり、それが実行された場合、宮内大臣も責任をとらねばならない。電報はそれが不要になったのを意味するから、電文を読んだ一木は、「これで自分のクビもつながった」と言った（「断腸秘録」）。間一髪で危機を脱し、つい本音がでてしまったわけだが、気がゆるんだあまりか、あるいは稔彦が変心するのを恐れてか、一木は二九日、こんな電報をパリに送ってしまう。

殿下の御希望たる臣籍降下の件は、各宮其の他関係者の間の了解を得たるに付、必ず御希望相達《あいたつ》すること、本大臣に於て責任を以て御確答申上ぐ意味ははっきりしている。稔彦の臣籍降下を確約しているのである。しかし、これが不可能なことも明確である。皇室典範増補によれば、王は勅許又は情願により臣籍降下ができるが、それは天皇の枢密院、皇族会議への諮詢を経て決定されるのであり、宮内大臣といえども確約できるはずはない。その意味で一木の電報は筋違いも甚だしいものなのだが、数日後の一月一日(すでに昭和二年である)に安田が一木に宛てた電報に、「貴電などに依り、御安心ありし如く、御気分も大に緩和しあり。最早何等の心配なし」とあるように、当面、稔彦の精神を安定させるのには役立った。

そして一月五日、ついに稔彦は安田、池田とともにあのシェルブール港からフランスをあとにした。大西洋を経由してアメリカに上陸、鉄道で大陸を横断し、西海岸のシアトルから横浜に至るコースである。船中での稔彦の詳しい様子は不明だが、ひとつだけ確かなのは、同じ船に乗っていた子連れの中年フランス女性と親しくなったことだ。この女性はのちに来日し、稔彦と横浜で数回会っている。この「デート」は『国民新聞』(昭和二・一〇・一五付夕刊)でも報じられ、倉富や金井らをやきもきさせる。安田によれば「ただの知り合い」だったということだが(「倉富日記」昭和二・一〇・一四)、真偽のほどは分からない。いずれにしろ、かなり精神的に追い詰められているはずの中でも、稔彦はなかなかマメなのだ。

前に北白川宮房子がパリでの稔彦の女性関係に気づいていたことにふれたが、実はおそらく大正天皇崩御の少し前に、その種の醜聞を露骨に指摘する文書が宮内省や東久邇宮家に送られていた。そこには、「天皇がご病気であるにもかかわらず六、七年もパリに滞在し、卑しい女性に子供まで産ませている。このような者は皇族中の重罪者であり、第二の難波大助が殺害すべきだ」といった激しい稔彦攻撃が、筆者名も堂々と明記して書き連ねてあった（「倉富日記」昭和二・一・八）。一木や倉富が稔彦に帰国を命じる勅命を発しようとしていたことは先述の通りだが、それにはこの文書によるショックが影響したのかもしれない。

もっとも外国での女性問題が騒がれること自体は、稔彦にとって致命的ではなかった。本書では詳述しないが、前出の池田亀雄にも女性問題があり、帰国後にひと悶着が起きる。そしてそれには稔彦も絡んでいた可能性が強い。しかしこれも池田が属官を辞めるということでウヤムヤにされ、稔彦の責任は問われなかった。要するに皇族に限らず、この種のことが男性に大打撃を与える時代ではなかったのであろう。

3　帰国後の稔彦王

†悪きことを為したる覚えなし

話が少しそれた。稔彦一行が乗ったアメリカ船「プレジデント・マッキンレー」は昭和二年一月二九日午後二時、横浜港に到着した。聰子妃、第一王子盛厚王、稔彦不在中に生まれた第三王子彰常王、それに秩父宮雍仁、久邇宮朝融、梨本宮守正の三皇族と朝鮮王族李垠《リギン》が出迎えた。もちろんそこには一木、倉富、金井もおり、元付武官の溝口は陸軍大臣の代理として来た。

妃や王子たちの喜びは記すまでもなかろうが、一連の騒ぎとの関連でみると、特記すべきは稔彦と倉富の再会であった。倉富の後任宮務監督となった村木雅美が大正一一年二月に死去したため、倉富は事務取扱としてその役目を果たしていたが、稔彦帰国を機に辞任するつもりだった。しかし、稔彦在仏中に宮内大臣に就任した一木は、「自分は稔彦王とまったく面識がないから」と倉富の留任を望み、さらに倉富が、「稔彦が帰ったらすぐに宮内大臣が会い、天皇にお詫びするように申上げた方がいい」と言うと、それも倉富が代わってやってくれと頼んだ。

倉富は仕方なく、まだ稔彦が上陸する前に船中で二人きりで会った。そして稔彦に「ご参考までに」と、左のような文書を手渡した（「倉富日記」昭和二・一・二九）。

> 先帝崩御は誠に恐懼の至りに堪へませず、慎んで御悔申上ます。欧州滞在多年に渉り、先帝並に陛下より寛大なる思召を拝し、難有仕合《ありがたきしあわせ》に存じます。滞留長かりし為、種々御心配を掛け奉りたる段、恐入ります。謹で御詫申上げます

言うまでもなく天皇への謝罪の言葉の案であるが、きわめて妥当な内容であろう。ところが一読した稔彦は黙ったままだった。そこで倉富が、「或は御気に副《そ》はざるかもと思ひます」と言うと、こう応えたのである。

> 自分（原注・殿下）は何も悪きことを為したる覚えなし

もちろん倉富としては、それで引き下がるわけにはいかない。重ねて言った。

> 聖上陛下、皇太后陛下には殿下のことに関し、非常に御心配遊ばされたる様に付、一度、御詫びの一言を御申げなさるが相当ならんと思ふ

するると稔彦はあっさりと応える。

大人しく詫びませう。此書状は何も自分(原注・殿下)の考と違ひたる所はなく、御親切に有り難ふ

まるで倉富をからかっているような対応ぶりだが、稔彦はこのあと上陸し、待っていた家族や皇族らと対面した。

†天皇への拝謁

さらに稔彦は鉄道で東京駅に向かう。駅頭には閑院宮載仁、伏見宮貞愛、久邇宮邦彦、朝香宮鳩彦、若槻礼次郎総理大臣、ポール・クローデル駐日フランス大使などが出迎えた。安田はその時のある出来事について「断腸秘録」にこう書いている。

殿下(稔彦)は某宮殿下の御態度に就き、御不満? の御境地ありしやと判ずる所あり。此際にも稍《やや》其の御態度の顕れ出んとしたる一切那《ママ》、某宮殿下一歩進まれて、無言の間に挙手

の儘《まま》、目視の御交換あり。其情真に迫って（原注・傍者さへも心を打つものあり）意味実に深遠なり。殿下（稔彦）即ち姿勢を正し、改めて口中一言の御挨拶……流石《さすが》に血〇〇《ママ》は争ふ可からざるものあり

この「某宮殿下」が鳩彦であるのは間違いない。あるいは邦彦とも考えられるが、当時、邦彦は大将だから、自分から大佐（在仏中に中佐、大佐と昇進）の稔彦に「一歩進まれて」先に敬礼するとは考えにくい。そして安田は稔彦、鳩彦の情愛に感動しているのだが、やはりそれよりも稔彦がまず「御不満の御態度を顕わそうとした」ことに驚くべきだろう。実際、これからあとも二人の確執は消えないのである。

稔彦が次に向かったのは赤坂離宮（現・迎賓館）である。践祚して間もない天皇は、まだ皇居ではなく皇后とともにそこにいた。そのときの心境について、後日、稔彦は倉富にこう語った（「倉富日記」昭和二・一・三一）。

実は天皇陛下、皇后陛下、皇太后陛下に拝謁することは非常に大儀に思ひ、出来得ることならば、拝謁し度《たく》なしとまで思ひ居りたる処《ところ》……

つまり、稔彦はビクビクしていたのである。天皇から叱られるのではと思っていたのだろう。ところがそれは杞憂だった。「倉富日記」での稔彦の言葉は次のように続く。

拝謁したるときは案外なる程、御深切なりしなり

天皇は叱るどころか、あたたかい言葉で稔彦の長旅の労を労《ねぎら》ったりしたのだろう。摂政時代の天皇が義父である久邇宮邦彦を戒めたのはつい二年ほど前だが、稔彦へは打って変わって「御深切」だったのだ。

なぜそうだったのか。フランスでの稔彦の言動は、息子の婚約解消を強行した兄邦彦の非常識な行動と同じか、あるいはそれ以上に皇族としての「矩」を超えていることは間違いない。それなのに天皇はなぜ叱らなかったのか。

実は貞明皇后が宮内大臣に、「稔彦王はもう十分良心を苦しませているだろうから、あまり叱らないようにせよと天皇に言ってくれ」と頼んだということが、高松宮宣仁親王の日記の昭和二年一月二十六日条に出ている。となると天皇は母のアドバイスに従ったとも考えられるし、また先帝の諒闇中（喪中）ということを考慮したのかもしれないが、とにかく、天皇が「案外なる程御深切」だったことは稔彦を完全に錯覚させた。そして良心を苦しませるどころか、帰

国後も相変わらず騒ぎを起こし続けるのである。

†臣籍降下の望み

これまでも断片的にふれてきたが、パリ滞在中の稔彦の口からはしばしば「臣籍降下したい」という言葉が出てきた。実は臣籍降下、すなわち皇籍を離脱したいという稔彦の望みはフランスに来てから芽生えたものではない。皇族の子供として生まれたとはいえ、あの幼いころの虐待への反発などから、稔彦の内部では自分が皇族であることへの違和感がずっとあった。

学習院初等科で同級生だった作家の里見弴が稔彦の『やんちゃ孤独』によせた「跋《ばつ》」で、「兄宮（鳩彦）と比べても、いやいや、同級生の誰と比べても、本書の著者は悪戯ッ児で乱暴者だつた」と回顧しているが、やはり同学年にいた鳩彦、有栖川宮栽仁、北白川宮成久、輝久（小松侯爵）が、皇族らしくしていたのに対し、稔彦は里見少年と上級生だった嘉仁皇太子（大正天皇）に砂をひっかけるなど、やりたい放題だった。

嘉仁への反感については前にも記したが、長ずるに及んで稔彦は思い切った行動に出たことがある。明治も末のころ、陸大の学生だった稔彦は天皇の賜餐への陪席を命じられた。もともと竹田宮恒久が出るはずだったのだが、急病となったので稔彦が代理とされたのである。ところが稔彦もひどい下痢をしていたので断った。ところがそれが問題となり、ついに嘉仁が稔彦を呼び叱責した。これに稔彦は反発し、天皇のところに行き、「皇族をやめたい、軍人もやめさせていただきたい」と願ったのである。壮年期の天皇なら大いに怒ったところだろうが、そうはせずに、すでに末の皇女である聰子内親王との結婚も内定している稔彦に、「やめてどうするのだ」と尋ねたという。すると稔彦は、「私は日本にいるのが嫌になったので、早速外国へいかしていただきます」と言った。

以上は『やんちゃ孤独』で稔彦本人が記しているところであり、いくばくかの誇張もあるだろうが、稔彦が若い時分から臣籍降下を口にしていたのは事実だろう。また、牧野伸顕の日記(大正一三・一二・一七)には、久邇宮邦彦が語ったこととして、稔彦が聰子との結婚を嫌がったとの事実も紹介されている。邦彦が半日かけて説得した結果、稔彦はやっと結婚を承知したのだという。ほかにこの事実を裏づける証言はないが、しかし、稔彦が内親王との結婚にずっとこだわりを持ち続けたことはたしかである。

安田が和田亀治第一師団長へあてた書簡(「安田文書」所収)で、「(稔彦王は宮内省の)内親王たる妃殿下あるを知りて、宮家当主たる王殿下あるを知らざる仕向けに対し、満腔の不平を御持ちの如く」と書いていること、また倉富が、「稔彦王は内親王降嫁のために宮家を立てられた」と言った松平慶民に、「左様な事を云ひたらば、王殿下は必ず反抗的の態度を取らるる」と注意した(「倉富日記」昭和二・一一・二九)ことからも、それはうかがえるのだ。

さらに稔彦は明治天皇にも言ったように、軍人もやめたかった。フランスに行く前は陸軍内での評価が高かったことは前にも紹介したが、本人は陸幼でも陸士でも束縛が多いのに耐えられなかったと、『やんちゃ孤独』などで繰り返し述べている。とにかく束縛が大嫌いなのだが、しかしそれだけで皇族、軍人をやめたいと主張しても、あまり説得力はない。フランスで稔彦が持ち出したのは、安田が「断腸秘録」で記すところによれば、「歴史的」ともいうべき理由だった。

それを簡単にまとめると、「あたかも父の朝彦親王がされたと同様に、宮内省や陸軍は無実の罪を自分に着せようとたくらんでいる、このまま日本に帰っても一生、朝彦と同じような日陰の身で終わるしかない。それよりも皇籍から離脱して臣下として活動するほうが、国家、皇室のためになるのではないか」ということである。

これをとやかく批評しても始まらない。また、稔彦が本心からこう考えていたかどうかも判断しようがないが、稔彦は帰国後も臣籍降下を言い続けるのだ。

†天皇との血縁

ただ、稔彦も以上の理由だけでは不十分と思ったか、新たに別のことも言い出す。それは「天皇との血縁が疎遠」との理由だった。帰国した翌々日には、早くも倉富に対し次のように語った。「倉富日記」(昭和二・一・三一)から引用する。

自分(原注・殿下)は結婚の関係にて皇室と身近き関係を生じ居るも、結婚関係なき現在の皇族は、皇室とは親族とも云ひ難く、此の如き事にて皇族と云ひ居るはむつかしき様に思ふ。然し、誰も思ひ切りて降下のことを云ひ出す人もなき様に付、自分が先づ云ひ出さんと思ひたることなり。現在の皇族は総て降下するが当然にて、先年設けられたる降下内規も姑《こ》息《そく》にて、徹底したるものに非ずと思ふ

あの降下準則制定騒ぎのことを思えば、実に興味深い主張である。邦彦をはじめとする多くの皇族たちが、皇族という身分にともなう既得権益を必死になって守ろうとしたのを、まさに嘲笑するかのようだ。

これを聞いた倉富は、「私も皇族の数は制限すべきと思っていますが、殿下だけが急がれる必要はないでしょう。それに国家、皇室のために尽くしたいのなら、皇族のままでいたほうが、労少なくして効多し、ではないでしょうか」と諫めた。すると稔彦は、「分かった。自分は日本を長く離れていてよく事情が分からないから、これからも気がついたことがあれば注意してくれ」ともの分かりよく応じた。

また、数日後に一木がやってきて、「これまでの宮内省の殿下への態度は不十分でお気持ちを害されたこともあったでしょう」と謝罪すると、「フランスは遠いから、自分の意思が伝わらないこともあったろう」と寛大なところを見せた（「倉富日記」昭和二・二・三）。しかし、あまり時間も経たないうちに、そうした殊勝なところは影をひそめ、宮家事務官の金井などを悩ませるようになるのだ。

たとえば天皇からの晩餐への招きを風邪を理由に断りながら新宿御苑内の皇室専用のゴルフコースに出かけたり、持っていなかった自動車運転免許証をくれと警視庁に要求したり、大勲位の勲章をつけて車を運転したり、各方面に配ったフランス土産を宮内省の連中にはやらないと言ったり、ワガママ放題が復活する。呆れ果てた金井は倉富に、「最早、殿下を皇族として大事にしたいとの気持ちはなくなった」と、こぼす（「倉富日記」昭和二・三・三）。

臣籍降下についても、依然として稔彦は執着する。一木宮内大臣がすでに約束しているではないか、との言い分もあったにちがいない。そしてここで浮かんできたのが臣籍降下の請願書に理由を明記するかどうかの問題だった。稔彦は上記の「天皇と血縁が疎遠」ということを請願書に書きたいと言う。しかし倉富は反対する。もともと請願書を出すこと自体に反対だが、仮に出すとしても、そんなことを書いてはダメだと諭す。なぜなら、臣籍降下は皇族会議で認められなければできないが、もし血縁云々を理由とした場合、自分たちも同じく天皇とは血縁がないに等しい皇族は反対するに決まっているではないか。そういうもっともな理屈である（「倉富日記」昭和二・四・七）。

†本当の理由

稔彦はいったん納得するが、数日後には、「理由を書かなければ臣籍降下の意味がない」と、また言い張る。倉富もこれ以上は付き合えないと思ったか、五月三日、稔彦に会い、「殿下が天皇と血縁が疎遠だから臣籍降下したいとおっしゃるのは理想でしょう。私も賛成です。しかし、殿下が皇族をおやめになりたい本当のわけは、宮内省や陸軍に対する不平不満ではないのですか。皆もそう思っています」と、はっきり述べた。

稔彦は、「臣籍降下希望の理由書をパリから送った。そこには血縁疎遠のこともはっきりと書いておいた」と抗弁する。この理由書とは例の大山、町尻に託した覚書のことだと思われるが、倉富は、「私がその部分を見落としたのかもしれませんが、あの理由書には宮内省が何をした、陸軍が何をした、私の既得権を犯した、皇太子結婚について何も相談をされなかったといったことが主に書かれています。仮に血縁の件が書かれてあったとしても、それはあくまでも従の理由でしょう」と一蹴し、「宮内大臣も私と同じ意見です」と付け加えた（「倉富日記」同日条）。

もともと稔彦との関係の深かった倉富は稔彦の本心を見抜いており、このような強硬な態度に出たのである。さすがに稔彦も考えたのか、数日後、倉富に、「やむをえないので理由抜きの請願書を提出することにした」と言う（「倉富日記」昭和二・五・一二）。提出の時期もすぐにではなく大正天皇の諒闇明けにするつもりらしいが、それでも臣籍降下の願いをする意思は変えない。

皇族の中には稔彦がそれほど望むなら臣籍降下を認めてやれという意見もあった。また、一木も血縁疎遠を理由とするのには反対だったが、自分が宮内大臣として稔彦に約束してしまったこともあり、臣籍降下自体はやむをえないと考えていた。しかし現実的に考えれば、稔彦の臣籍降下は難しい。なぜならば、稔彦が臣籍降下すれば家族も皇族ではなくなる。つまり明治天皇の皇女である聰子妃も華族となってしまうのだ。それでもかまわないと考える皇族や宮中首脳たちもいたが、倉富などはなるべくそうした事態になるのは避けたいとも願っていたのである。

稔彦がこの点をどう思っていたかは分からない。まさか自分の皇籍を離脱しても妃や王子たちの身分は変わらないと思うはずはないから、それを承知のうえで臣籍降下を請願するという大決心をしたと見るのが合理的だろうが、その推測を裏づける手がかりは、倉富の日記や安田の「断腸秘録」などにも残っていない。ひとつだけ確かなのは、そういう問題も抱えながら、帰国してからの稔彦は皇族や軍人としての務めには無頓着で、前述したように好き勝手にしているということであった。

たとえば五月二五日は大正天皇の忌日であり、皇族は御霊を奉安してある権殿《ごんでん》に参拝しなければならないのだが、稔彦はこれをサボってゴルフに行こうとしたため、金井らが必死に止めるという一幕があった（「倉富日記」昭和二・五・二六）。東久邇宮家の職員たちも訳が分からず、稔彦への不満を募らせた金井たちが倉富に愚痴をこぼしている様が「倉富日記」にはしばしば出てくる。

†軍務への復帰

ただし軍との関係においては変化が出てきた。五月下旬あたりから稔彦は軍務に戻ると言い出し、陸軍は六月から週に二日、陸士付として勤務してもらうことにした。週二日とはいかにも形だけの軍務復帰だが、当時、鳩彦も週二日陸大に勤務していたので、それとの兼ね合いでこうなったようだ。

もっとも軍務に復帰したからといって、稔彦が臣籍降下をあきらめたわけではない。六月下旬に金井に対して、「皇族のままなら大将、元帥にもなるだろうが、それではあまりに平凡だ。大谷光瑞のようになりたい」ともらす。大谷は西本願寺の門主（伯爵）の嗣子だったが、若いときはインドや西域の調査、探検をおこない、門主になってからもしばしば海外へ出かけ、隠居後は中国、シンガポールなどで長い間生活した。僧侶、華族として型破りの人物であるが、稔彦は彼に憧れるというのだ。このことを聞いた倉富は、「王は大谷の愉快なところだけみているが、彼ほどの努力も忍耐も出来まい」と苦笑する（「倉富日記」昭和二・六・二二）。これは一場の笑い話だが、七月末になると深刻なことが起きる（「倉富日記」昭和二・七・二六）。

昭和天皇は七月二八日、豊後水道沖での連合艦隊の戦闘訓練の視察と小笠原、奄美諸島訪問のために、横須賀から戦艦「山城」で出発する予定だったが、稔彦はその見送りに行く必要はないだろうと言い出したのだ。もちろん金井は諫める。それを金井から聞いた倉富も驚き、「せめて東京駅までは見送るべきだ」と言うが、『昭和天皇実録』の七月二八日条によれば、東京駅で見送った人物のなかに稔彦はいない。記載漏れの可能性もゼロではないが、この二カ月ほど後に天皇が陸軍の大演習統監のため富士の裾野に行幸した際も、稔彦は見送りを渋ったことからすれば、東京駅にも行かなかったのではないか。

この富士への行幸時の見送りについて、「倉富日記」（昭和二・一〇・二）には稔彦の心中を露骨に示す記事がある。金井に対し、「大正天皇はこういうときには皇族の送迎を辞退された」と、昭和天皇を批判するような言葉を述べたというのだ。金井が、「今上はまだお若いので皇族方が尊重されて重みをお付けしなければ」と応じると、稔彦はさらに「天皇の尊厳に年齢は関係ない」と言い放った。帰国当日、天皇が稔彦を叱らなかったのは既述の通りだが、あれですっかり天皇を軽んじるようになったのだろうか。

このあと、前にふれた中年フランス女性の来日があったり、一一月半ばに濃尾平野でおこなわれた陸軍大演習に、稔彦が付武官の安田も連れずに一人で自動車を運転して出かけてしまったり、そのたびに倉富たちはやきもきするのだが、しかしこのころになると、稔彦に微妙な変化が見られるようになった。

†再び秩父宮の説得

まず、どんな形であれ陸軍大演習に参加すること自体が、稔彦の陸軍への感情が和らいだことをうかがわせるが、これに関連すると思われる興味深い事実が、安田が上原勇作元帥に宛てた昭和二年九月六日付書簡(『上原勇作関係文書』所収)に出てくる。左はそれを記した同書簡の一節である。

過日、真崎《まさき》校長転任の時機を期とし、同中将より現時の情勢殊に軍部のこと共を率直に言上し、殿下の御自重を仰ぐ旨を進言し貰ひ候が、殿下は事の外御機嫌にて、同中将も非常に感激したる次第に候真崎とは八月まで稔彦の勤務する陸軍士官学校の校長だった甚三郎中将である。彼が稔彦を喜ばせるようなことを言ったのだ。安田はこのことを金井にも話したようで、「倉富日記」（昭和二・一一・一〇）には、金井がさらに倉富に告げた真崎のセリフが、次のようにもっと具体的に書かれている。

現在の陸軍は面白からず。真に陸軍を背負て立つ人は、殿下を於ては他に人なし

周知のように真崎はのちに陸軍内で皇道派と称される勢力の中心となる軍人だが、このころは陸軍主流の長州閥から疎外されており、髀肉《ひにく》の嘆をかこっていた。その真崎がこのようなことを稔彦に言う意図はあきらかだが、それを知ってか知らずか、稔彦は「事の外御機嫌」になり、軍人をやめる意思を変えたのかもしれない。

そして大演習参加のあたりから、臣籍降下への執着も薄れてきたことが外からも分かるようになってきた。ただ下手なことをして、また稔彦が面子をつぶされたなどと怒ると元の木阿弥なので、倉富や金井は帰国騒動のときと同じように、秩父宮の力を借りることにした。一木宮内大臣は筋論にこだわり、「稔彦が降下の希望を取り下げるなら、宮内大臣として軍務に励む

こと、皇室に対し皇族として尽くすように言う」と主張するが、倉富は、「余計な条件を付けて王が承知しなかったらどうするか」と反対し、秩父宮に稔彦と会うように頼んだ（「倉富日記」昭和二・一二・八）。

秩父宮は早速、一二月八日夜に稔彦を自邸に招いた。安田は稔彦よりも前にやってきて、邸内の一室に潜んでいた。稔彦が来たのは午後六時ごろ、帰ったのは一一時を回っていた。秩父宮は長時間ヤキモキしながら待っていた安田に、「稔彦王は臣籍降下はやめ、軍務に従事すると言った」と告げた。説得は成功したのだ。

そしていつもすぐに豹変する稔彦の決意も今度ばかりは変わらず、翌日午後、稔彦は一木を自邸によんで、「適当な時期が来るまで臣籍降下は見合わせることにした」と言う。これで万々歳のはずだが、融通の利かない一木は、わざわざ「適当な時期とはいつか」と尋ねる。もし倉富がその場にいたらヒヤヒヤしたろうが、稔彦は怒りもせず、「直宮の子がたくさん生まれ、他の皇族たちも皇族が多すぎると思うようになったときだ」と応じる。当時、結婚している直宮、天皇の弟宮は一人もいないから、まったく意味のない返事だが、さすがに一木もそれ以上は訊かず、「今後も軍職をお続けになるように」とだけ言って退散した（「倉富日記」昭和二・一二・一〇）。

一二月一六日、倉富は東久邇宮宮務監督事務取扱の辞任を一木に申し出、容れられる。やっと肩の荷を下ろした思いだったろう。ところが倉富と同じようにさんざん苦労をなめさせられた事務官の金井は、翌昭和三年二月八日、あっけなく死去してしまう。それを知った河井弥八は日記（昭和三・二・八）にこう記した。

金井四郎氏逝く。東久邇宮の為に尽されたる労劬《ろうぐ》、頗《すこぶる》大なり。悲夫《かなしいかな》

当時、河井は侍従次長兼皇后宮大夫だった。そういう立場の人々の間でも金井の苦労は広く知れわたっていたのである。「悲しいかな」という簡明な言葉のうらには、深い同情と稔彦への複雑な思いが隠されている。

そして付武官の安田は大正天皇の一年間の諒闇が明けた直後、皇太后（貞明皇后）に拝謁した。皇太后はだれに聞かされたのか、安田のことをよく知っており、「パリでは一人で大変に苦労したでしょう。留守中に夫人や子供を喪ったことに深く同情します」と労《いた》わってくれた（「断腸秘録」）。もちろん安田は感激するが、しかし、これ以後も彼の苦労は終わらず、その人生も根本から変わることになってしまう。そしてそこには依然として稔彦という存在がつきまとっていた。

第八章
昭和動乱の中の皇族

1　皇族内閣を目指すクーデタ未遂――神兵隊事件

†安田と稔彦の関係

昭和六（一九三一）年三月には橋本欣五郎などの陸軍省、参謀本部の中堅将校たちと大川周明らが、宇垣一成を首班とする内閣をつくろうと画策した「三月事件」、同年十月には同じ一味が荒木貞夫を担ごうとした「十月事件」と、立て続けに軍事クーデタが企てられた。七年二月には日蓮宗僧侶の井上日召を中心とする「血盟団」に属する小沼正《おぬましょう》が前大蔵大臣井上準之助を射殺、さらに翌月にはやはり「血盟団」の菱沼五郎が三井財閥の総帥団琢磨を射殺した。そして五月一五日には海軍将校らが総理大臣官邸を襲撃して犬養毅《つよし》総理大臣を殺す（「五・一五事件」）。

このような血なまぐさい空気のなか、昭和八年七月に、のちに「神兵隊事件」とよばれるクーデタ未遂事件が起きた。中心となったのは右翼団体「愛国勤労党」の天野辰夫（弁護士）らで、一味は七月一一日を期して総理大臣官邸、警視庁、政友会、民政党本部などを襲って斎藤実《まこと》総理大臣や閣僚、警視総監、政党幹部らを殺害、そのあと皇族内閣をつくり、昭和維新を断行しようと計画していた。しかし、事前に察知した警視庁により、七月一〇日夜に集結していた実行部隊をはじめとして、天野ら約一五〇名が検挙された。そしてその後も関係者たちが警察の手に落ちたが、その中に安田銕之助《てつのすけ》もいた。

当時、安田はすでに陸軍軍人ではなかった。昭和五年八月、中佐で退役（予備役入り）していたのである。フランスから帰ったあとも安田は稔彦王付の武官だったが、この年の二月末に歩兵第三連隊への異動を内示された。通常、皇族付武官は在任三年程度で他の部署に移るから、大正一三年末に就任した安田の転任は遅すぎるくらいだが、安田はこれを拒み退役してしまったのである。義父の福田雅太郎大将らは考え直すように説得したが、安田は意志を貫いた。そこにはいくつかの理由があったが、最大のものは稔彦の強い希望だった。倉富勇三郎は安田からそのことを聞いた。「倉富日記」（昭和五・二・二八）には、安田が稔彦に言われたという次の言葉が記されている。

軍人にてあれば陸軍の都合に由《よ》り、長く自分（原注・殿下）を助くることは出来難きことなり。自分が今日の如く帰朝して、皇族として立ち居るは、まったく汝の尽力に由ることにて、自分は決して之を忘れず。汝は寧《むし》ろ軍人を止めて、長く自分を助け呉れざるや

エリートコースを歩み、しかも陸軍の大物の一人である福田大将の女婿の安田は、軍人にとどまる限り順調な出世も約束されていたはずである。そのことも承知したうえでかどうかは分からないが、稔彦はこのように自分の望みを切々と語ったわけだ。ここまで言われれば安田も軍人をやめざるをえない。

当時、安田と三人の子供たちは麻布市兵衛町にある東久邇宮邸内の官舎に住んでいた。帰国してしばらくは福田邸の離れにいたが、四月に転居したのである。皇族付武官とはいえ本籍は陸軍なのだから、これも奇妙といえば奇妙だが、安田が稔彦にとって余人をもって代えがたい存在であることのあらわれでもある。

そもそも皇族付武官の任務内容は、明治二八(一八九五)年に出された勅命により、「(皇族軍人の)威儀整飾を奉助し、行軍・観兵・演習其の他の軍務及び祭儀・礼典・宴会等に随従」と定められていた。つまり軍人としての皇族の任務を、軍人として助けるのが仕事なのだが、前章からも分かるように、安田はそれを大きく超え、まるで稔彦の個人秘書、補佐官のように尽くしてきたのである。

軍務に復帰してからも稔彦は安田に面倒なことをいくつも命じた。一つ例をあげると、勤務地の希望のことがある。陸士付だった稔彦は第一師団司令部付を経て、昭和三年八月には第一師団歩兵第三連隊長となるが、昭和四年一二月に少将に昇進する。大佐になってまだ四年、皇族であるがゆえのスピード出世だが、将官になれば中、大佐の職である連隊長は交代しなければならない。

そこで少将昇進の少し前、稔彦は安田に侍従武官長だった奈良武次陸軍大将を訪ね、「稔彦王は少将となっても地方ではなく東京で勤務したいと望んでいる」と伝えるように命じた（『侍従武官長奈良武次日記・回顧録』昭和四・一〇・七。以下「奈良日記」）。

安田は困惑したであろう。なぜならば侍従武官長は軍の人事に介入することなどできない立場であり、稔彦が奈良にこのような希望をもらすのは、明らかにおかしい。しかし断るわけにもいかず、奈良に稔彦の望みを伝える。

奈良ももちろん困ってしまったが、仕方なく陸軍の最長老だった上原勇作元帥や宇垣一成陸軍大臣、宮内次官の関屋貞三郎と相談したりする（「奈良日記」昭和四・一〇・九など）。宇垣などはいい顔をしなかったようだが、結局、稔彦は少将になると同時に参謀本部付となり東京在動の希望はかなえられる。ゴリ押しは成功した。安田はいわばルール違反の片棒をかつがされたことになるが、要するに稔彦は有能な安田に厄介ごとを任せているのである。

そして陸軍をやめてからも安田一家は東久邇宮邸内に住み続けるが、長男元久の回想録『駘《だい》馬《ば》の道草』には次のような一節がある。

当時は何故かわからなかったが、戦後になって知ったところでは、何か東久邇宮殿下との約束があって、殿下から陸軍中佐の俸給に相当する手当金をいただいて何らかの職務についていたらしい。しかし、その内容は必ずしも定かでない

つまり現役を退いた安田は、名実ともに稔彦の秘書のような存在になったのである。元久は、「職務の内容は定かでない」と言っているが、「安田文書」にある書簡類などから判断すると、その仕事の多くが陸軍上層部や政治家との接触や情報収集だった。つまり秘書は秘書でも政治担当秘書とでもいえる職務を担うようになったのだ。スケールはやや小さいが、西園寺公望における原田熊雄のような存在である。

一例をあげれば、昭和六年九月、満州事変勃発の直後に書かれた書簡(「安田文書」所収)によると、稔彦は安田に、「満蒙問題についての私の意見を小磯国昭陸軍省軍務局長や元総理大

臣の清浦奎吾に伝えるように」と指示し、さらに名古屋に歩兵第五旅団長として赴任している自分のところに来て、東京の陸軍当局の様子を話してもらいたいと命じている。安田を信頼しきっているといっても差し支えないだろう（ちなみにあれほど地方勤務をイヤがった稔彦は、あの騒ぎの半年後、名古屋への赴任話が出るとあっさり承知する。東京在勤に一役買った上原元帥は怒り、東久邇宮邸に乗りこんだりしている）。

†愛郷塾に行った稔彦

満州事変が起きた当時の稔彦は、安田と陸大同期で友人でもあった石原莞爾《かんじ》の影響もあって、対外強硬路線を支持していた。そのころ安田に宛てたと思われる書簡（「安田文書」所収）には、「満蒙を完全に我が領土とせよ」「支那軍を撃破し満州を占領すべし」「日本政府の領土的野心なしとの声明にはこだわるな」「国際連盟、米国を恐れる必要はない」といった、激越な主張が並んでいる。また石原も安田への書簡（昭和六・一・二付）で、「東久邇宮殿下に参謀本部第一部長となってもらいたい」と記すなど、稔彦に期待していた。

そして昭和七年夏、稔彦はまたもや周囲を困惑させる行動をとった。田中光顕元宮内大臣が茨城県大洗につくった常陽明治記念館（現・幕末と明治の博物館）を訪ねた帰途、農本主義者の橘孝三郎《たちばなこうざぶろう》が主宰する愛郷塾《あいきょうじゅく》（茨城県常盤村。現・水戸市）まで赴いたのである。同塾のメンバーは「五・一五」のとき、反乱将校に加担して変電所破壊などを企て、橘も事件後、捕らえられている（のちに無期懲役の判決を受けた）。そのいわば国家への反逆者の本拠にわざわざ行くというのだから、田中たちは必死で止めた。ところが稔彦はおかまいなしに出かけてしまったのである。後年になっても稔彦は、「世間では相当問題にしたようだが、私はただあまりに有名なものだから、のぞいたにすぎません」（『やんちゃ孤独』）とうそぶいているが、とにかくこのころの稔彦は高揚しきっていたのだ。

稔彦の矛先は天皇にも向けられた。愛郷塾訪問の直前、稔彦は原田熊雄と会った。先述のように原田は西園寺のために政治家などと頻繁に会い、情報収集にいそしんでいた。その記録が有名な『西園寺公と政局』（通称「原田日記」）だが、そこには稔彦が原田に語った激しい言葉が記されている（同書二巻三三八頁）。

顧維鈞が満州国に入つてしまつたのは、陛下が『顧維鈞は入国さしてやれ』と仰せられたので、即ち陛下の思召によつて入国させたのだ。また犬養内閣の当時、『奉天を張学良に還してしまへば問題は簡単ではないか。一体陸軍が馬鹿なことをするからこんな面倒な結果になつたのだ』と陛下が私語された。それから、上海軍司令官が出発に際して拝謁を賜はつた時に、『できるだけ速く片付けて帰れ』といふお言葉を賜はつた。かくの如く、一々陛下が

いろんなことに容喙されるといふのは、一国の君主としてあるまじき御言動ぢやあないか

周知のように国際連盟は昭和七年春、満州事変や満州国の状況の視察のために、イギリスのリットン卿を長とする調査団を満州に派遣した。顧維鈞は同団の中国側参与員だったが、関東軍は彼の満州入国を阻止しようとする。ところが満州問題の解決において国際協調を重視する天皇は、顧の満州入りを認めたのだ。さらに天皇は独断専行をやめない陸軍への不快感も隠さなかった。それを稔彦は批判したのである。

これを聞いた原田は、「顧の件も犬養内閣のときのこともウワサ話に過ぎず、それをとやかく言うのは興味本位で不真面目だ」と正面から批判し、「皇族は真っ先に天皇への忠誠を尽くすべきで、天皇に批評がましい態度をとってはいけない」と直言したが、少なくとも「原田日記」には稔彦が発言を撤回したとの記述はない。このすぐ後に愛郷塾を訪ねるわけだから、たいして反省もしなかったのだろう。

†神兵隊事件へ

そして七年末に稔彦は名古屋から東京に戻る。ポストは再び参謀本部付である。この異動の話は前々からあったようで、稔彦は七年二月か三月ごろに陸軍大臣の荒木貞夫に宛てた書簡

(「荒木貞夫関係文書」所収)で、「もう本部付のような不安定な立場はイヤだ。満州独立守備隊司令官になりたい」などと希望していた。また奈良侍従武官長には陸大校長になりたいと言ったりもしているが(「奈良日記」昭和七・一一・一九)、結局、名古屋に行く前の地位に戻ったのである。

稔彦は『やんちゃ孤独』で、「この人事の背景には、参謀本部次長だった真崎甚三郎や第三部長の小畑敏四郎《としろう》の、満州事変についての陸軍の真意を理解しない天皇に私から陸軍の意図や計画を上奏してもらいたいとの目論見があった」という意味のことを述べている。真崎が稔彦に接近しようとしたことは前章で述べたが、この人事もその流れにあるというのだろう。多分その通りだと思われるが、『やんちゃ孤独』には、「自分は真崎がそう頼むのを断り、もしそんなことを期待しているのなら明日にでも参本付をやめると突っぱねた」ともある。

かつて真崎が接近してきたことに稔彦が満更ではなかったことも前章で示した。それが彼の頼みを拒否するようになったというわけだが、「突っぱねた」かどうかはともかく、名古屋から帰ってしばらくしたあたりから、稔彦がやや真崎たちから距離を置くようになり、それに真崎が不満を抱いたことは『西園寺公と政局』の記事からもうかがえる。

稔彦は参謀本部の意見を天皇に伝えてくれという頼みを、「自分は責任ある立場ではないので」と渋り、真崎を、「皇族なのに普通の官吏のようなことを言う」と怒らせている(同書三巻六三頁)。また真崎がある日、突然、東久邇宮邸にきて、事務官に、「稔彦王は国家観念に乏しい」と憤慨してみせるとの一幕もあったというのだ(同書三巻八四頁)。いずれも八年四月、五月ごろの出来事である。

また六月初めには稔彦は静岡県興津にあった西園寺公望の別邸(坐漁荘)を訪問し、日本の政治家には国際感覚が乏しいと嘆いたりもしている(同書三巻九一頁)。ほんの少し前まで対外強硬論を主張したり、クーデタ一味の本拠に出かけたりしていた稔彦に、少しずつ変化が見られだした。

そして稔彦は八年八月には中将に昇進し、第二師団長として仙台に赴任する。参本付だった時期は半年ちょっとである。これも『やんちゃ孤独』では、自分たちの意に従わなかった真崎らによって追われたからと説明されているが、いくら真崎でも皇族の人事を左右できるはずはないだろうから、これはにわかには信じがたい。中将になったものをいつまでも参謀本部付にしておくわけにはいかない、といった事情からの転任だろうが、それはともかくとして、この仙台への転任の直前に起きたのが神兵隊事件である。

†別の調書

安田がこのクーデタ計画にかかわるようになった細かい経緯は分からないが、検挙された関係者の取り調べのなかで、彼がとくに資金面でこれに関与していたことが明らかになったのである。予審請求書などの訴訟関係文書（「今村訴訟記録　第八巻　神兵隊事件Ⅰ」所収）などによると、安田は、「国家の危機を救うためには皇族を奉戴し、皇族首班の非常時政府を樹立することが絶対に必要」との信念のもと、天野辰夫らに同調したことになっているが、これらの公判に証拠として提出された供述調書などには、主人である稔彦の名前は一切出てこない。しかし、事件発覚後、多くの宮中首脳などの脳裏にまず浮かんだのは彼への疑念だった。

安田は七月一〇日に一味の多くが検挙されると東京から姿を消す。そして九月末には稔彦のいる仙台にあらわれる。二人がそこで会ったかどうかは不明だが、新聞には安田の来仙と、その直後に仙台憲兵隊長が急に上京し東京憲兵隊長と密談したらしいとの記事が出ている（『東京朝日新聞』昭和八・九・二九朝刊）。憲兵隊か警察が情報の出所だろうが、稔彦の周辺では監視の目が光っていたことがこれから分かる。

そして安田は大阪に回り、九月二九日、憲兵隊に自首する。彼が大阪にいて検挙が近いとの知らせを数日前に受けていた宗秩寮総裁の木戸幸一（八月二四日、総裁就任）は、九月二六日の日記（『木戸幸一日記』。以下「木戸日記」）に左のように記した。

東久邇宮家の官舎に住する安田中佐は、神兵隊に関係あり。（中略）今明日中に検挙せら

る丶筈なる旨、警視庁より皇宮警察部に通知ありたる由。此機会に官舎の立ちのきをなさしむることとす

宮中首脳たちは早速、稔彦と安田の関係を隠蔽すべく動き出したのである。とくに木戸の反応は素早かった。一〇月四日夕方、検事が宮内省に安田宅の家宅捜索の許可を求めるとすぐに湯浅倉平《くらへい》宮内大臣（警視総監などを経て昭和八年二月に宮内大臣）を訪ねて次のように進言する（「木戸日記」昭和八・一〇・四）。

安田の取調に当り、其の陳述中、時に宮様を利用せるがごとき形跡あると聞く。若し然りとせば、此機会に調書により徹底的に宮様に其の真否を御尋ねし、且つ利用せらる丶実情を御示しして御反省を乞ふの要ありと考へ、小山司法大臣と相談することにつき、大臣に承認を得たり

木戸は翌日、小山松吉司法大臣（前検事総長）を訪ねるが、小山も木戸の意見に全面的に賛成し、しかも「真相をつきとむるべく、別の調書を作成すること」を約束した。この「別の調書」とは、公判などに証拠として提出したりする調書とは別の調書という意味であることは明

らかだろう。先述のように公判で証拠として提出する調書には稔彦の名はまったく出てこない。もちろん事件への関与を隠すためである。しかし、稔彦に反省をうながすためには真相をはっきりと明記した調書を作り、それを本人に突きつけることが必要と司法大臣は考えていたのだ。別の言い方をすれば、稔彦が事件へ関与した可能性が非常に高いと確信していたのである。

†上申書

また『西園寺公と政局』（三巻一七六頁）には、稔彦が仙台に赴任するにあたって荒木貞夫陸軍大臣に、「何時でも用があれば、（仙台は）近いから帰つてきます」と言ったとの記述がある。「（稔彦が）事の起ることを期待してをられるが如き様子」と思った荒木は近衛文麿にそれを話し、さらに近衛が原田に告げたのだが、原田は驚き、一一月初旬、朝香宮允子《のぶこ》妃の葬儀に出るために上京した稔彦に会い、発言の真意を質した。それに対して稔彦はこう応えたという（同一七六〜八頁）。稔彦という皇族の一面がよく分かるので、長めに引用する。

　それは非常に話が違つてゐる。（中略）自分としては（仙台が東京に近く）非常に便利な場所だといふ意味で言つたので、その間、何も陸軍大臣の受取つたやうな意味はなかつたのだ。それは非常に誤解されたね神兵隊事件ではまことに自分も迷惑した。むろん自分は何等関係がない（中略）。安田にも困つたもので、自分の所に置いておいたことが、甚だ自分の失策だつたけれども、しかし安田にはパリ以来いろ〳〵世話になつた関係上、情において忍びなかつたから、自分との関係がなくなつてからもおいておいたわけだ。まことに迷惑も迷惑だが

どうか近衛や木戸にも、自分は仙台に行つてかれこれ策動したり、いろいろ変な者に会つたりして誤解を増すやうなことは決してしないから、安心するやう伝へてくれ。西園寺にも宜しく

これまでの記述からかなり調子のいい弁解だと分かるだろうが、とにかく稔彦は事件への関与を否定し続けた。そして稔彦を強くたしなめようとした木戸たちにしても、「真相」を暴くつもりはない。東京地裁検事正として事件捜査にあたった宮城長五郎（のち司法大臣）の伝記（都筑亀峰『宮城長五郎小伝』）には、「神兵隊事件は掘り下げればいよいよ奥深い内容を有《も》つてゐた。先生（宮城）は、最も強硬な意見を堅持してゐたが、たまたま取調べ半ばで長崎検事長に栄転して結末を見なかつたのである。（中略）神兵隊事件は検挙をある程度で打切らねばな

らぬ奥行きがあり」といった示唆的な記述がある。

要するに真相は闇に葬られたわけだが、幸いなことに安田は貴重な文書を残した。おそらく取り調べられる過程で書いたと思われる「皇族内閣成立を祈願せし理由及経過」と題する長文の上申書（「安田文書」所収）である。

「我が皇国の御統治は天皇御親政で無くてはならぬものであります」という文章で始まるこの文書には、安田特有の尊王思想にもとづく主張が延々と述べられ、今の日本を誤らせているのは財閥、政党、官僚の「閥族」だと決めつけている。さらに筆は皇室を英国流に政治の局外に置こうとする牧野伸顕や、法律一点張りの一木喜徳郎などの宮中首脳に及び、稔彦の帰国問題における彼らの態度も非難する。そして宮内省首脳たちの「皇室皇族機関説」を打破し、皇族を首班とする内閣を作るべきだと主張するのである。

†通用しない弁解

もっともこれはあくまでも司法当局への上申書だから、安田も稔彦を総理大臣に担ごうとしていたととられるような記述は用心深く避けている。ところが、そこまでは構わないと判断したのか、安田は六月二二日ごろに稔彦と会って上記のような主張を述べ、自分たちの蜂起計画についても打ち明け、「その突発の時に当りて、泰然として事に当ると謂ふ御覚悟計《ばか》りは御着けになつて置きて戴きたき事」を願ったということは、はっきりと書いているのだ。さらに安田は蜂起が成功したあとの「建設」は殿下に御担当いただきたいと言ったとも記している。ここから分かるのは、やはり稔彦が安田から神兵隊の計画を事前に知らされていたということだ。

稔彦がそれに対しどう反応したかはわからない。安田は自分の話を聞いた稔彦が「無量感を打たれた」ようだと書いているが、それを全面的賛成と解釈するのは行き過ぎだろう。ただ稔彦が安田らの蜂起を止めようとしなかったことは事実である。その後も安田は七月五日、七日、九日と稔彦のもとに来て、計画の進捗状況などを報告していく。それまでの稔彦の反応から、脈があると判断したからだろう。

ただし稔彦は七日に安田に対し、「計画はなかなか実施が困難だろうから、安田もあまり深入りするな」と言っている。安田はこれをもって稔彦が自分たちの計画に同調しなかった証拠としているが、この段階でも稔彦が安田たちの計画を阻止する具体的な行動、たとえば憲兵隊に情報を伝えるというようなことをしなかったことも確かである。となれば、のちに原田熊雄に言った、「自分は神兵隊事件とはなんの関係もない」との弁解は通用しない。

七月一一日、蜂起が失敗したあと安田は稔彦を訪れ、「月余の間、無駄なる御心配を御懸け申上ましたこと」を詫びた。稔彦がどう応えたかは分からないが、先述のようにこのころにはかなり穏健になっていた稔彦は、クーデタに同調する気持ちはなかった。しかしパリ以来の

「忠臣」である安田に厳しい態度で接することもできない。内心困っていただろうから、おそらくホッとしたことだろう。

一方、上申書の内容も司法当局から知らされていたに違いない木戸などは、稔彦への警戒の念を消さなかった。木戸はこれから先もずっと稔彦と安田などとの関係を忘れず、それが自分が稔彦を評価しない理由だと言い続けたのである。

2　伏見宮博恭王を抱き込む

†なぜこの王に着目したか

さて、安田の上申書には稔彦以外にもう一人の皇族が登場する。それは伏見宮博恭《ひろやす》王である。王は伏見宮貞愛《さだなる》親王の庶長子として生まれ、いったんは華頂宮家を継ぐが、伏見宮家の嗣子邦芳《くにか》王が不治の病だったために生家に戻り家督を継承したことは第五章で見た。第三王女の知子女王があの久邇宮朝融《あさあきら》王と結婚したために悲しい思いをしたことも既述の通りである。海軍軍人となって日露戦争にも参加し、第二艦隊、佐世保鎮守府の司令長官などを歴任したあと、神兵隊事件が起きたころには元帥・海軍大将、海軍軍令部長だった。

安田は稔彦にしたように、博恭にもクーデタ計画を打ち明けていた。以下、安田の上申書の記述からその間の経緯を追っていこう。まず、安田は打ち明けた理由について、「『万一に処する御腹』を作りて戴くと謂ふ趣旨の下に於て、熟慮の末に伏見宮殿下、東久邇宮殿下の御耳に申上げて置きました次第であります」と言う。安田が稔彦に計画を打ち明けるのは、二人の関係を考えれば自然である。では何故、博恭にもそうしたのか。それについての安田の説明は、「東久邇宮殿下にのみ予告申上げて置きましては成功困難であり、更に万一の場合に於て危険であると判断したのであります」であった。

安田らは皇族内閣樹立を企んでいたが、具体的には蜂起成功後に皇族たちに集まってもらい、稔彦から天皇親政、皇族内閣が必要であることを説明し、全員の賛成を得るように図るという手順を考えていた。そこで安田が危惧したのは、稔彦を皇族中の異端者とみている宮内省などが妨害することだった。そうなると「皇室の為め国家のためならば進んで犠牲となつて遣ると謂ふ御気性」の稔彦が孤立し、暴走してしまうと心配したのだ。先述のように実際には稔彦が計画に同調して暴走する可能性などほとんどなかったが、安田はこのように考えていたのだ。

そこで安田が思いついたのが、軍人皇族中の長老である博恭を抱き込むことだった。当時、皇族では博恭のほかに閑院宮載仁《ことひと》親王（陸軍大将、参謀総長）と梨本宮守正王（陸軍大将、軍事参議官）が元帥となっていたが、安田は帰国問題でも博恭が稔彦をかばい、「宮内省や陸軍が稔彦王を見捨てても自分は見捨てない」とまで言っていたと聞いていたことなどから博恭に近づいた、と述べている。

安田はおそらく決起予定日のひと月ほど前に、海軍大学校長や舞鶴鎮守府司令長官などを歴任した佐藤鉄太郎海軍中将を訪ねて蜂起計画を打ち明け、「われわれは稔彦王に期待しているが、博恭王にも先頭に立っていただくようお願いしてくれ」と頼んだ。佐藤は軍縮問題などについて博恭と意見を同じくし、お互い信頼しあっている人物である。

佐藤は、「自分は破壊工作には同意しない」と言いながら、安田の依頼を博恭に伝えることは引き受けた。そして六月二〇日あたりに、「博恭王は、『こういう時世だからなにがあっても不思議ではない。いざというときには不覚を取らないようにしよう』と言っていた」と安田に告げる。安田はすっかり喜んで、前述のように六月二十二日に稔彦にも計画を打ち明けた。

伏見宮博恭王

さらに二六日、安田は佐藤を天野辰夫に合わせる。さらに具体的な話し合いをしようとしたのだが、佐藤は意外にも、「残念ながら蜂起が予定されている日に、博恭王は東京にはいない」と言う。体よく逃げたのである。最初から安田に言っていたように、佐藤は破壊活動には反対だった。海軍有数の戦史家、国防理論家としても知られていた佐藤は、安田らの計画の粗雑さにあきれ、適当に応対していたのだ。もしかしたら博恭にも慎重に対処するよう進言したのではないか。それを安田らは見抜けず、甘い期待を抱いたのだ。

†名誉の負傷

ただ安田が博恭を味方にしようとしたこと自体は、決して荒唐無稽な思いつきではなかった。もし佐藤ではなく、別の人間をパイプにしていたら、安田たちの思惑が実現した可能性もゼロではなかったとさえ言える。当時の博恭の海軍における立ち位置をながめると、そうした見方がそれこそ荒唐無稽ではないのが分かっていくのである。

海軍軍人としての博恭について長い間多くの人が称賛したのは、日露戦争の黄海海戦で「三笠」に乗っているとき、ロシア艦が放った砲弾によって負傷したという「事実」だった。皇族でありながら第一線で戦った結果の「名誉の負傷」が称えられたのであり、博恭死後の昭和二三年に刊行された伝記『博恭王殿下を偲び奉りて』でも、敵弾による負傷は確固たる事実とされている。しかし戦後四〇年ほど経ったころ、元海軍軍人で戦史研究家の野村實により、この負傷は敵弾によるものではなく、「三笠」の砲の暴発が原因であることが証明されたのだ（『天皇・伏見宮と日本海軍』）。

敵味方の砲弾が飛び交う中での負傷の原因など、自分でさえ分からないことが多いだろうし、戦闘の最中に負傷したことは確かなのだから、殊更にあげつらうことではないかもしれないが、実は博恭自身、かなり早い時点で負傷が敵弾によるものではないと認識していたようだ。博恭が海軍軍令部長（在任途中で軍令部総長と改称）だったときに軍令部次長などとして仕えた嶋田繁太郎（東条内閣で海軍大臣兼軍令部総長）が、本人からそのように聞いたと、昭和三二年に旧海軍関係者たちに証言している（「元海軍大将嶋田繁太郎談話収録（附島《ママ》田大将手記）」「嶋田繁太郎関係資料」所収）。しかし、おそらく負傷直後からそれが「名誉の負傷」として喧伝されてしまったため、博恭も真相を言う機会を失ったのだろうが、結果的にはこれが博恭の海軍軍人としてのカリスマ性を高めるのに役立ったのである。

だからと言って博恭が軍人として凡庸だったわけではない。軍人となった皇族の自伝や評伝などでは、どの皇族も陸士、海兵、あるいは外国の軍学校での厳しい訓練に耐え、戦場でも勇猛果敢に戦ったかのように書かれているが（戦後に出版されたものにおいてさえそうである）、義務として否応なしに陸海軍に入った皇族の中には、明らかに軍人としての適性が欠けている者も少なくなかった。そのため軍当局は彼らにどう働いてもらうかで苦心し、戦場に出す場合でも、危険の少ない任務につけることが多かった（これは明治から昭和に至るまで同じで、その結果、皇族で正確な意味で戦死した者は一人もいない。第一章で見たように戦死したとされることも多い北白川宮能久親王は戦病死、孫の永久王は訓練中の事故死である。ただし、朝鮮王族の李鍝公は広島で被爆死しているし、臣籍降下した朝香宮正彦王〈音羽侯爵〉と伏見宮博英王〈伏見伯爵〉はともに南方で戦死している)。

が、博恭の履歴を客観的に見ていくと、彼がかなり有能で、軍人としての務めを十分に果たしていたことがうかがえる。日露戦争従軍のあともほかの軍人と同じように海上勤務をおこない、いくつもの軍艦の副長、艦長、艦隊司令長官、鎮守府司令長官などをそつなくこなしているのだ。前出の『博恭王殿下を偲び奉りて』にある旧部下の回想によれば、艦長に不可欠な操艦の腕もなかなかだったという。陸海軍を問わず、短期間だけ「お飾り」のように要職に就く皇族も多かったが、博恭はそうではなかったのである。

†条約派と艦隊派

そして安田らが接近した時には元帥・海軍大将、海軍軍令部長まで昇り詰めていたのだが、彼らが着目したのはこうした肩書だけではない。先ほどもふれたように、博恭の海軍における立ち位置こそが重要であった。ここで見ておかなければならないのは、博恭が海軍軍令部長に就任した経緯である。

昭和五年一月、ロンドンで日本、アメリカ、イギリス、フランス、イタリアが参加し、海軍軍縮を協議するための会議が開かれた。日本からは若槻《わかつき》礼次郎元総理大臣、財部彪《たからべたけし》海軍大臣（「日本海軍育ての親」と言われた元総理大臣山本権兵衛《ごんべえ》大将の女婿）が全権として出席し、日本海軍の大型巡洋艦総トン数を対米比率六割強、軽巡洋艦、駆逐艦のそれを約七割、潜水艦のそれを十割とすることで妥協が成立した。時の浜口雄幸《おさち》内閣や海軍省も日本の国力を考慮してこれを受け入れたが、軍令部長の加藤寛治大将や次長の末次信正中将は、これでは国防に責任がもてないと反発した。そして加藤は天皇にその旨を上奏し、末次は怪文書まがいのものをバラまいたりする。海軍上層部で海軍省を中心とする「条約派」と、軍令部を中心とする「艦隊派」の抗争が始まったのである。

これに野党政友会の犬養毅、森恪《つとむ》、鳩山一郎らが、内閣打倒の好機と介入し、「兵備量を政府が決めるのは統帥権干犯だ」と騒ぎ立てる。しかし浜口総理大臣は条約承認の方針を断固として貫いた。加藤、末次は六月十日、十一日に相次いで辞任までして抵抗するが、結局、条約は一〇月一日に枢密院会議で承認され、翌日、天皇によって批准された。

この間、博恭は一貫して艦隊派の主張に同調し、条約締結反対を公言していた。侍従長で海軍では先輩にあたる鈴木貫太郎大将が、「この条約は日本に必要であり、皇族がそれに反対してはいけない」と諫言すると、その時は「今後は慎む」と言うが（『西園寺公と政局』一巻三四〜五頁）、その後、加藤、末次が抗議の辞任をして一〇日ほどして天皇に会って、「軍縮のことを話したい」と言上したりする（同書一巻一〇九～一一〇頁、二巻一九九頁）。しかし、天皇は黙ったまま返事をせず、博恭は仕方なくそのまま去る。天皇は明らかに博恭の主張には反対だと示唆したのだが、博恭はその後も艦隊派寄りの姿勢を変えない。

そして条約が批准されたあともまだあきらめない艦隊派は、博恭を軍令部長に担ぎ出そうと画策する。加藤の辞任後、その職にあったのは条約派といわれた谷口尚真《なおみ》大将だが、日本海海戦の勝利によって国民的英雄となり、艦隊派のシンボルとも言うべき存在だった東郷平八郎元帥の腹心である小笠原長生《ながなり》海軍中将などが、東郷の意も受け、谷口を更迭し、その後任に博恭を据えようと動き出すのだ（以下の記述は防衛大学校教授だった田中宏巳氏の「昭和七年前後における東郷グループの活動――小笠原長生日記を通して」に多くを負っている）。

†軍令部長就任

小笠原らが博恭を軍令部長にしようとしたのは、昭和六年一二月に閑院宮載仁が陸軍の参謀総長に就任したことに刺激されたためとする見方もかつてはあったが、実は小笠原たちの動きは昭和五年年末、つまり条約問題で艦隊派が敗れた直後から始まっていた。そして、博恭も早くから就任を承知していた。ただ東郷の判断でそれは極秘とされ、就任時期も慎重に決めることとなった。

財部海軍大臣はロンドン条約批准後に辞職し、後任には安保《あぼ》清種《きよかず》大将がなる。そして浜口総理大臣が右翼の佐郷屋《さごうや》留雄に襲われ重傷を負ったために成立した第二次若槻内閣でも安保は留任するが、東郷らは彼を傀儡化しようと図り、陸軍皇道派や平沼騏一郎らの国粋主義勢力とも手を結んで、東郷に心酔する予備、後備役の海軍軍人や政治家などに議会工作や予算審議への関与をおこなわせる。さらに六年一二月に若槻内閣が倒れ安保も辞職すると、次の犬養毅内閣の海軍大臣に、艦隊派に近い大角岑生《おおすみみねお》大将を入れることに成功した。同派の巻き返しは着々と進んだのである。

こうなるといよいよ残るは軍令部長の椅子である。おりしも陸軍が閑院宮を参謀総長にするとの情報を得た小笠原が、軍令部長を辞めたあと軍事参議官の閑職（この職は天皇が重要軍務について諮問する機関である軍事参議院の議員だが、徐々に軍歴終了前の名誉職のようになった。皇族でもこの職に就いたものは多い）にいた加藤寛治を皇道派の陸軍大臣荒木貞夫のもとに行かせ、一二月二三日に陸海軍同時に皇族を統帥部（参謀本部、海軍軍令部）のトップとする段取りをつけた。

ところがその動きはいったん挫折する。現職軍令部長の谷口が辞任を拒否したのだ。谷口の背後には、条約派の後ろ盾でもある山本権兵衛や財部元海軍大臣がいた。彼らはロンドン条約批准にこそ成功したが、その後は艦隊派の様々な策動を座視せざるをえなかった。そして博恭の軍令部長就任となれば、海軍は艦隊派に蹂躙されてしまうことになる。そこで谷口に辞任しないように働きかけたのだ。さらに敗戦後、海軍の旧幹部たちが集まった「海軍反省会」の席上、海軍省人事局などの要職を歴任した矢牧章元少将が、「山本が総理大臣の時代から、宮様の迷惑をかけないために重要な職にしてはいけないとの申しつぎがあった」と証言しているように(『[証言録]海軍反省会』)、山本にはもともと軍内で皇族を権力と責任のともなう要職に就けるべきではないとの信念があった。

このような危惧は山本だけのものではなく、博恭が軍令部長になると聞いた西園寺公望も、「なんとかならないものか。困つたものだな」と原田熊雄に語っている。さらに艦隊派寄りの大角海軍大臣でさえ、原田に、「殿下の軍令部長は頗る面白くない。(中略)もし万一、何か責を負はなければならないやうな場合が起つた時に、ひいては皇族全般に累を及ぼさないとも限らず、さうなつては事頗る重大である」と述べているのだ(『西園寺公と政局』二巻一九八〜九頁)。

明治時代に有栖川宮熾仁《たるひと》親王が参謀総長の座に長い間あったことは第三章で見たが、その後、陸軍でも小松宮彰仁が短期間在任したのを最後として、皇族は参謀総長にはなっていない。ましてや海軍では皇族が統帥部を率いたことは建軍以来一度もない。その背景には山本や西園寺、あるいは大角の抱いたような危惧が大いに関係していただろうが、結局、今度はそれも無視された。載仁と同時でこそなかったが、昭和七年二月二日、博恭は軍令部長に就任したのである。

†軍令部権限の拡大

就任後、まず問題となったのは王の海軍大臣への挨拶の件だった。従来の慣行では、新たに就任したほうが以前から任にあるものに挨拶に行き、その後、答礼がおこなわれることになっていた。それに従えば博恭がまず大角のところへ行き、次いで大角が博恭を訪ねることになる。しかし、なにしろ新軍令部長は皇族である。そこで海軍省か軍令部の幹部の誰かが恐る恐るお伺いを立てたところ、博恭は「これまで通りでよろしい」と、自分から大角に就任挨拶におもむいた（『博恭王殿下を偲び奉りて』）。皇族風を吹かすようなことはしなかったのである。

が、やはり軍令部や艦隊派にとって博恭の部長就任は大きな効果をもたらした。もともと海軍では軍政をつかさどる海軍省が軍令を担当する軍令部よりも優位に立っていた。参謀本部と陸軍省が対等か、むしろ前者の方が目立っていた陸軍とは対照的だったのである。軍令部はかねてからこれに不満であり、それがロンドン軍縮条約問題で爆発したとも言えるが、博恭就任後、軍令部内には権限を強化しようとの動きが盛り上がってくるのである。具体的には海軍大臣がおこなう兵力量に関する起案、艦隊の派遣やその任務、行動についての発議、天皇への上奏の権限などを軍令部長に移すように、執拗に要求し出したのだ。

そして博恭もこれに積極的に同調し、昭和八年一月二三日、大角海軍大臣とともに荒木陸軍大臣、閑院宮参謀総長と会い、「兵力量の決定について」との覚書を交わす。そこには、「兵力量の決定に就きて次の如く見解の一致を見たり」として、「天皇の大権に属する兵力量は参謀総長と軍令部長が立案し、参謀本部、軍令部で決定する」との陸海軍の合意事項が記されていた（伊藤隆「加藤寛治関係文書――昭和八・九年を中心に」）。

ロンドン条約問題が紛糾する中、海軍では条約派と艦隊派の妥協の産物として、「兵力に関する事柄については海軍大臣と軍令部長の意見の一致を要する」との内規がつくられていたが、この合意事項はそれさえも反故とし、兵力量の決定が軍令部長の専権事項とされたのだ。しかもこのことは極秘とされ、海軍省では次官さえも知らされていなかった。

そのためこの合意を楯に権限移譲を迫ってくる軍令部側に、海軍省幹部たちは猛反発し、両者の関係は悪化するが、ここで博恭が「軍令部の主張が通らなければ辞任する」とまで言い出す（『戦史叢書　大本営海軍部・連合艦隊〈I〉』）。まさに山本や西園寺らの危惧が的中したのだが、軍令部、艦隊派にしてみれば皇族を長とした甲斐があったというものだ。海軍省もとうとう折れ、昭和八年一〇月、「海軍省軍令部業務互渉規程」が改訂され、海軍における兵力量決定の権限は軍令部長のものとなった。当時、海軍省軍務局長だった吉田善吾（のち連合艦隊司令長官など）は、『博恭王殿下を偲び奉りて』で、「（博恭は）問題解決後は非常に御機嫌宜しく拝した」と回顧している。

そして勝利を誇示するかのように、海軍軍令部は「陸軍」と冠していない参謀本部と同じくただの軍令部と改称し、軍令部長も参謀総長同様、軍令部総長と名乗るようになる。いささか子供っぽいことではあった。

3　陸軍の反乱と皇族たち――閑院宮載仁親王

†二・二六事件

以上、説明が長くなったが、このようなさまざまな事実を知れば、安田銕之助らが博恭を自分たちの味方に引き込もうと考えたことも、あながち荒唐無稽ではないことが理解できよう。博恭という皇族は稔彦のように極端にワガママではなかったが、やはりわきの甘いところがあったのである。

天皇もこれを憂慮していたことが「牧野日記」(昭和八・一一・二二)から分かる。天皇は鈴木侍従長に、「博恭王が軍令部総長として報告する際に政治的なことにも触れるが、これは皇族としての立場上面白くないことだ」と不満を洩らし、そのうえで左のように言ったのである。

何とか処置すべきや、又は此の儘《まま》、暫らく不問に付すべきや

処置、といっても、罷免などの厳しいことを意味しているのではないと思われるが、それにしても天皇が博恭にかなり深い懸念を抱いていたことは確かであろう。そして昭和一一年二月二六日、博恭はそれが決して思い過ごしではなかったのを裏づけるような行動をとってしまうのである。

この日の朝五時ごろ、歩兵第一、第三連隊などの青年将校らが、下士官、兵を率いて総理大臣官邸などを襲撃、高橋是清大蔵大臣、斎藤実内大臣、渡辺錠太郎教育総監を殺害、鈴木貫太郎侍従長に重傷を負わせた。言うまでもなく近代日本史上最大の正規軍による反乱、「二・二六事件」の勃発である。

博恭がこのことを知ったのは朝六時半を回ったあたりだった。加藤寛治が電話で知らせてきたのである。加藤は事件の概要を告げるとともに、博恭に皇居に向かうように勧めた（『続・現代史資料5　海軍　加藤寛治日記』。以下「加藤日記」）。加藤は後備役となっていたが、相変わらず博恭とは近しく、陸軍皇道派の首領で、反乱将校たちが期待をかけていた真崎甚三郎大将とも密接な関係にあった。事件の前の日にも博恭によばれ、「重大問題を言上」したりしているから（「加藤日記」同日条）、事件が起きるのをうすうす気づいていた可能性もある。

加藤は真崎とも連絡をとり、一〇時前に一緒に紀尾井町の伏見宮邸（現・ホテルニューオータニ）を訪れ、あらためて博恭に皇居に参内するように進言した。そして『真崎甚三郎日記』（以下「真崎日記」）同日条には、「十時頃（伏見宮邸を）出発、島田《ママ》軍令部次長を先頭の案内として殿下に随ひ宮中に至る」とあって、嶋田を含む四人で一緒に皇居に行ったことになっている。しかし、やはり朝から宮邸に来ていた嶋田が前にも紹介した談話記録で語っているところによるとそのような事実はなく、嶋田は加藤、真崎が来る前に宮邸を去って海軍省などで情報を集めたのちに軍令部に回り、やはりそこに来ていた博恭と二人で皇居に参内したそうだ。その際、加藤、真崎の乗った車が偶然、後ろにいたので驚いたという。

もし真崎の日記が事実を記しているとすれば、博恭は加藤、真崎と事件勃発直後から共同歩調をとったことになる。逆に嶋田の回想を信じるとすれば、そうは言えない。しかし、普通に考えれば、事件当日の記録である日記の方が、後年（嶋田の談話が記録されたのは先述のように昭和三二年である）の回想よりも資料としては重んじられるべきだろう。嶋田は博恭をかばうために、あるいは記憶違いで、事実と相違することを語った可能性が高いが、しかし、完全に本当のところは分からない。ただひとつだけほぼ確かなのは、伏見宮邸で加藤と真崎が、「天皇に暫定内閣の必要性や、反乱軍に不利な戒厳令を布かないことを進言してくれ」と博恭に頼み、それを博恭が承知して天皇の前に出たことである。

周知のように、事件が起きてからしばらくの間、岡田総理大臣は殺されたことになっていた。実際には反乱軍が岡田だと思って殺害したのは、岡田の秘書をしていた義弟の松尾伝蔵陸軍大佐だったが、官邸内で身を潜めていた岡田が二七日午後に脱出するまで、ほとんどの人が岡田は殺されたと信じていた。加藤、真崎も例外ではなく、総理大臣が死んだ以上は、なるべく早く自分たちの都合のいい人物に次期内閣をつくらせようと考え、博恭にこのように頼んだのだ。そして博恭もこれを承知して天皇の前に出た。『昭和天皇実録』同日条にはこう記されている。

午前十時十五分、御学問所において、軍令部総長博恭王に謁を賜う。その際、速やかな後継内閣の組織及び戒厳令の回避を要望する意見の言上を受けられる

総理大臣を殺害されたから速やかに内閣を交代させ、反乱が起きたにもかかわらず戒厳令を布かないとすれば、まさに反乱軍の言いなりになることになる。『昭和天皇実録』にはこれ以上の記述はないが、当時、内大臣秘書官長として皇居にいた木戸幸一の日記（昭和一一・二・二六）には左のようにある。

朝、軍令部総長の宮御参内になり、速に内閣を組織せしめらるること、戒厳令は御発令にならざる様にせられたきこと等の御意見の上申あり、且つ右に対する陛下の御意見を伺はる。陛下は自分の意見は宮内大臣に話し置けりとの御言葉あり。殿下より重ねて宮内大臣に尋ねて宜しきやと御詞ありしに、それは保留するとの御言葉なりし由

天皇は博恭の願いを完全に退けたのである。自分の意見は宮内大臣（湯浅倉平）に話してあると言いながら、博恭が「宮内大臣にそれを聞いてもいいか」と請うと、にべもなく拒否する。このときすでに天皇は川島義之陸軍大臣に対し、「今回のことは精神の如何を問はず甚だ不本意なり。国体の精華を傷くるものと認む」と、反乱軍への怒りをあらわにしていたが、博恭に対してもあいまいな態度はとらなかったのである。前にもふれたように、天皇はもともと博恭が政治的な事柄に口を挟みすぎることを警戒していた。その懸念が今度はより明確に示されたのだ。

こうなれば、博恭にも反乱軍を利するようなことは許さないとの天皇の考えがはっきりと分かる。その後の細かい経緯は分からないが、少なくともこの日か翌日午前中には、博恭は何らかの方法で、天皇の反応と、自分も天皇の意に従うことを加藤に伝えた。当てが外れて愕然と

した加藤は、皇道派の元陸軍大臣荒木貞夫のところへ相談に訪れ、その後、軍令部に出勤していた博恭のもとに行く。そして「極諫申上ぐ」（「加藤日記」昭和一一・二・二七）。口を極めて翻意するように説得したのである。しかしその効果はなかった。日記は「終日憂鬱」と続く。

博恭はなぜ態度を急変させたのか。もちろん、皇族として「承詔必謹」であるべきだとのモラルもあろう。だがそれと同時に、海軍首脳たちが反乱に「断固鎮圧」の方針で臨んだことも大きかった。横須賀鎮守府司令長官の米内光政《よないみつまさ》や参謀長の井上成美は、事件勃発を知るやすぐに陸戦隊を東京に派遣して反乱軍に備えようとしたし、高橋三吉連合艦隊司令長官も軍艦を東京湾に急行させた。反乱軍に殺害された斎藤内大臣、重傷を負った鈴木侍従長、九死に一生を得た岡田総理大臣はすべて海軍の長老である。反乱を是認できるわけがない。

そして博恭にも意外だったろうが、加藤と並ぶ艦隊派の中心だった末次信正（当時、軍事参議官）でさえ、博恭に反乱の積極的弾圧を進言しているのだ（「加藤日記」同前）。こうなれば加藤らにそそのかされて軽率な行動などとれるはずはない。

反乱軍が投降したあとの三月一日、博恭は天皇に拝謁し、二六日に言上したことなど忘れたかのようにこう述べた（「木戸日記」同日条）。

一、反乱軍を徹底的に撃滅せざりしは遺憾なり。一、閑院宮の御態度は遺憾なり。一、荒

木、真崎等を出さず、中正なる者により粛軍せざれば海軍は迷惑なり

天皇も内心苦笑しただろうが、あらためて博恭をたしなめたりはしなかったようだ。博恭は昭和一六年四月まで軍令部総長を続けるのだが、それはともかくとして、博恭はここでどうして「閑院宮の御態度」を批判したのか。

†閑院宮載仁親王

実は参謀総長閑院宮載仁は、反乱が起きたとき東京にいなかった。静養のために神奈川県小田原の別邸に滞在していたのである。慶応元（一八六五）年の生まれだから、すでに七〇歳、皇族中の最年長である（因みにこの時点で生存している維新前生まれの男性皇族は載仁だけである）。昭和六年末に参謀総長に就任したときも六〇代半ばを越えていたわけだが、その年齢で重職に就任した背景には、当時の陸軍内の派閥抗争激化、軍紀の乱れがあった。内容の詳細は省略するが、載仁はそこから生じる混乱を抑える「重し」として期待されて参謀総長となったのだ（この間の経緯については柴田紳一氏の「皇族参謀総長の復活」に詳しい）。

しかし、この皇族は期待に必ずしも応えられなかった。関東軍の暴走など、現場の軍の勝手な行動を抑えられない載仁に天皇もイライラしているさまが、侍従武官長だった本庄繁中将の

閑院宮載仁親王

日記（『本庄日記』。例えば昭和八・五・一〇、九・七）などからうかがえる。さらに問題は真崎甚三郎が参謀次長となったことだった。この人事には真崎を次長とすることで皇族総長を傀儡化しようとする皇道派の目論見が働いていたが、載仁はかつて自分の付武官を務め、長い間、閑院宮家の別当（宮務監督）でもあった統制派に近い稲垣三郎中将の影響で、真崎に好感を抱いていなかった。

載仁はのちに真崎を陸軍大臣にとの動きがあった際も反対したし、統制派と皇道派の対立を激化させた真崎の教育総監罷免に大きくかかわっていた。そのため、皇道派の中堅将校たちの間からは、参謀総長を辞任させせよとの声さえあがったという（「木戸日記」昭和一〇・八・一六）。

こういうなかで反乱が起きたわけだが、載仁が小田原にいたのは先述のように静養が目的である。老人が寒い東京よりも温暖な土地にいたいというのは分かるが、しかし別に病気だったわけではない。事件を知ったらすぐに帰京するのは参謀総長、皇族として当然のことであろう。まだ新幹線はないが、東京・小田原間は、当時でも数時間あれば帰れる距離である。しかし、載仁は一向に東京に戻らなかった。在京の皇族たちは二六日から次々に皇居に集まり、天皇へ御機嫌伺をしたり、協議をおこなったりしているが、載仁は姿を見せない。

苛立った博恭が本庄侍従武官長に「閑院宮は至急帰京すべきだ」と言い、本庄は杉山元《はじめ》参謀次長にその旨を小田原に伝えるように頼むが、杉山はなぜかグズグズする。結局、二七日夕方に任地の青森県弘前から急いで帰ってきた秩父宮雍仁《やすひと》親王（少佐、弘前歩兵第三一連隊大隊長。）が直接、小田原に電話して促したため、載仁は二八日夜遅くになってやっと東京に帰ってきた。

東京の閑院宮邸は反乱軍が占拠している東京永田町一帯と目と鼻の先の赤坂見附にあった（現・参議院議長公邸）にあった。そこで危険を恐れたのだろう、載仁は麻布の御用邸に入る。帰京を催促した雍仁は、高齢の載仁に無理をさせたのではないかと心配し、すぐにそこを訪ねたが、載仁は元気だった。秩父宮は昭和二四年に記し、『中央公論』平成八（一九九六）年一一月号に掲載された文章「陸軍の崩壊」で、「安心したと共に、其の責任感の鈍さ、と云ふよりは皆無とさえ思はれたのだつた」と呆れている。また、『西園寺公と政局』（五巻九頁）によれば、秩父宮は三月二日朝にも軍事参議官の稔彦、鳩彦両王と連れ立って麻布を訪ね、「思ひきつて粛軍を徹底しなければ」と進言するが、載仁の反応は鈍かった。

†ロボット

そして載仁が天皇の前に出たのは、なんと三月八日のことだった。その場に立ち会った本庄によれば、載仁は、「不幸にして病を得まして、直接其処理の衝に当ることが出来ませんで、益々其の責の重大なることを痛感致します。爰《ここ》に、謹んで御詫を申上げ奉ります」と述べた（「本庄日記」二八六頁）。当然の陳謝だが、しかしこれも本気かどうか疑わしいと思わせる事実も本庄は記している。天皇に会う前に載仁は稔彦、鳩彦から、「この際、勇退したらどうか」と勧められたのだが、「左程意に介」さなかったというのだ。その後、直宮の秩父宮からも同じように言われ、やっと慌てたらしいが、結局、責任はとらず、参謀総長に留任するのである。

もっとも、やはり本庄によると、載仁の留任には、「ほかに参謀総長の適任者がいない」という陸軍上層部の意向も働いたということである。これに対し載仁は足元を見るかのように、「天皇の御言葉があれば留任する」と言い出し、ひと悶着があった末、留任決定後に天皇から、「現下特に、軍の統制を必要と信ず。此点に深く留意努力せらるべし」との言葉を与えるという条件で、載仁は参謀総長に留任した。ややこしい話だが、結果的には天皇は載仁を甘やかしたことになる。

前述のように、天皇はもともと載仁の参謀総長としての仕事ぶりに満足していなかった。しかしやはり天皇には三〇歳以上年上の長老皇族に対する遠慮があったのだろう、結局、載仁は昭和一五年一〇月三日、七五歳で杉山元に交代するまで職にとどまり続けた。

その間、昭和一二年初め、宇垣一成大将に組閣の大命があったにもかかわらず陸軍が反対して大混乱が生じたときは、載仁は反宇垣勢力に利用され、宇垣内閣阻止の片棒をかつがされる（筒井清忠『昭和十年代の陸軍と政治』）。さらに日独伊三国同盟締結に際しては、陸軍強硬派が主張した自動参戦条項を条約に明記するように天皇に上奏し一蹴された（『畑俊六日誌』昭和一四・五・二八）。また、昭和一四年夏にノモンハン事件が起きた時は、一旦引責辞任を言い出しながらすぐに翻意する（額田坦『陸軍省人事局長の回想』）。

陸軍省軍務局軍事課長だった西浦進は、「支那事変」が始まったころ、つまり昭和一二年あたりから、陸軍内でも「お年がお年だからもう参謀総長は無理」という声が高まったと回想している（『昭和陸軍秘録　軍務局軍事課長の幻の証言』）、まさにそれを裏書きするようなことが続いたのである。そして天皇もとうとう載仁の更迭を決意する。敗戦直後に側近たちを相手におこなった回顧の中で、天皇は、「政府大本営連絡会議に出てこないので近衛文麿総理大臣らが代えてほしいといったのと、ロボットになった傾向も見えたので」と、その理由を語っている（『昭和天皇独白録』）。ロボットとは酷評だが、秩父宮も前出の「陸軍の崩壊」の中で次のように記している。

閑院宮は陸軍の長老ではあつたが、陸軍中央官衙《かんが》に勤ムされた経験はなく、且《かつ》軍の実体からは遊離して居られたから全くのロボットであつた天皇、直宮からこのように評される皇族参謀総長が九年近くも在任したところにも、昭和陸軍の病理があらわれていたと言うべきだろう。

†反乱に加担？

さて二・二六事件というと博恭や載仁以上に名前のあがる皇族は、ほかならぬ秩父宮雍仁である。簡単に言えば、秩父宮は若いうちから反乱を起こした青年将校らの主張に共感し、青年将校たちもこの皇族を味方だと信じ、場合によっては両者がともに行動をおこすことも大いにありえたとの説が、敗戦後しばらくの間、根強く広まっていたのである。二・二六についての最もポピュラーなドキュメントとも言うべき松本清張の『昭和史発掘』でも、任地の弘前から上京してくるまで、秩父宮は反乱将校たちの希望を達するよう宮中で努力しようと考えていたと推測されている（同書一〇章など）。しかし、こうした見方に対する反論は、秩父宮死後に「秩父宮を偲ぶ会」が制作した伝記『秩父宮雍仁親王』（芦澤紀之編）や、保阪正康氏の『秩父宮と昭和天皇』で説得力をもってなされており、いまでは二・二六で秩父宮が反乱軍と手を結び、なんらかのことをしようと考えていたという説は崩壊したと言ってよい。

ただ、若いころの秩父宮が、のちに反乱に加わったような青年将校たちと接触をもち、ある場合には彼らの考えを支持するようなことを口にしていたのは事実である。本章冒頭でふれた昭和六年の十月事件のときは、天皇に向かって「親政」と説き、憲法停止もやむを得ないとまで主張し、天皇と激論を交わしたこともあった（「本庄日記」昭和八・九・七）。

天皇や側近たちがそうした秩父宮に危惧の念を抱くのは仕方なく、木戸幸一の昭和七年六月二一日の日記には、一木喜徳郎宮内大臣と近衛文麿貴族院副議長、原田熊雄、木戸が、晩餐の席で、「秩父宮の最近の時局に対する御考が稍々《やや》もすれば軍国的になれる点等につき意見を交換す」との記事がある。

またその少し前、昭和七年五月二八日の侍従武官長奈良武次の日記には、天皇が奈良に、「青年将校の言動意外に過激なるやに感ぜらる。秩父宮殿下を他に転補に必要なきや陸軍大臣に相談せよ」と命じたと記されている。秩父宮は当時、陸大を卒業し歩兵第三連隊に所属していたが、この弟宮を天皇は青年将校と触れ合う機会の多い現場の部隊から、他の部署に移したほうがいいと考えたのだ。実際、秩父宮はこの年の九月に参謀本部付となる。

それが功を奏した結果かどうかは分からないが、昭和八年三月初めごろ秩父宮に会った天皇が、鈴木貫太郎侍従長に次のような感想を洩らすほどに秩父宮は変わってきた（「木戸日記」昭和八・三・八）。

従来秩父宮は政治等に就ても所謂軍部の見るが如き軍本位のかたよれる御考へが多かりしが、昨今は大分変られて御眼界も広くなられし

そして反乱が起きたことを弟の高松宮宣仁親王（以下、秩父宮と同じ理由で高松宮と記す）から電話で知らされ、二月二七日夕方に上京し、すぐに皇居に来た秩父宮に会った天皇は、翌日朝、侍従次長の広幡忠隆に、「秩父宮は五・一五事件の時よりは余程お宜しくなられた」と洩らした（「木戸日記」同日条）。安心したのであろう。

†木戸たちの心配

ただ、斎藤実内大臣が殺されたため、その代理のように宮中に詰めていた木戸幸一（宗秩寮総裁兼内大臣秘書官長）などは、秩父宮への疑念を完全には解いていなかった節がある。二月二六日夕方、高松宮が「雍仁親王が上京したいと言っているがどう思う」と宮内省に尋ねてきたときも、積極的には賛成しなかったし（「木戸日記」同日条）、二七日夜、秩父宮が天皇と会い、さらに皇后、高松宮もまじえて食事をしたのち、赤坂表町（現・港区元赤坂）にあった自邸に帰ろうとしたとき、「御帰途を擁し、行動軍が御殿に入込むとの計画ありとの情報あり」という理由で、厳重な警備態勢ができるまで帰邸を遅らせるように願ったりしている。万一を

警戒していたのである。

反乱将校の一人が二七日夜、本拠としていた山王ホテルの前に集まった市民を相手に、「秩父宮殿下が上京されたので、われわれの指導者として仰ぐことになった」と演説し、聴衆たちから熱烈な拍手を浴びたといったことも木戸の耳には入っていただろうから、そう簡単に安心はできない。

しかし心配はやはり杞憂であった。秩父宮はその後も毎日のように皇居に来て、高松宮とともに天皇を助ける。さらに反乱が完全に鎮圧された三月三日には、天皇に、「後継内閣の首班に平沼騏一郎は不可であり、真崎甚三郎はクビにすべきだ」と言上する（『木戸日記』同日条）。反乱将校やその背後にいる右翼勢力、陸軍皇道派への批判的姿勢をあらためて明確にしたのだ。そのうえで三月九日、弘前へ戻った。

そしてこの年の末、秩父宮は参謀本部に転属となる。第一部戦争指導課付で、上司は石原莞爾大佐である。翌昭和一二年三月には天皇の名代として国王ジョージ六世の戴冠式に出席するため、勢津子妃と一緒にカナダ経由でイギリスに向かった。戴冠式後、夫妻ともに悪性の風邪にかかりスイスで療養したりしたが、その後、オランダ、ベルギー、フランスを回ってからドイツを訪れ、アドルフ・ヒトラー総統とも会う。

帰国は一〇月半ばだったが、木戸がヒトラーに就いての感想を尋ねると、秩父宮は、「兎に角よくやって居る。只、ヒットラーの死後はどうなるかが問題にて、伊（イタリア）も亦同様なれば、我国は之等《これら》の諸国に頼るは考へものにて、危険なりと思ふ」と語った（「木戸日記」昭和一二・一一・二〇）。すでに前年一一月、日本はドイツと防共協定を結んでおり、秩父宮が帰国した直後にはこれにイタリアも参加し、日独伊三国同盟の前身である日独伊防共協定が成立している。さらに秩父宮滞欧中の昭和十二年七月七日には盧溝橋事件が起き、大陸での日本陸軍の暴走が本格的に始まった。木戸への言葉はこうした状況を踏まえたものであり、秩父宮の判断が冷静なものであることをうかがわせると言えよう。

†進級拒否

ヨーロッパからの帰国後も参謀本部勤務は続く。昭和一三年一月には大本営参謀となったが、戦争指導課長の石原は大陸での戦線不拡大を主張した結果、秩父宮の在欧中に杉山元陸軍大臣らの拡大派によって、関東軍参謀副長に転出させられていた。石原の主張に共鳴し、戦争の早期終結を願っていた秩父宮は、次第に軍首脳への失望を強めていく。その結果、参謀本部への出勤もにわかに少なくなっていったと、前出の『秩父宮雍仁親王』にはある。

それと同時に秩父宮の健康もそこなわれつつあった。「スポーツの宮様」とも言われた秩父宮は頑健だったと思われがちだが、実は少年時代からそれほど丈夫ではなかった。しかし生真面目な性格で皇族、軍人としての務めに励んでいたのだが、勢津子妃の生前の直話によると、とくに陸大時代の無理がたたって、体を壊してしまったとのことである。肺結核が発病したのは昭和一五年六月、それ以後、箱根や葉山で療養生活を送り、昭和一六年九月からは、静岡県御殿場の別邸に移り住んだ。そして昭和十六年二月には治療に専念するため、大本営陸軍部参謀も辞し、参謀本部付となる。

そして対米英戦争が始まったあとも御殿場での生活は続く。そこでの日常の様子については、やはり御殿場に疎開していた勢津子妃の義姉である松平豊子の『春は昔——徳川宗家に生まれて』に詳しい。雍仁夫妻は幼子を二人かかえて田舎にやってきた豊子に乏しい食料を分け与えたりしている。

そんな中でも雍仁の心情を刺激するようなことは起きる。昭和一八年初め、陸軍上層部は秩父宮の大佐から少将への進級を内定した。皇族の進級は普通の軍人よりもかなり早いスピードでおこなわれ、秩父宮にもその時期が来たのだが、本人は病気で何年も軍務を休んでいるのだから進級などできないと断り、陸軍省人事局長らがいくら説得しても応じなかった（進級したのは二年後の昭和二〇年三月。雍仁が進級しないと後輩の軍人皇族も進級できないとの事情があったため）。

さらに昭和一九年二月、東条英機総理大臣兼陸軍大臣兼軍需大臣が、行き詰まりを打開するために参謀総長をも兼ねた時は、たびたび付武官を東条のもとにやったり、書簡を送ったりして反対の意を伝えた。東条は度重なる書簡に腹を立てたのか、「兼任が国家成立の本義にもとるようでしたら、御前において割腹してお詫びします」との返事を寄越した。秩父宮がこれにどう応じたかは分からない。

†敗戦と死去

そして昭和二〇年八月一五日。この日、高松宮と喜久子妃が御殿場まで来て、秩父宮夫妻とともにポツダム宣言受諾を告げるラジオの玉音放送を聴いた。勢津子妃の『銀のボンボニエール』によれば、電波の状態が悪く、内容は十分に聞き取れなかったらしいが、天皇はあらかじめ一三日に在京の皇族たちにポ宣言受諾を伝えており、高松宮がその内容を詳細に記した文書を御殿場にも届けさせていた（「高松宮日記」同日条）。高松宮はそうしたうえでなお、秩父宮が玉音放送を聴き、病状を悪化させるのではないかと案じて御殿場まで出かけたのだろうが、秩父宮はこの日、高松宮夫妻が帰京したあと、人工気胸と穿刺排除の治療を三カ月ぶりに受けた（『銀のボンボニエール』）。やはり敗戦の衝撃は大きかったのだろう。

それでも八月二四日、秩父宮は自動車で上京し、ほとんどの建物が空襲で焼けてしまった表町の邸宅に入る。二九日には総理大臣となっていた東久邇宮稔彦が訪ねてくる。「東久邇宮日誌」同日条には、「長い間御病気なりしが、最近は余程良くなられ、大に肥えられたり」とある。そして九月一五日には皇居で天皇、皇后とも会った。『銀のボンボニエール』によると、天皇は弟の元気な様子が心から嬉しそうで、積もる話が続いたという。

この時、秩父宮は陸軍少将の軍服を着ていた。しかし最早、天皇と秩父宮は大元帥と軍人ではなく、兄弟として対したであろう。少し時はさかのぼるが、若いころの兄弟の関係は、周囲から見るとやや問題があった。大正一〇年六月三日、秩父宮が成年となるすぐ前のころの「倉富日記」にはこんな記事がある。

是迄が余り御待遇が広大過ぎる様に思はるる故、御気には入らざるも、十分に抑ゆる必要ありと思ふ。聞く所にては、皇后陛下は特に殿下を御愛し遊ばさるる様なり。然れば尚ほ更、其必要あり

これは当時、宮内省諸陵寮頭だった仙石政敬が宮内大臣牧野伸顕から倉富に伝えてもらいたいと言われて告げたことなのだが、ここで「殿下」というのは秩父宮のことである。要するに宮中首脳たちは、貞明皇后があまりに可愛がるので、秩父宮が厚遇され過ぎていると憂慮しているのだ。「倉富日記」にはその後も、「南部が『秩父宮は剛直なので、皇太子との分を乱さな

いことを心がける側近が必要だ』と言った」(大正一〇・六・一七)とか、「皇太子の秩父宮の使いへの態度が恭しすぎる」(大正一一・八・三〇)とか、西園寺八郎が秩父宮を、「難物、高慢」と批判した(大正一二・一・一〇)といった、若き日の裕仁親王(昭和天皇)と長弟雍仁親王の間が微妙だったことを思わせる記事が多く見られる。しかしそれから二十余年が経ち、しかも皇室の存続さえ危ぶまれるこの時期、二人の間には肉親としてお互いの苦労を思いやる情しかなかったであろう。

一〇月一日に御殿場に帰ったあとの秩父宮は、病状も安定し、邸内で飼っていた緬羊の世話や軽い農作業までできるようになった。また内外から訪問客にも会ったりしたが、二二年九月には手術を受けるなど病状は一進一退だった。それでも結核の特効薬ストレプトマイシンの効き目がある程度あったようで、昭和二六年五月の貞明皇后崩御に際しては上京、また翌年一月には鵠沼の別邸に転居し、来日したオックスフォード大学のラグビーチームの試合を観戦するために上京したり、一一月一〇日の皇太子の立太子礼にも参列したりした。

しかしそれから半月ほどのち、病状は急激に悪くなり、手術もできず、翌昭和二八年一月四日、秩父宮雍仁は鵠沼で死去した。享年五〇であった。

第九章

大東亜戦争と皇族

1　戦地の皇族たち――朝香宮鳩彦王、北白川宮永久王

†伏見宮博義王の負傷

対米英戦が始まった直後の昭和一六（一九四一）年一二月一〇日、大本営政府連絡会議は、「支那事変」、すなわち昭和一二年七月七日、北京郊外盧溝橋付近で演習中の日本軍への発砲をきっかけに始まった対中国本格戦争を含め、以後の戦争を「大東亜戦争」と称すると決めた。歴史研究者などのなかには、この言葉には侵略的な意図が内包されているとして忌避する人もいるが、日本政府や軍部、報道機関、そして多くの日本人がこれを使ったことは歴史的な事実であり、それを忘れないためにも本書ではこう呼ぶ。

さて皇族で大東亜戦争に従軍したものはどれくらいいたのだろうか。昭和一二年七月当時、陸海軍の現役軍人だった皇族（朝鮮王公族は除く）は次頁の表の通りである（年齢順）。

閑院宮載仁	元帥・陸軍大将。参謀総長
梨本宮守正	元帥・陸軍大将。軍事参議官
伏見宮博恭	元帥・海軍大将。軍令部総長
朝香宮鳩彦	陸軍中将。軍事参議官
東久邇宮稔彦	陸軍中将。軍事参議官
伏見宮博義	海軍中佐。第三駆逐隊司令
賀陽宮恒憲	陸軍中佐。騎兵第一〇連隊長
久邇宮朝融	海軍少佐。軍令部部員
秩父宮雍仁	陸軍少佐。参謀本部付
閑院宮春仁	陸軍大尉。陸大研究部員
高松宮宣仁	海軍少佐。軍令部第三部員
竹田宮恒徳	陸軍大尉。陸大学生
北白川宮永久	陸軍大尉。近衛砲兵連隊中隊長
朝香宮孚彦	陸軍中尉。歩兵学校教導隊付
三笠宮崇仁	陸軍少尉。騎兵第一五連隊付
東久邇宮盛厚	陸士卒業。八月、陸軍少尉任官

この表の中で最初に戦地に向かったのは軍令部総長伏見宮博恭の第一王子博義である。博義は幼いころから喘息を病むなど、体が弱かった。第五章でも見たが、祖父の伏見宮貞愛親王が宮内大臣に「博義が病弱なので弟たちを臣籍降下させられない」と弁解しているほどである。また学習院での学業成績も不良で、皇族としては異例の転校（東京府立五中）をしたが（「倉富日記」大正一一・二・二三）、皇族である以上はよほどのことがない限り軍人とならないわけにはいかず、大正三（一九一四）年に海兵に進み六年に卒業、海軍士官となった。その後もなにかと問題を起こし、父博恭や、前章で記したように博恭に近かった加藤寛治らを悩ませるが（「加藤日記」昭和七・八・二八、八・九・一など）、軍務は続け、昭和一一年末には第三駆逐隊司令となり、翌年九月初め、駆逐艦「島風」に乗って上海方面に出動したのである。

盧溝橋事件以後、大陸での戦線は徐々に広がっていたが、八月九日に上海の日本人租界を警備していた海軍陸戦隊の将兵が殺害されたのをきっかけに、近衛文麿内閣は閣議で上海への陸軍部隊派遣を決定した。そのような状況下だから、博義はまさに第一線へ赴いたと言えよう。そして九月二五日、「島風」は上海市内を流れる黄浦江（揚子江支流）を航行中、中国側の砲撃を受け、二名が死に一七名が負傷したが、負傷者の中には左手に小弾片による軽傷を負った博義がいた。日露戦争の黄海海戦での博恭に次ぐ父子二代の戦傷であった。

米内光政海軍大臣から見舞いの言葉を受けた博恭は、「名誉の負傷と思い満足である」と応えた（『博恭王殿下を偲び奉りて』）。軍令部総長としては当然の反応だろうが、父親とすれば、さんざん手を焼かされた息子がよくぞ、との感慨もあったろう。また博義負傷をラジオで聴いたある東京市民が、満州に出征している娘婿に送るつもりで用意していたチョッキと腹巻を、「博義王殿下へ」といって海軍省へ持参したというエピソードも、同書は紹介している。

一方、軍令部勤務だった高松宮宣仁は、日記（昭和一二・九・二六）に、「これで皇族も戦死傷者の中に算《かぞ》へられる帖面ヅラとなり、よろし」と記している。妙にクールな感想だが、日ごろから博義に微妙な感情を抱いていたのかもしれない。

負傷は軽かったので博義はそのまま揚子江方面で乗艦勤務を続けるが、数カ月後に潰瘍性口内炎を起こして治療のため帰国、一旦は回復するが、負傷から約一年後、激しい気管支喘息の発作を起こし、そのまま死去した。

†閑院宮春仁王の出征

陸軍で大東亜戦争に最初に出征したのは閑院宮載仁親王の嗣子、春仁王である。博義同様に幼いころから病弱で、自伝『私の自叙伝』（戦後、改名したので閑院純仁著となっている）によると、医者は二〇歳まではもたないだろう、と言っていた。学習院初等科も中退し、二・二六のときに父載仁がいた小田原の別邸に移り、中学も小田原中学に通った。そして大正一〇年三月に卒業、一二月に士官候補生として近衛騎兵連隊に入隊した。倉富勇三郎は同年一〇月二五日の日記に、「それほど虚弱なら春仁王も無理に軍人にならなくてもいいのに」と記しているが、やはりそういうわけにはいかない。翌年一〇月には陸士本科に入校、一三年七月に卒業し、秋に少尉に任官した。

その後、騎兵畑を歩み、騎兵一六連隊中隊長などを経て陸大研究部員だった昭和一二年九月末、参謀本部から大陸への出征の打診があった。『私の自叙伝』によると、それに対して春仁は、「海軍からは博義王が出征し、負傷もして大いに話題となっている。それへの対抗意識で陸軍からも皇族を出征というようなことなら断る」と応えたが、そうではないと言われたので快諾したという。

たしかに海軍が軍令部総長の王子なら、陸軍は参謀総長の王子を出征させたいと首脳たちが考えるのは大いにありうることだが、実際のところは、陸軍大臣の杉山元などは戦地に皇族を出すのを渋ったらしい。そのため、話はなかなか進まなかったが、一一月一日になって、やっと北支那方面軍参謀に任じる旨が発令され、春仁は五日に下関を出港、九日、天津の方面軍司令部に着任した。

実は昭和七年ごろ、春仁は当時所属していた近衛騎兵連隊から豊橋の騎兵第四旅団に転属することが内定していた。ところがこの旅団が急に満州に出動することになったため、転属はなしになってしまったのである。皇族を戦地にやりたくないとの上層部の意向が働いた結果だが、春仁はガッカリした。ところが今度こそいよいよ大陸である。春仁は大いに張り切ってやってきたが、当てはまったく外れた。

閑院宮春仁王

中国軍との大きな戦闘は、春仁が日本にいる間にほとんど終わっており、司令官寺内寿一大将以下の方面軍幹部たちの春仁への気の使い方も尋常ではなかった。さらに参謀として与えられる仕事も、まるで陸大の学生がするようなものであった。『私の自叙伝』の文章を借りれば、「私の処遇については、私としては不満も多く、また職務遂行上においても、皇族なるがゆえに受ける掣肘も、けっして少ないものではなかった」ということだった。

結局、実戦の場に出たのはたった一度。機関銃の音は耳をつんざくようだったが、中国軍はさっさと退却してしまう。拍子抜けであった。そして大陸に来てからわずか七カ月後の昭和一三年五月一八日、春仁は北京から帰国した。

去るにあたり、春仁は皇族として方面軍に忠霊施設建設費、傷病兵医療慰安費として各二〇〇〇円、北京と天津の日本居留民会に各一〇〇〇円を寄付し、宿舎専属軍属に五〇円、専属憲兵一人当たり二五円、運転手へ一五円、給仕へ一〇円を与えた。『私の自叙伝』には、こんな面白いことも書いてある。さらに付け加えれば、春仁はこの大陸への出征に対して功四級金鵄勲章を授けられている。本人は「何の功績もないのに」と辞退しようとしたが、「それではかえっていろいろ差しさわりがある」と思い直し、「ありがたく頂戴することにした」と、これも同書にある。

†南京事件と鳩彦王

春仁が大陸にいることはひと月ばかり伏せられていたが、一二月一〇日、一般にも発表された。そして同時に朝香宮鳩彦《やすひこ》王が上海派遣軍司令官として出征していることも明らかにされた。

あのフランスでの交通事故で重傷を負った鳩彦は、帰国後、東久邇宮稔彦《なるひこ》などと比べると、地味な軍歴をたどった。稔彦が帰国してからしばらく陸軍とも揉めていたのは既述の通りだが、昭和三年八月に近衛歩兵第三連隊長となったあとは、名古屋の歩兵第五旅団長、仙台の第二師団長、大阪の第四師団長を歴任、さらに軍事参議官となり、昭和一二年八月には陸軍航空本部長を兼任した。一方、鳩彦は現場の長としては東京の歩兵第一旅団長、近衛師団長を短期間務めただけであった。皇族だから階級だけは稔彦と並び猛スピードで中将まで昇進したが（ちなみに昭和一〇年九月一日現在で中将は両王以外に五七名いたが、陸士卒業期で見ると一一期二名、一二期八名、一三期九名、一四期一八名、一五期二〇名である。ところが鳩彦、稔彦は二〇期卒業であり、同期では少将になったものさえいない。猛スピードという所以である）、軍人としてはあきらかに稔彦よりも冴えない。

朝香宮鳩彦王

そんなことも考慮されたのか、やはり軍事参議官だった鳩彦は、一二月二日、上海派遣軍司令官に任じられ大陸へ渡ったのだ。派遣軍は同年八月一五日に編成され、第一〇軍とともに中支那方面軍の隷下にあった。初代司令官は方面軍司令官の松井石根《いわね》大将が兼任していたが、その後任に鳩彦が就いたのである。隷下には第三（名古屋）、第九（金沢）、第一一（善通寺）、第一三（仙台）、第一六（京都）、第一〇一（東京）の六個師団が入った。

当時、中支那方面軍参謀副長だった武藤章大佐がA級戦犯として拘留されていた巣鴨プリズンで記した回顧録『比島から巣鴨へ』によると、中支那方面軍司令官と上海派遣軍、第一〇軍司令官の関係は左のようなものだった。

松井大将は上海派遣軍及び第十軍を統率（統御、経理、衛生、司法等）していないのであって、両軍司令官が部下を統率し、この上に松井大将が立って一時作戦の統一指揮に当ったと云う次第である。従って部下の軍紀風紀の取締りも両軍司令官が全責任を持ち、松井大将は上級指揮官として作戦指揮上の責任のみを有するのである

鳩彦が着任後すぐに派遣軍を指揮しておこなったのが中華民国の首都、南京攻略作戦である。中国軍の大半が戦意を喪失していたこともあって南京は数日で陥落するが、中国軍の一部は市内で頑強な抵抗を続け、日本軍を悩ませた。そしてそのなかで起きたのが、日本軍の一部将兵による捕虜や市民に対する大規模な不法行為であった。いわゆる「南京事件」である。

周知のようにこの事件については延々と論争が繰り広げられている。事件当時の欧米の新聞

報道などをもとにした「三〇万人の中国人が殺された」との主張と、事件は「マボロシ」だったという主張を両極端として、かなり非生産的な著作などもあらわれたが（もちろん生産的な著作も多くある。たとえば最近、出版された清水潔『「南京事件」を調査せよ』）、松井大将自身が巣鴨プリズンで戦犯教誨師の花山信勝（東大教授）に、「事件を知り朝香宮や第一〇軍司令官の柳川平助中将を集めて泣いて怒った」と語っている（花山『巣鴨の生と死　ある教誨師の記録』）ことからしても、日本軍による相当な不法行為があったことは残念ながら否定できない。そして武藤章の述べていることを前提にすれば、この事件に関し鳩彦に少なくとも司令官としての責任があることも否定できない。

†鳩彦の酔態と再婚騒ぎ

責任問題については次章でも触れるが、当時の新聞などで以上のようなことが報じられなかったのは言うまでもない。一二月一七日におこなわれた松井司令官と鳩彦が先頭に立った南京入場式の模様を報じる『東京朝日新聞』の記事には、「朝香宮殿下の御重任　南京戦で三軍御統率」「畏《かしこ》し朝香宮殿下　砲煙中に御視察　南京戦線の将士感泣」「南京城門名馬の嘶《いな》なき　父宮いまぞ御入城　朝香宮湛子女王さま御喜び」といった見出しが躍り、空輸された入城光景の写真も掲載されている。鳩彦は一躍英雄となったのである。

ところが翌一三年二月半ばには中支那方面軍も上海派遣軍も編制を解かれ、松井も鳩彦も日本に帰る（鳩彦王は帰国後、軍事参議官に戻る）。南京事件とこのこととの関係は分からないが、わずか三ヵ月にも満たない出征だった鳩彦は不満だった。中支那方面軍のあとを承ける形で編成された中支那派遣軍の司令官となった畑俊六大将の日記（昭和一三・二・二三。『続・現代史資料4　陸軍　畑俊六日誌』。以下「畑日誌」）にはこうある。

松井大将も未練出で、又殿下ももう少しと云ふ御気持らしく、余が着任した時はあまりよい顔をせられざりし事だけは事実なり

鳩彦が帰国するために南京から上海に到着したのは二月一八日夕方だったが、そのとき畑が飛行場まで出迎えなかったことも鳩彦の機嫌を損ねた。畑が日本から上海に来たのもやはり一八日の午後であり、迎えに行くヒマなどなかったのだが、武藤章から鳩彦が怒っていたと聞いた畑は一九日、鳩彦に会って詫びる（「畑日誌」同日条）。

畑は陸士一二期の大将、それまで陸軍航空本部長、台湾軍司令官、教育総監などを歴任した大物である。にもかかわらずわざわざ詫びたのは、もちろん相手が皇族だからだが、もともと鳩彦には皇族風を吹かすところがあった。例えば、パリから帰った後、陸大教官となったが、

校舎の入り口に掲げてあった山県有朋の書を入れた額を取り外せと命じたりしたこともあった。皇族である自分が臣下の書の下を通るのは面白くないとの理由だった。畑はこんなことも耳にしていたのかも知れない。

鳩彦は昭和八年一一月に明治天皇の皇女だった允子《のぶこ》妃を喪っている。朝香宮家は妃あってのものだと鳩彦が思っていたことは前にも述べたが、妃が内親王であることは鳩彦の皇族としての誇りをいっそう強くしていた。

昭和一〇年元日、鳩彦は年賀に出かけた高松宮邸で泥酔した。同日の「高松宮日記」によると、「私は独りものだ」と泣き出し、高松宮は帰ってもらうのに苦労したという。允子の一周忌が終わったあたりから、木戸幸一宗秩寮総裁が鳩彦の再婚について動き出しており、本人とも何回か話をしていることが「木戸日記」（昭和九・一二・一二、一二七など）に記されているが、この元日の醜態を聞いた木戸は、秩父宮や湯浅倉平宮内大臣らとも相談し、本格的に再婚話を進めることにした。

そこでまず相手として名前があがったのが、有馬頼寧《よりやす》伯爵の娘澄子だった。しかし鳩彦は、「内親王を母とした子供たちに、いまさら皇族でないものを母と呼ばせるのは忍びない」と断ってしまう（「有馬日記」昭和一〇・二・二〇）。頼寧の夫人は北白川宮能久親王の王女貞子だから、澄子にも皇族の血が入っているのだが、それでも鳩彦には不満だったのだ。

再婚話は秩父宮を通じて貞明皇后の耳にまで届き、皇后は、「必ずしも正式の妃殿下にあらずとも、兎に角早く安定することが必要なり」と心配する（『木戸日記』昭和一〇・八・九）。鳩彦の酔態から発した騒ぎは皇室中に広まったわけだが、結局、鳩彦はこのまま誰とも再婚しない。このあたり、内親王との結婚を喜ばなかった稔彦と比べると面白いが、ちょっと話が戦争からそれてしまった。話を戻して登場するのはその稔彦である。

†第二軍司令官になった稔彦

鳩彦が日本に帰った直後の昭和一三年三月、稔彦は陸軍航空本部長として視察のために大陸に渡る。そして、閑院宮春仁もいる北支那方面軍司令部（当時は天津から北京に移っていた）を訪れた。そこで稔彦は寺内寿一司令官や岡部直三郎参謀長に、「中国との戦争をこのまま続ければ、両国が人命を失うばかりだから、速やかに和平を考えたらどうか」と言った。すると二人は顔色を変え、テーブルを叩いて、「和平などと言うものがいるからこの戦争ははかどらないのだ」と怒鳴った。稔彦は、「こんな人たちと議論しても始まらない」と思ったので、黙ってその場を立ち去った――。

以上は稔彦が敗戦後、皇籍を離脱する直前の昭和二二年四月に上梓した『私の記録』によるが、要するに稔彦は自分が大東亜戦争の早い段階から中国との和平を考えていたと言っているのだ。ところが皮肉なことに、この年の四月末、稔彦は第二軍の司令官に任じられ、中国大陸に出征するのである。第二軍は昭和一二年八月に編成され、第一〇（姫路）、第一六（京都）、第一〇八（弘前）師団などからなり、初代の司令官は西尾寿造《としぞう》中将だった。そして西尾が教育総監に就任したために稔彦が後任となったのだ。

そしてなお皮肉なことに、この第二軍を隷下に収めているのは稔彦を怒鳴った寺内司令官率いる北支那方面軍だった。二人ともさぞやりにくかったと思うが、第二軍は火野葦平の「麦と兵隊」で有名な徐州作戦に従事する。ただ稔彦が司令官となって二カ月後に、町尻量基《まちじりかずもと》少将が北支那方面軍参謀副長から第二軍参謀長に転じてきた。大山柏とともにパリに稔彦を説得しに出かけた町尻は、あの一件後も陸軍内で順調に出世し、方面軍参謀副長の前には陸軍省軍務局長にもなっていた。さらに前にも見たように、この有能な軍人は学習院、陸士、陸大で稔彦の一年後輩であり、稔彦の姪である賀陽宮由紀子女王と結婚している。その町尻が自分の下に来たことに稔彦は安堵したろう。

第二軍の高級参謀だった岡本清福《きよとみ》大佐は、昭和一四年におこなった口演（「岡本清福大佐回想録」として『現代史資料12　日中戦争4』に収録。口演とは文書ではなく口頭による報告）で、「稔彦王は参謀長以下を絶対的に信頼し、作戦計画などにもいっさい手をくわえなかった」旨を述べているが、稔彦は町尻らに全面的に頼り、賢明にも軍司令官としては「お飾り」に甘んじていたことになる。

しかし、本人の『私の記録』によれば事情はかなり異なる。第二軍は七月初め、北支那方面軍隷下から中支那派遣軍隷下に移る。武漢攻略作戦に参加するためであった。武漢とは揚子江中流の三都市、武昌、漢口、漢陽の総称だが、戦争の泥沼化にともない首都を上海から奥地の重慶に移した中国国民党政府は、交通の要衝である漢口を仮首都とし、蔣介石もそこにいた。第二軍は第一一軍とともに、その攻略を命じられたのである。

†漢口攻略

ところが『私の記録』には、稔彦がこの作戦に反対だったとある。もし日本軍が漢口を占領すれば国民党は共産党と手を結ぶかもしれないし、日本軍はさらに大陸奥地まで引きずり込まれる可能性もある。したがって漢口を攻めずに蔣介石と和平すべきと考え、部下の参謀たちにもそう主張したがだれも賛成しない。中支那派遣軍司令部や参謀本部にもその旨の意見を具申したが、やはり受け容れられない。そこで稔彦が密かに考えたのは、第二軍を漢口城外まで進めるが直前で止め、蔣介石と和平交渉をするとの作戦だった。ところが、漢口寸前まで来たとき、どういうわけか中支那派遣軍司令部から急に他方面への転進を命じられたので、この企ても成就しなかった——『私の記録』にはこうある。

なんともドラマチックな話で、これが本当ならば稔彦は「お飾り」どころではなかったことになる。しかも『私の記録』によれば蔣介石も稔彦の意図を承知しており、漢口城内で待っていたというのだから、部下や派遣軍司令部、参謀本部が邪魔をしなければ、ドロ沼化しつつあった対中戦争は早期に集結し、その後の歴史は大きく変わったことになる。

しかし、中支那派遣軍司令官の畑俊六は漢口攻略作戦についてこう回顧しているのだ（『元帥畑俊六回顧録』）。

第十一軍は武昌を攻略せしめ、漢口は東久邇宮軍に花を持たせて第二軍に攻略せしめんとの心持なりしが、第二軍は大別山に引かかり漢口も亦第十一軍の名をなさしめたるは亦止むを得ざる次第なりき

大別山とは漢口手前の激戦地だが、そこで第二軍の部隊が進撃に手間取り、漢口攻略に間に合わず、第一一軍に名をなさしめたというのが真相で、第二軍が急に転進を命じられた事実はない。畑の回顧からはそうなる。

そこで稔彦と畑のどちらが真相を伝えているかということだが、常識的に考えて、また先に引いた岡本大佐の口演の内容などからしても、皇族とはいえ一司令官に過ぎない稔彦が、『私

の記録』で言うような大胆不敵なことをやろうとしていたとは思いにくい。『私の記録』は書かれた時期もあり、戦中の自分がいかに和平論者だったかと強調し過ぎているきらいがあるのだ。ここは畑の言っていることを信じるべきだろう。

ここで一つ興味深い事実に触れておこう。昭和五九年秋だから漢口攻略戦から半世紀近くあとのことだが、アメリカ議会図書館でこの戦闘の最中に日本軍が毒ガス兵器を使ったことを示す資料が大量に見つかり、その中には稔彦の毒ガス使用を命じた書類も含まれていたということが新聞で報じられたのだ（『朝日新聞』昭和五九・一〇・六）。

毒ガスを含む化学兵器の使用は一九二五年に締結されたジュネーブ議定書で禁じられている。もっとも日本はこの議定書に調印はしたが昭和四五年まで批准していない。したがって仮に稔彦司令官がそのような命令を発したとしても、すぐ法的に問題とされることはないが、次章で見るようにし、戦後しばらく、稔彦は戦犯問題で神経質になっていた。もしこの毒ガスのことを覚えていたとしたら、なおのこと『私の記録』では自分の和平論者の側面を強調することに必死になった可能性が高い。

†ノモンハン事件と皇族

稔彦は翌昭和一四年一月、第二軍司令官から軍事参議官に転じて帰国する。中国にいた期間は九カ月。日本にいたとき兼任していた航空本部長には東条英機が就任していたので、鳩彦同様、しばらくは軍事参議官だが、この年八月には二人とも大将となる。何度も言うが、皇族、とくに陸軍の皇族の出世は早い。

さて彼らが大将となる少し前の五月一一日、満州国とモンゴル人民共和国の国境付近で、関東軍とソ連・モンゴル軍が衝突した。それから九月十五日に停戦協定が結ばれるまでの四カ月間にわたって続いた「ノモンハン事件」（ソ連では「ハルハ河の会戦」、モンゴルでは「ハルハ川の戦争」）の勃発である。事件の経緯などについては省略するが、事件が日本側の惨敗（個々の戦闘ではソ連、モンゴル側にも大きな損害が生じたが、戦争としては日本の惨敗である）に終わった後、天皇の周囲では、ある皇族が事件の最中にひどい目にあったらしいとの噂が流れていたのだった。

そのことが長い時を経てあきらかになったのは、平成一九年四月号の『文藝春秋』に、当時、天皇の侍従だった小倉庫次の日記（以下「小倉日記」）の一部が掲載されたからである。その昭和一四年一〇月二六日条の関係個所を引用しよう。

> 盛厚王《もりひろ》、ノモンハンの戦闘に於て、苦力《クーリー》に身をやつし逃れたる由の『デマ』ある由、御上み《（ママ）》より武官長に御訊ねありたる由。全くのデマにて左様のことなし。或は皇族間のデマか

（大夫より）

盛厚王とは稔彦の第一王子である。大正五年に生まれて学習院から陸士に進み、昭和一二年六月に卒業、八月に砲兵少尉に任官していた。そして昭和一四年七月、野砲兵第一連隊中隊長見習（中尉）としてソ満国境の戦闘地域に向けて出発した――。

ここまでは事実である。ところが盛厚が「ノモンハンの戦闘に於て、苦力に身をやつし逃れた」というのは、小倉が記しているように「全くのデマ」、ありえないことだった。なぜなら盛厚はたしかに野砲兵第一連隊中隊長見習として戦闘地域に向かったが、戦闘が本格化する前の八月一日に、戦場から遠く離れたハルビン郊外にあった阿城重砲兵連隊中隊長に転任しているからである。日本軍がソ連軍との戦闘で壊滅的な打撃を受けたのは八月二〇日であり、野砲兵第一連隊も多数の死傷者を出すが、もちろんこの時も盛厚は戦闘には加わっていない。

有名なドキュメントである五味川純平『ノモンハン』によれば、盛厚が阿城に転属したのは、同行していた宮内省の属官がソ連軍の爆撃で死亡したため、危険を感じた付武官が連隊長に要請したためだった。つまり盛厚は皇族であるがゆえに危険から遠ざかることができたわけだが、それはそれとして、興味深いのはなぜ盛厚についてこのような「デマ」が流れ、しかもそれが天皇の耳にまで達していたのかということだ。

†天皇の婿

「小倉日記」からの引用にあるように、小倉はこのデマが皇族間で流れていたと推測している。もしそうならば、皇族の誰かがそれを天皇に伝え、心配した天皇が侍従武官長に真偽を確認したということになる。たしかに「苦力（中国人の肉体労働者）に身をやつし」といった、ある意味では面白すぎる噂を軽率に天皇の耳に入れるのは、侍従とか侍従武官といった側近ではなく、天皇に私的に近い者の可能性が高いとも考えられよう。

ここで着目すべきは、盛厚が天皇の第一皇女である照宮成子《しげこ》内親王の婚約者だったとの事実である。二人の婚約が正式に宮内省から発表されるのは昭和一六年五月だが、盛厚が陸士を卒業する前の昭和一二年三月には内定していた（結婚は昭和一八年一〇月）。当時、宗秩寮総裁だった木戸幸一の日記（昭和一二・三・一一、一二三など）には、その間の経緯が記されているが、天皇、皇后、皇太后、さらには盛厚の両親の稔彦、聰子妃も大いに望んだ婚約だったという。前にみたように、自分が明治天皇の皇女と結婚する際はさんざんゴネた稔彦も、円熟したのか、長男が内親王の結婚相手に選ばれたことは喜んだようだ。

ただそれに水をかけるわけではないが、天皇が長女の相手としてとくに盛厚を選んだというわけではなかった。天皇は明治天皇がそうだったように、皇女は皇族と結婚させたいと考えていたが、年齢的に成子と釣り合う男子皇族はそれほど多くなかった。盛厚以外にはその弟の東久邇宮彰常王と賀陽宮邦寿《くにながた》王だけである。しかも彰常は三男だから、将来臣籍降下しなければならず、父稔彦のように新宮家創立といった荒療治をしない限りは皇女の相手にはなれない。そして邦寿は長男だから宮家を継げるが、成子には妹の内親王が当時二人いたから、その相手になる方がふさわしい（実際に『昭和天皇実録』〈昭和一六・四・五、五・六〉によれば邦寿は第三皇女孝宮和子内親王と婚約する。ただし戦後、この婚約は取りやめとなった）。となると成子の夫たりうる皇族は盛厚しかいなかったのだ。

かくして盛厚と内親王の婚約が内定したわけだが、そうなれば盛厚は天皇家にとって格別、大事な皇族ということになる。ところが大陸に出征することになったわけで、その動静は皇族、とくに軍事情報にうとい女性皇族にとっては心配の的となっていただろう（戦地での転属は軍事機密だから盛厚が安全な場所に移ったことは皇族といえども分からない）。そして「小倉日記」引用部分の最後にあるように、この件に関する情報を小倉に伝えたのは「大夫」である。当時、大夫と呼ばれたのは皇后宮大夫、東宮大夫、皇太后宮大夫であり、これが皇后宮大夫だとすれば、皇后が長女の将来の夫のことを心配するあまり、噂を天皇に話してしまったという推測も成り立ちうるのではないか。

いずれにしろ盛厚はノモンハンで無残な敗走をするような目にはあわず、翌一五年末には帰国する。そして以後、外地へ行くことはなく敗戦を迎えた。戦後は東大経済学部の選科学生として学んだ後、民間企業などで働き、堅実な人生を送ったが、不幸なことに間に五人の子をなした成子夫人には昭和三六年に先立たれてしまった。

†事故死か戦死か

盛厚は結果的には軍当局の配慮によって軍人として過酷な思いをすることはなかったわけだが、それが裏目に出てしまったのが北白川宮永久王の場合であった。

一三歳で父成久王を喪った永久は、陸幼、陸士を経て昭和一四年に陸大を卒業、ノモンハン事件から半年後の昭和一五年三月、駐蒙軍司令部付として中国河北省張家口に赴任した。当時、参謀次長だった沢田茂中将は、この人事のおこなわれた理由を、のちに次のように説明している（『参謀次長澤田茂回想録』）。

この殿下が出征軍にご勤務なされるようになったとき、私もまた総務部長もともに、この宮家のご当主が二代続いて外地で薨去遊ばされたことを考え、最も安全な場所として、駐蒙軍司令部を選んだ。そこは治安が最もよろしく、司令官の岡部（直三郎）中将は思慮最も周密な人であったからである岡部中将は北支那方面軍参謀長のとき、寺内司令官とともに稔彦と激しくやりあった人物だが、その後、第一師団長を経て駐蒙軍司令官となっていた。やはり沢田の回想によれば、岡部も永久の宿舎と司令部の間にある鉄道踏切に新たに番人を置くなど、至れり尽くせりの態勢で永久を迎えたのである。

北白川宮永久王

一方、当の永久はこうした厚遇が不満だったらしい。着任してしばらく経つと、第一線に近い南京の支那派遣軍総司令部への転属の希望を抱き始めた。それを察した付武官が南京に行った折に、総司令部の人間に不用意にも永久の希望を伝えてしまい、それが回り回って岡部の耳にも入ってきた。岡部ら駐蒙軍幹部たちは王を諫め、結局、永久はこれまで通りに張家口で勤務することになったが、これが悲劇を招いてしまったのである。

事故が起きたのは昭和一五年九月四日午前一一時過ぎ。永久は警察職員などの防空監視要員を集め、敵機襲来の際の対処の仕方などを訓練していたが、敵機役として超低空で飛んできた日本軍戦闘機の翼の先端が、永久の両足を払うような形でぶつかってしまったのである。事故はただちに各方面に伝えられ、支那派遣軍の板垣征四郎総参謀長、北支那方面軍の多田駿司令官、事故を起こした戦闘機の属する第三飛行集団木下敏集団長らが張家口に駆け付けた。いったんは永久の命に別状はないとの診断が下されたが、夕方になって容体は急激に悪化し、午後七時過ぎ、永久は死去した。

永久に付いていた北白川宮家の属官は、岡部に「壮烈なる戦死」と発表してくれと懇願するが、岡部は真相をそのまま発表すべきと断る。しかし陸軍省が、「〇〇に於いて飛行機事故のため戦死に遊ばさる」と融通無碍な発表をしたので、岡部もそれに従うことにした（『岡部直三郎大将の日記』昭和一五・九・五。以下「岡部日記」）。

ここからも分かるように岡部は原理原則にこだわる人物で、自分の責任についても、事件直後から道義的な責任は感じ、永久への哀惜の情も隠さなかったが、同時に、事故機が駐蒙軍に属していない以上は引責辞職などはするべきでないと考えていた。しかし、駐蒙軍を隷下におく北支那方面軍の多田司令官から、「皇室に関することは別だ」と、婉曲に進退伺を出すよう求められたので決心を曲げたという（「岡部日記」昭和一五・九・六）。

†大妃の思召

進退伺は岡部だけでなく支那派遣軍総軍司令官以下の最高幹部たちが提出したが、東京の東条英機陸軍大臣から、「大臣は総軍司令官以下の提出せる進退伺について内奏せる処、その儀に及ばずとの御沙汰あらせらる」との電報が来て、天皇が却下したことがあきらかになった（「岡部日記」昭和一五・九・一六）。さらに陸軍次官からは、「竹田宮恒徳《つねよし》王を通じて北白川宮大妃から思召が伝えられた」との通達があった。その「思召」は「岡部日記」（昭和一五・九・二一）によれば左のようである。

一、今回の御戦死に関する責任問題については、皇族なるが故に特に厳重に失するが如きことなきよう、殊に戦地のこと故、万事穏便に取計われたし。戦死は覚悟の上なり。
二、御付武官は重傷のことにてもあり、直接責任者として一生を葬るが如き、厳重なる処分をなさざるよう考慮ありたし。
三、操縦曹長は誠に気の毒故、皇族を死に至らしめたる故を以て当然受くべき優遇、例えば、戦死恩賞の如きものを軽減するが如きことなきよう考慮せられたし

北白川宮大妃とは先代成久王妃の房子内親王である。夫に続き、長男をも異国の地で突然喪ってしまった衝撃は大きなものだったろうが、それも消えないうちに、永久が皇族だからといって特に厳しい処分などしないでくれと希望し、付武官や事故機を操縦していた曹長のことにまで気を配るのは、さすが明治天皇の皇女と言うべきだろう。成久の起こした自動車事故で自

分も重傷を負ったときの房子の気丈な態度については第七章で見たが、夫の死後、永久と三人の王女を育て上げた房子は、ここでも北白川宮家の事実上の主人としてふるまい、宮家の面目を保ったのである。

ただ、それと同時に房子には永久の死を事故死ではなく戦死として扱ってほしいとの願いも強かった。先述のように陸軍省では「飛行機事故のために戦死」との微妙な表現の発表をおこなったが、九月六日に永久の遺骸が東京に空路帰って来た時、房子は永久の忘れ形見で三歳の道久王の手に日の丸をもたせ、「名誉の戦死」として迎えさせ、葬儀の時は棺を陸軍の砲車に乗せて運ぶように希望した。そして天皇も房子の心中を察してであろう、霊前に供えた勅旨には「戦死」としかなく、宮内大臣を通じて房子、永久妃祥子に与えた「御言葉」でも同じだった(『昭和天皇実録』昭和一五・九・一四)。

北白川宮家は幼児の道久が継いだ。昭和二二年一〇月の廃絶となった一一宮家の当主の皇族で、いまも健在なのは道久一人である。戦後、民間企業に勤めたのち伊勢神宮の大宮司となり、さらに神社本庁統理、旧華族の団体である霞会館理事長などに就いた。

2　開戦をめぐる皇族たちの行動——高松宮宣仁親王

以上、伏見宮博義など六名について見た。これ以外で「支那事変」中に大陸に出征した皇族には賀陽宮恒憲、竹田宮恒徳《つねよし》、朝香宮孚彦《たかひこ》王がいるが、この時点ではあまり記すべきことはない。そして昭和一六年一二月の対米英開戦となる。

†早期開戦を主張

そこに至る経緯については数多くある昭和史関係の書物などに譲り、本書では開戦にあたって何人かの皇族たちがとった行動について見ていく。もっとも皇族だからといって他の政治家や軍人らとそれほど違った主張などをしたわけではない。簡単に言えば、多くの皇族たちも、アメリカなどとの関係悪化を憂慮しながらも、結局は時の流れに乗せられて日本が無謀な戦争に入っていくのを止められなかった、ということである。

例えば昭和初期には対中関係などについて過激な意見を述べていた東久邇宮稔彦なども、時間が経つにつれ徐々に陸軍や外務省などの対外強硬派への批判を強めていく。昭和一六年五月七日、稔彦は先に述べた嗣子盛厚と第一皇女成子の婚約成立について礼を言うために天皇に拝謁するが、そのとき国際情勢についてこんな会話を交わしたと同日の日誌（「東久邇宮日誌」）に記している。

まず天皇がそのころ近衛文麿総理大臣がおこなおうとしていたアメリカとの会談についてこう述べた。

日米会談の交渉あり。これが成立せんか、日本の前途は明るくなるべし。若しこの交渉が成立せざる時には、日米関係は最も危険となり、或は日米戦争になるやも知れず

これに稔彦が応える。

日米会談を成立させ、米国通商関係を回ふくし、日本の必需品を輸入し、日支事変を終結して軍備を充実し、国力を充実し、他日、米国が軍備充実の上、日本に強硬政策を行ふが如き事を為し得ざらしめ、又、日本はこの充実せる国力に依り、世界平和会議で強固なる立場を有せざる可らざる事

天皇も稔彦も日米戦争は避けなければならないという意見で一致したのである。しかし、伏

見宮博恭などはそれと異なる主張をおこなっていた。

博恭は軍令部総長を昭和一六年四月九日に退任し、永野修身《おさみ》に代わる。昭和天皇はのちに「健康悪化が理由だった」と述べ（『昭和天皇独白録』。これは敗戦後、天皇が数名の側近を相手におこなった談話の記録である）、博恭に近かった南郷次郎海軍少将は、「一触即発の国際情勢の下で殿下や皇室に累をおよぼさないための辞任だった」との意味の回想をしている（『博恭王殿下を偲び奉りて』）。天皇は退任にあたり、博恭に、「（退任後も）内外の情勢に稽《かんが》へ、朕が最高の顧問として軍務の輔翼《ほよく》に任じ、以て克《よ》く朕が信倚に副はむことを期せよ」との勅書を与えたが（『昭和天皇実録』昭和一六・四・九）、前年一〇月に閑院宮載仁が参謀総長を辞した時も同文のものが下賜されており、博恭を軍令部総長退任後も「天皇の軍務の最高顧問」とするというわけではない。

しかし博恭は天皇を「輔翼」する意欲満々であった。退任から半年後の一〇月九日、天皇に次のように上奏したのである（「嶋田繁太郎大将備忘録」5）。


米国とは一戦避け難く存ず。戦ふとせば早き程有利に有之《これあり》、即刻にも御前会議を開かれ度《たし》

これに対し天皇はこう述べた。

いまはその時期にあらず、尚ほ外交交渉により尽くすべき手段あり

†白紙還元の御諚

天皇は博恭がこのような進言をおこなったことが意外だったろう。なぜならば天皇はもともと博恭が対米英戦争に反対していると思っていたからだ。博恭退任から約三カ月後、陸軍は仏印に進駐するが、永野軍令部総長はこれを支持する。すると天皇は永野に「博恭王は対米英戦争を回避すると言っていたが、現総長は違うのか」と訊く。永野が不得要領な返事を繰り返して下がると、天皇は侍従武官長の蓮沼蕃に、「博恭王に比べ現総長は好戦的で困る。海軍の作戦は捨て鉢的だ」と不満を洩らしたのである（『昭和天皇実録』昭和一六・八・三〇）。これからすれば、博恭の主張には驚いたにちがいない。

この上奏から一週間後、第三次近衛内閣は総辞職し、陸軍大臣だった東条英機が総理大臣となる。すると天皇は東条に、九月六日の御前会議で決まっていた「一〇月下旬を目途として対米英蘭戦争の準備を完了する」との「帝国国策遂行要領」にとらわれず、「内外の情勢を深く検討し慎重に考えよ」と命じたのである（「木戸日記」昭和一六・一〇・一七）。これがいわゆる「白紙還元の御諚」であり、天皇の戦争回避の意志はますます明確となったのだが、博恭は意

見を変えなかった。前出の『昭和天皇実録』の記述は、天皇の「いまはその時期に非ず」との言葉を聞いた博恭が、「その主張を取り消す旨を言上」したと続くのだが、どうやらそれはその場だけのものだったことになる。

前にも紹介した野村實『天皇・伏見宮と日本海軍』は、この間の博恭の言動について極めて説得力のある分析をおこなっているが、「白紙還元の御諚」が東条に伝えられたということを、博恭は知らなかったのではないかと推測している。またのちに博恭が岡田啓介に対し、「あのとき天皇は『開戦はいま少し待ちたい。結局はやらなければならないかもしれないから覚悟だけはしている』と言われたのだ」と語ったということが、高木惣吉海軍少将の日記（昭和一九・三・一二）にある。これが事実だとすれば、天皇は含みのある応えをしたわけであり、博恭が天皇の意に逆らったと決めつけることは、必ずしもできないだろう。

さてもう一人、天皇に開戦について進言したと『昭和天皇実録』に記されている皇族は、弟宮の高松宮である。昭和一六年八月五日の同書から引用する。

御夕餐後、宣仁親王・同妃喜久子参内につき、皇后と共にニュース映画を御覧になる。その際、親王が、ジリ貧になるため、速やかに断乎たる処置を取るべき旨を言上したことに対し、天皇は持久戦となりし場合の措置方につき質される。親王より、その場合にはまた方法

があるべき旨の奉答を受けられる

†高松宮は開戦論者

高松宮は大正一三年に海兵を卒業して海軍士官となる。軍令部部員などを経て昭和一五年七月に戦艦「比叡」の砲術長となるが、翌一六年四月には横須賀にある海軍航空隊の教官となった。伝記『高松宮宣仁親王』によると、「なるべく近くにという天皇の意向をうけての異動」ということだが、天皇はこのころの高松宮をかなり厳しい目で見ていたことが、『昭和天皇独白録』から分かる。そこにはこうある。

高松宮はいつでも当局者の意見には余り賛成せられず、周囲の同年輩の者や、出入りの者の意見に左右され、日独同盟以来、戦争を謳歌し乍《なが》ら、東条内閣では戦争防止の意見となり、其后は海軍の意見に従はれた、開戦后は悲観論で、陸軍に対する反感が強かった

これからすれば東条内閣成立前の昭和一六年八月には高松宮は「戦争を謳歌していた」ということになるが、それは言葉のあやとしても、早期開戦論に近いことを天皇に進言していたのである。もっともこれも『昭和天皇独白録』によれば、開戦直前になると高松宮は非戦論に傾

高松宮宣仁親王

く。そして天皇が、「戦争になったら負けるかもしれない」との見通しを述べると、「それなら今戦争をやめたらどうか」とさえ言った。ただ天皇はこれも高松宮が周囲の意見に左右されて定見なく口にした言葉と受け取った可能性がある。戦後の昭和二一年三月六日になっても、天皇は侍従次長の木下道雄に「高松宮は開戦論者」と述べているからである（『側近日誌』同日条）。高松宮への不信感は根深い。

そして日本の敗色が濃くなると、天皇と高松宮の間はかなり険悪なものとなり、それは敗戦後まで尾を引くのだが、それについては後述するとして、ここで少し目先を変え、皇族懇親会への天皇の出席問題について簡単にふれておこう。この会は男女皇族たちが集まり、気軽な雰囲気の中で食事をしたり語り合ったりするものだが、前にも引いた「小倉日記」の昭和一六年五月三日条に次のようなことが記されている。

皇族懇親会に三陛下を御案内の儀あり。（中略）時局柄、御見合せ然るべき意見、広幡大夫特に強く、松平宮相亦同意なり。仍て宮相より行幸御見合せに付、予め内奏したる所、聖上御《お》直《じき》に、幹事朝香宮様に今時期非《あらざ》る旨仰せらるの旨仰せあり

〈天皇、皇后、皇太后が皇族懇親会に招待されたが、側近たちが、こんな時期だから出席を見合わせた方がいいと反対し、天皇みずから親睦会幹事の朝香宮鳩彦に告げることになった〉というわけだが、この背景にあった事情は、『昭和天皇実録』の五月二日条の記事から分かる。

なお、本件は、客年来の載仁親王・恒憲王、恒徳王が宮内大臣松平恒雄の辞任を希望するなど、一部皇族の間に宮内大臣排斥の機運があることに端を発し、去る二月にも侍従長と内大臣との間にその対応方につき協議あり

†開戦前夜の皇族懇親会

要するに天皇が皇族懇親会出席を見合わせるのは、一部の皇族が宮内大臣辞任を望んでいるとの事情があるためだ、ということである。もう少し分かりやすく言えば、懇親会の席上で皇族がそのことを訴えたりしたら面倒なことになると天皇の側近たちは考えた、ということであろう。さらに言えば、皇族たちが忌避する宮内大臣松平恒雄とは、秩父宮雍仁妃勢津子の父その人である。病気療養中の秩父宮や勢津子妃は会には出られない可能性が高いが、それにしても側近たちが神経をとがらすのは無理もない。

実は天皇はこの年の二月一九、二五、二八日の三回に分けて、皇族、朝鮮王公族たちを晩餐に招いている。天皇と皇族たちが食事の席をともにすることは頻繁にあるが、ただそれは他の政治家や軍人などを交えたいわば公的なものがほとんどであり、このようないわば私的な招待は珍しい。『昭和天皇実録』（昭和一六・二・一九）によると、「天皇と皇族・王公族との懇親、理解の深化を目的とし」おこなわれたのだが、そのような席を設けながら、天皇がなぜ皇族懇親会への招待を断るのか、解せない皇族もいただろう。宮内大臣がらみの問題はそれほど厄介なことになり、側近たちを悩ませていたのだろうが、これ以上の詳しいことは分からない。

ところで皇族懇親会については、もう一つ興味深いエピソードがある。昭和一六年一一月四日夜、霞が関離宮（現在、憲政記念館があるところ）で三笠宮崇仁、朝香宮湛子女王の結婚などを祝って懇親会が開かれた。出席した東久邇宮稔彦の当日の日記には「多数皇族参列され、愉快に食事をして一夕を過ごし、十時過、家に帰る」とあり、高松宮の日記にも、「久し振りにて、食後ニギヤかにダンスをやったりして散会」とあるだけで、ごく和気あいあいたる集まりだったようだが、やはり出席していた梨本宮伊都子《いつこ》妃の日記からは、何人かの皇族がかなりの酔態をさらした様がうかがえるのである。やや長めになるが、そこから引用する。

皇族ばかりの内わのより合いとはいへ、此時節柄故、まじめになさればよいものを。食事は日本食司の仕出しであったが、御酒はとくに朝香宮様御骨折との事。（中略）まづ一ト通り、御にぎやかに終り、八時ごろ食事も終ったが、後でレコードをかけ、みづほ踊りがはじまる。これも一寸ならばよし。しかし、ひつこく何度も何度もくりかへし総踊り、其上、其レコードでダンスがはじまり、組合って、しかも年がひもなく朝香宮と東久邇宮が御はじめになる。それにいつも遊ぶ事を初言なさるは竹田宮、どうもにが〳〵しく思はれるが、それが又何度も〳〵つゞくので、九時十五分になったから東伏見大妃と御相談してもうこの位御つき合ひしたらよいだろうと御先きに引上てかへった。

いつも〳〵酒のみはこれだからだらしがなく、皇族がこれでは今後が思ひやられる。今の中年の御方々からこんなことがはじまり、こまった事だ。なんでも親睦といふ事は酒のんでさわぐことだと心得てゐられる。お酒をのまぬものゝ迷惑など少しも考へない

伊都子は守正王の妃で、朝鮮王族李垠《リギン》と結婚した方子《まさこ》女王の母である。鍋島侯爵家出身で、近代皇族の中で一、二を争う美女といわれたが、潔癖な性格で酒飲みが大嫌いだった。日記にもそれがよくあらわれているが、皇族懇親会がいつもこのような雰囲気だったとしたら、酒を飲まない昭和天皇が出席するのは、先述のような問題がなかったとしても無理だったかもしれない。

†なぜ乱痴気騒ぎを

ただし、ここでより肝心なのはそこではなく、この懇親会が開かれた一一月四日という日付である。一一月一日から二日にかけて開かれた大本営政府連絡会議で、対米交渉が不調に終わった場合、一二月初頭を期して開戦することが決した。そして二日夕方、東条総理大臣は杉山参謀総長、永野軍令部総長とともに天皇に拝謁し、その旨を伝える。天皇は、「日米交渉により局面を打開できなければ、日本は已むを得ず対米英戦を決意しなければならずや」ともらしながらも、なお「極力日米交渉の打開に努力するよう」希望するが、連絡会議での決定を拒絶はしない。そして、翌々四日午後二時から宮中で天皇も出席して、軍事参議官をメンバーとする軍事参議会が開かれ、参謀総長、軍令部総長が開戦を決意した経緯、今後の作戦の見通しを説明した。

その場にいた皇族は閑院宮載仁、伏見宮博恭、そして朝香宮鳩彦、東久邇宮稔彦である。前任の参謀総長、軍令部総長だった載仁、博恭には前もってなんらかのルートで大本営政府連絡会議の決定が伝えられていたであろう。そして「東久邇宮日誌」(昭和一六・一一・三)によれば、三日夕方、陸相官邸で陸軍の軍事参議官の非公式会議が開かれ、東条や杉山から大本営政府連絡会議について説明があったから、稔彦も鳩彦も開戦がほぼ決定したことを悟ったはずである。現に同日誌には、「日米関係の緊迫せる際なれば、出席者一同大に緊張せり」とある。

しかし、そうであっても、やはり天皇も出席している軍事参議会であらためて開戦決定を聞かされたことは、鳩彦、稔彦の緊張をさらに高めたにちがいない。そうであればその夜の皇族懇親会での二人の乱痴気騒ぎも、ただの酔態と片づけるのは気の毒かもしれない。そしてその場には軍事参議官ではない若い皇族たちもいたが、彼らにも昼間のことは伝わり、中にはショックをまぎらわすために、みづほ踊りやダンスに興じた者もいたであろう。伊都子はおそらく事情を知らなかったので、「酒のみはこれだからだらしがなく」と憤慨するのだが、未曽有の強敵との戦いを前に、皇族たちも尋常の精神状態ではいられなかったのである。

そしていよいよ一二月八日の対米英開戦となる。この戦争に皇族たちはどうかかわったのだろうか。結論めいたことを先に言えば、戦地の第一線で、敵軍と向かい合う形で戦争に参加したものは陸海軍を問わずほとんどいなかった。

大東亜戦争前半期、いわゆる「支那事変」における皇族については先述した。簡単に繰り返すと、どんな立場であるにせよ、また期間の長短は別としても、対米英開戦までに大陸に出征した皇族は陸軍八名（鳩彦、稔彦、賀陽宮恒憲、閑院宮春仁、竹田宮恒徳、北白川宮永久、朝香宮孚彦、東久邇宮盛厚）、海軍一名（伏見宮博義）である。

しかし、ここに名をあげた陸軍軍人八名のうち、事故死した永久は別にしても、対米英開戦後に再び大陸に渡ったのは春仁、恒徳の二人だけであり、あとの五人は大陸以外の場所にも出征していない。そして三笠宮崇仁が昭和一八年一月から一年間、支那派遣軍参謀として南京の派遣軍総司令部に勤務しているが、それ以外に大陸、あるいはそのほかの戦地に渡った陸軍の皇族は一人もいない。

†戦死した元皇族

海軍でも状況は変わらない。あの久邇宮朝融は昭和一五年七月から数ヵ月、旧式装甲巡洋艦「八雲」の艦長をつとめたが、対米英戦になってからも実戦には加わっておらず、昭和一七年一一月に二週間ほどスラバヤの南西艦隊司令部付になった以外は、内地、台湾での勤務だった。兄高松宮宣仁も戦地、海上での勤務を希望しながら、対米英開戦後はずっと内地勤務だった。兄秩父宮が病身である以上、高松宮に万一のことがあったら皇位継承にも差しさわりが出るから止むをえないのだが、本人は不満で、「高松宮日記」(昭和一八・五・三)には、「作戦統率関係で戦争にゆかぬとは『デクノボー』と云ふことなり、ものも云へぬことなり、極めて憂鬱なり」との悶々たる心境を示す記事が残っている。

ただ前にも簡単にふれたが、海軍では二人の元皇族が戦死している。一人は伏見宮博恭の第四王子で臣籍降下して伏見伯爵となった博英、もう一人は朝香宮鳩彦の第二王子で音羽侯爵となった正彦《ただひこ》である（ともに戦死後、少佐）。

博英は昭和一八年七月、第三連合通信隊司令部付兼南西艦隊司令部付として南方の戦地に赴くが、ひと月後、インドネシア中部のセレベス島付近で搭乗していた飛行機が米軍機に撃墜され、同乗していた二〇名とともに戦死した。合同葬の時、海軍上層部が臣籍降下前に勲一等旭日大綬章をもらっていた博英の霊位を祭壇の最上位に並べようとしたが、父博恭王が止め、階級順に並べさせたという（『博恭王殿下を偲び奉りて』）。

また正彦は昭和一八年末、北太平洋のウェーク島から、南太平洋マーシャル群島のクェゼリン島の第六根拠地隊参謀に転任する。当局がクェゼリンのほうがより安全と判断した結果の転任だったようだが、アメリカ軍はクェゼリンに来襲し、一九年二月に正彦は戦死する。正彦の死後、朝香宮家は正彦の爵位を公爵に昇らせ、勲章も大勲位にしてくれと願ったが（「高松宮日記」昭和一九・二・二六）、宮内省は却下した。

また戦死こそしなかったが、不運な目にあった元皇族の海軍軍人としては小松輝久侯爵がいる。小松が臣籍降下したいきさつや、東久邇宮稔彦のフランスからの帰国に際して果たした役割は既述したが、彼は軍人としてなかなか優秀だったようだ。海上や軍令部での勤務を経て、昭和一五年に中将に昇進、旅順要塞部司令官となり、さらに第一遣支艦隊司令長官、第六艦隊司令長官、佐世保鎮守府司令長官、海軍兵学校校長、軍令部出仕を経て敗戦を迎えている。ところが戦後、横浜でおこなわれたBC級戦犯を裁く米軍軍事法廷で重労働一五年の刑を言い渡されるのだ。

小松が潜水艦隊である第六艦隊の司令官だったのは昭和一七年三月から翌年八月までだが、その間、同艦隊に属する潜水艦が撃沈した十数隻の連合国船舶乗組員の生存者が、八〇〇名余り殺害された責任を問われたのである。小松が殺害を指示したわけではなかったが、司令官としての有罪判決であった。小松は巣鴨プリズンで服役するが、元皇族だということで看守の米兵から寄ってたかっていじめられたと、本人が回想している（『文藝春秋』昭和三二・三号「殿下といわれて幾星霜」）。

3　直宮たちの使命感——昭和天皇と弟宮

†三笠宮、蛮行を糾弾

皇族ではこの三人の元皇族のような事例はないわけだが、それでも戦中の皇族について記しておくべきことはいくつかある。

まず支那派遣軍参謀として大陸にいた三笠宮崇仁（以下、三笠宮と記す）の行動についてである。三笠宮は学習院中等科四年を修了して陸軍士官学校に入る。兄秩父宮は中等科二年修了で陸軍幼年学校に進んでいるが、三笠宮によれば、母貞明皇后が「それでは視野が狭くなる」と心配し、このようなコースをとらせたのだという（自伝『古代オリエント史と私』）。昭和一一年に陸士を出て騎兵少尉となり、開戦の年に陸大を卒業、同校研究部員となって戦史を研究する。この間、戦後、専門とする歴史学への興味が芽生えだしていたが、もちろん、戦争の最中にそれに没頭することはできず、昭和一八年一月、支那派遣軍参謀として南京の総司令部に赴任した。そしてそこで三笠宮は、日本軍のさまざまな蛮行について知った。

三笠宮崇仁親王

『古代オリエント史と私』には、「陸士同期生から「兵隊の胆力養成には生きた捕虜を銃剣でつきさせるに限る」と聞いた」「多くの中国人捕虜をトラックで満州の広野に連行し、毒ガスの人体実験をする映画を見せられた」「実験に参加した高級軍医から「リットン調査団一行にコレラ菌のついた果物を食べさせようとして失敗した」と聞いた」という趣旨の記述がある。

　大きな衝撃を受けた三笠宮は、人体実験の映画を日本に出張する際に持ちかえり、天皇にも見せたという（『古代オリエント史と私』）。それがいつのことか同書にはないが、『昭和天皇実録』の昭和一八年一〇月二一日条に、「夜、御文庫に崇仁親王参殿につき、皇后と共に十六ミリ映画（原注・支那より崇仁親王持ち帰りのもの）を御覧になる」とあるから、この日のことと思われる。さらに一九年一月、大本営参謀へ転任のため南京を離れるにあたり、総司令部の将校たちを集め、「内省と自粛」を強く求める講話をおこなった。その内容は「支那事変に対する日本人としての内省（幕僚用）」としてまとめられ要所に配布されたが、三笠宮の離任後、総司令部により没収、破棄されたという。ところが、幸いなことに戦後も一部が防衛庁（現防衛省）防衛研究所に保存され、学術論文などに引用されていた（詳しくは柴田紳一「『三笠宮文書』——読売スクープの幻」『諸君！』平成六年九月号）が、月刊誌『THIS IS 読売』（平成六年八月号）でも、三笠宮へのインタビューとともにあらためて紹介された。

そこには、「中国を抗日ならしめた責任は、何としても日本が負わなければならない」「中共の男女関係は極めて厳重で、強姦等は絶無に等しい。対民衆軍紀も極めて厳正であって、日本軍の比ではない」といった、総司令部幹部が聞けば目をむくだろう言葉が並ぶが、三笠宮はインタビューで、「なんとかして戦争を終結させなければならないと思い」「やむにやまれぬ気持ち」で語ったと述べている。講話の当時、三笠宮はまだ二九歳で少佐になったばかりであり、もし非皇族の若手参謀がこのようなことをしたら、「没収、廃棄」（このこともインタビューで三笠宮が語っている）どころでは済まないはずだが、三笠宮は皇族という身分を利用して思い切ったことをしたのだ。

そして帰国後の三笠宮は、もう一つのきわどい動きの渦中に入る。それは総理大臣東条英機暗殺の計画である。

†東条暗殺計画

この計画の首謀者は三笠宮の陸士二期後輩の津野田知重だった。津野田は三笠宮の半年後に支那派遣軍参謀として南京に赴任し、やはり三笠宮の半年後に大本営参謀となって帰国した。津野田の兄忠重が知重の回想に全面的に依拠して書いたと思われる『秘録・東条英機暗殺計画』(河出文庫。徳間書店刊行の元本の書名は『わが東条英機暗殺計画』)によると、三笠宮と津野田とは旧知の間柄だったが、南京、大本営での勤務の中でさらに遠慮のない仲になったという。暗殺計画の経緯も同書に詳しいが、それを簡単にまとめると以下のようになる。

津野田は戦争を終結させるために東条総理大臣を退陣させ、東久邇宮稔彦に内閣を組織させることが急務と考え、もし東条が承知しない場合は暗殺することにした。そして柔道家の牛島辰熊らと図り、計画実現のために石原莞爾《かんじ》、小畑敏四郎《としろう》など反東条の将軍たちの支持も取りつけたうえで、昭和一九年六月二四日に三笠宮に計画を打ち明け、詳細を記した「意見計画書」も渡した。それを読んだ三笠宮は数日後に津野田を自邸に呼び、「東久邇宮内閣には賛成である。ただし、高松宮と電話で、そして秩父宮とは御殿場まで行って話したが、われわれは一国の総理である東条を暗殺するのには反対との意見で一致した。秩父宮は「二・二六」のときにあらぬウワサを立てられたことを思い出されたか、石原や小畑との関係には注意せよとおっしゃっていた」と告げた。

津野田は三笠宮が少なくとも自分たちの計画に反対せず、秩父、高松宮にも相談してくれたことに感激して退出する。津野田が三笠宮に計画を打ち明けたことを知った石原莞爾は、津野田に、「皇族を信じてはいけない。皇族は大事を命がけでやるような教育を受けていないから、当てにすると思惑が外れる」と忠告するが、津野田の三笠宮への信頼は変わらなかった。そしてその後も津野田は三笠宮と二度、三度と会う。もし三笠宮が計画に絶対反対ならばありえないことだろう。

だが結局、津野田らは暗殺計画を実行する必要がなくなった。七月一八日に東条が辞任したからである。津野田は後任が稔彦ではなく小磯国昭陸軍大将だったことに失望し、皇族内閣樹立を目指して活動しようとするが、九月二日、憲兵隊により検挙されてしまう。なんと三笠宮が津野田の「意見計画書」を憲兵の元締めである陸軍省兵務局の黒崎貞明少佐に渡したり、稔彦に暗殺計画について話したために、すべてが露見してしまったからだ。三笠宮がそうした行動に出たのは、津野田とかかわったのを貞明皇后に知られ叱責されたからだが、結果からすれば三笠宮は津野田を裏切ったことになる。

そして、『秘録・東条英機暗殺計画』の冒頭には、十数年後の昭和三二年八月に三笠宮が津野田に、「君には迷惑をかけた。済まなく思っている」と低頭したと書かれている。裏切りを認め、謝罪したのである。津野田はそれを受け、「一切水に流しましょう。世間にもあのことについては発表しません」と応じた。津野田はその約束を守り、暗殺計画についていっさい口外しなかった。

†謎は残る

ところが三笠宮は、昭和五九年六月に上梓した『古代オリエント史と私』で、自分の東条暗殺計画との関係を全面的に否定しているのだ。そしてその後の新聞のインタビューなどでも、あらためてそれを強調した。津野田はこれにショックを受けた。本人が三笠宮に反論したりはしなかったが、兄の忠重が翌年六月に『秘録・東条英機暗殺計画』の元本である『わが東条英機暗殺計画』を世に問うたのは、明らかに三笠宮への抗議である。

もちろんこの本の内容がすべて真実だと言えないかもしれない。記憶違いもあるだろうし、弟への身びいきによる誇張などもありうるだろう。しかしほかの資料、たとえば「東久邇宮日誌」などと対照しても、事実関係についての大きな歪曲はないと判断できる。そしてなによりも敗戦後四〇年経って、三笠宮を大きく傷つける虚偽を語ったり、それを文章にまとめる動機が津野田兄弟にあったと考える合理的な根拠はない。

ところで『秘録・東条英機暗殺計画』には、津野田たちのものとは別の、やはり皇族のからんだ東条暗殺計画があったとの記述がある。その皇族とは高松宮であり、この事実はほかの資料からも確認できる。高松宮の情報係のような側近だった細川護貞（近衛文麿の女婿）が『細川護貞座談』で、高松宮が沈痛な顔で、「もうこうなった以上は東条を殺す以外にないな、だれか殺すやつはいないだろうか」と語ったと証言しているのである。この本が出版されたのは高松宮生前だから、細川がいい加減なことを言ったとは思えない。

これが正確にいつのことかは細川も語っていないが、細川の日記（以下「細川日記」）昭和一九年七月一五日条に、細川が高松宮に蘇我入鹿を殺した中大兄皇子となるように勧めたという記事があることなどから推測すれば、三笠宮が津野田から計画を打ち明けられ、高松宮に相談したのとほぼ同じころだろう。つまり、『秘録・東条英機暗殺計画』によれば、高松宮は三笠宮には東条暗殺反対と言ったことになっているが、実は自分でもそれを考えていたことになる。

ただより細かいことをいえば、『秘録・東条英機暗殺計画』に記されている、六月二四日に津野田が三笠宮に計画を打ち明けたあと、三笠宮が電話で高松宮に相談したとの事実は「高松宮日記」からは確認できない。高松宮は日記にかなりきわどいことも記しているから、もし三笠宮が相談していたならば日記にそうあっても不思議ではないが、記述はないのだ。となると、三笠宮が津野田に高松宮に電話したと言ったというのは、津野田の記憶違いか、三笠宮がウソを言ったかどちらかだということになり、だとすれば話はいっそうややこしくなるが、これ以上に推測を広げる材料はない。要するに高松宮、三笠宮兄弟と東条暗殺計画の関係については、まだまだ謎が残っているのである。

†兄弟の激論

これと同じころ、高松宮は天皇との関係でも悩んでいた。高松宮が天皇に対米開戦について進言したことは前にみたが、戦局が悪化するにつれ、高松宮が様々な問題について積極的に天皇に意見を述べようとしていることが、本人や木戸幸一の日記などから分かる。そして天皇がそれをかならずしも喜んでいなかったのは、これも前に見た通りである。

昭和一九年六月二二日、天皇は御座所（居間）で高松宮と会う。『昭和天皇実録』同日条にはそのときの様子が次のように書かれている。

親王よりサイパン島を失陥することの重大さにつき言上を受けられる。また、親王より皇族を御相談相手とする思召しの有無につき伺いを受けられる。政治に対する責任の観点から、

皇族を御相談相手とすることはできない旨を述べられる

アメリカ軍がマリアナ群島のサイパン島に上陸したのは六月一五日である。もしサイパンが占領されれば日本本土爆撃の拠点にもなるから、高松宮がその「重大さ」を天皇に進言するのは何の問題もないかのように思えるが、天皇がそうは考えなかったことは記事の後半から明らかである。天皇は「政治に対する責任」のない皇族を相談相手とし、その言うことをいちいち聞くつもりはないとハッキリ語ったことが、この一見無味乾燥な文章からも分かる。

二人がこうしたやり取りをするのはこの時が初めてではないし、また珍しいことでもなかった。たとえば「細川日記」（昭和一九・六・一三）には、近衛文麿が高松宮が天皇と激論したというウワサを聞き、その真偽を高松宮に尋ねたところ、高松宮はそれを否定せず、「陛下の御耳には少しも政府以外の情報が入らぬと云ふことを申し上げた所、陛下は『そんなことはない』と仰せあり、皇族が政治に就いて申上げるのを御好ませられざる風であった」と応えたとの情報が出ている。

そして六月二二日のことについても、「高松宮日記」には次のように記されているのだ。

「サイパン」を失ふことの重大に関し一言申しあぐ。あとつけたりに、皇族を何にあ《（ママ）》御相談相手になさる御思召なきや伺ひし所、政治には責任あつたから出来ぬ、「統率の方も責任あるべし、結局御たよりになる者なしとのことでせうか」、それは語弊あり云々、相変らずにて落胆す

「落胆」のあまりか文章も乱れているので分かりやすくすると、こんな風になろうか。

〈サイパンを失ったら大変だと申上げる。そのあとついでに、皇族をご相談相手とするおつもりはないのかと伺ったところ、政治には責任があるものしか関与できないとおっしゃった。そこで、軍の統率への責任というものもあるのではないでしょうか、結局、皇族は頼りにならないということでしょうかと申上げると、そういう言い方は語弊がある、とおっしゃった。相変わらずでガッカリした〉

たしかに政治への責任のない皇族が政治に口出しをするのはまずいかもしれない。ただし、軍人には軍事への責任があるから、軍事情勢についてわれわれ軍人の皇族たちに相談されるのは構わないのではないか……。当時、高松宮は大本営海軍参謀である。それなりに筋の通った主張だと思われるが、天皇には通じなかった。

このあとも高松宮の天皇への不満はやまない。「細川日記」には、高松宮が近衛に、「(天皇は)皇族を一切御近付被遊《あそばされ》ず」「唯御一人昂奮被遊てる様だ」などと言い(昭和二〇・二・一)、

また細川に、「御上は政治については非常な自信をお持ちなのだから、側から申し上げたって、さう簡単にはお動きにならないさ」(昭和二〇・三・六)と話したとある。

†人事への介入

小磯内閣が成立してしばらく経った昭和一九年九月ごろ、陸軍中央の中堅層の間で、杉山元陸軍大臣を更迭し第二軍方面軍司令官として南方にいた阿南惟幾《あなみこれちか》を後任にしようとの動きが出てきた。これに東久邇宮稔彦や竹田宮恒徳が乗り、梨本宮守正に阿南を陸軍大臣とするよう天皇に進言してくれと頼んだ(「東久邇宮日誌」昭和一九・九・二一)。

陸軍で最長老の皇族は閑院宮載仁だが、当時、病床にあった。そこで稔彦らは載仁と同じ元帥・陸軍大将の守正を通そうとしたのだが、もともと軍人としては地味で、しかも当時は伊勢神宮の臨時祭主だった守正は、生臭い役割は御免だと思ったか頼みを断った。しかし稔彦らはあきらめず、今度は三笠宮、朝香宮鳩彦、賀陽宮恒憲らも集まり、「阿南陸相」を天皇に上奏してもらうようあらためて守正に頼むことにした。守正はやむをえず承知するが、このことを鳩彦から伝えられた木戸幸一内大臣は驚いた。陸軍大臣を誰にするかは陸軍三長官(陸軍大臣、参謀総長、教育総監)が協議して決めることであり、皇族が介入するのは明らかに越権行為だからである。

「木戸日記」（昭和一九・九・二六）によれば、木戸は鳩彦に向かって、「陛下としては国軍の統帥上、皇族の此の種の御行動は御許し遊ばす筈なく」と直言し、さらに、「軍首脳としては、之は決して皇族独自の御考へとは考へず、恐らくは背後に何等かの魔手の動けるものと解すべく、皇族の御立場は極めて困難となるべし」とまで言った。このころ東条暗殺をたくらんだ津野田らの背後に石原莞爾らがいたことは木戸の耳にも入っていた。おそらく「魔手」と言うとき、木戸の頭の中には彼らの顔が浮かんでいただろう。

そして木戸はこの件を梅津美治《よしじ》郎《ろう》参謀総長と相談するよう勧めた。そこで鳩彦はすぐに自邸に梅津をよび、稔彦も同席の上で、「阿南を陸相に」という皇族の意見を伝えた。これに対し梅津は、「東条が総理大臣を辞職したとき、兼任していた陸軍大臣にはとどまりたいと望んだので、それを阻止するために長老（陸士で東条より五期上）の杉山を起用したのだ。また、阿南は南方の任地から離れるわけにはいかない」と、あっさり断ってしまった（「東久邇宮日誌」同日条）。

さらにその数日後、守正が三笠宮のところに来て、「考えてみたが、やはり天皇への上奏は出来ない」と言う（「東久邇宮日誌」昭和一九・一二・二八）。こうなったら皇族たちもどうしようもない。「阿南陸相」は雲散霧消してしまった。

高松宮や陸軍の皇族たちがこのように皇族としての「矩」を越える行動をとったのは、明らかに戦況がどんどん悪化していくことへの焦りからだろう。そしてとくに高松宮、三笠宮には、天皇の弟、「直宮」としての使命感が大きかったことも容易に想像できる。しかし、それは天皇の意には添うことではなかった。高松宮は昭和一九年八月、大本営海軍参謀から横須賀砲術学校教頭兼研究部長に転任となり、三笠宮も九月に大本営参謀から機甲本部に移る。これが天皇の意向によるものかどうかは分からないが、二人が軍令部出仕、航空総軍参謀として中央に戻ってきた時には、日本の敗戦は完全に避けられないものとなっていた。

終章

退位と「赤い宮様」

1 皇族たちの終戦

†「聖断」のあと

昭和二〇(一九四五)年八月九日夜から一〇日未明にかけておこなわれた御前会議で、天皇による「国体護持」を条件としたポツダム宣言受諾の「聖断」が下された。そこに皇族たちは出席していなかったが、敗戦が事実上決まったことは、さまざまなルートで彼らにも伝えられた。そして皇族間の動きも慌ただしくなる。

東久邇宮稔彦《なるひこ》王は九日夜から川崎多摩川河畔の別荘にいたので情報を知るのが遅れ、一〇日昼前に麻布市兵衛町の宮邸に帰った直後に訪ねてきた三笠宮崇仁《たかひと》親王から御前会議の詳細を教えられた(「東久邇宮日誌」同日条)。三笠宮は「今後における国難打開の方法、皇族の覚悟」について語るが、二人が話している最中にやってきた竹田宮恒徳《つねよし》王は、ポツダム宣言受諾に大いに憤慨し、強い反対論を述べた。

午後には本間雅晴陸軍中将が来る。本間は、「ポツダム宣言は国体について何もふれていないから、とにかくこれを受諾し、その後の交渉の際に国体護持を強く主張すればよい」と言う。このあと、稔彦は隣にある住友財閥の別邸に行き、かかりつけのマッサージ師に揉んでもらう。なかなかの余裕だが、普段から稔彦はよほどのことがない限り、ゴルフの練習とか、就寝前の体操といった日課は欠かさないことが日誌から分かる。

夕方にはまた三笠宮が来て、「皇族としてこの国難に対する処置」を語り合う。そこに近衛文麿もやってきたので、三人でいろいろと話す。近衛は、「ポツダム宣言を受諾するならば、天皇については日本側から一切言う必要はない。天皇の権限を主張したりすれば連合国側の疑惑を招く」と主張し、「天皇は自分をモスクワに派遣しアメリカとの和平交渉の仲介を依頼させようとお考えだったが、ついに実現せずソ連の満州侵攻になってしまった」と残念がる（「東久邇宮日誌」同日条）。

夜、稔彦はまた住友別邸に行く。宮邸は空襲によってほとんどの建物が焼け、三笠宮なども、仮居間にしていた焼け残りのガラス張りのクジャクを飼っていた小屋で会うようなありさまだったから、寝るための部屋を借りていたのである。「日誌」によれば就寝は一〇時ごろ。落胆や興奮のあまり眠れないということはなかったようだ。

翌一一日昼前には阿南陸軍大臣がやってきた。前年、皇族たちが動いたときには実現しなかったが、阿南は昭和二〇年四月七日に鈴木貫太郎内閣が成立すると陸軍大臣に就任したのである。彼は御前会議の模様、「聖断」にいたる経緯を説明して帰った。そして午後一時前、稔彦は高輪の高松宮邸に行った。在京していた皇族が集まり、東郷茂徳外務大臣からこれまでの経緯について説明を受けるためである。高松宮、三笠宮、朝香宮鳩彦、竹田宮恒徳、閑院宮春仁、東久邇宮稔彦、盛厚《もりひろ》が東郷の詳しい説明を聞き、いろいろ質問をした。残念ながら「東久邇宮日誌」にも「高松宮日記」にも質問の内容は記されていないが、その後、皇族たちだけでさらに話し合ったという。

†天皇が皇族を集める

翌一二日午後三時、天皇が皇族たちを集めた。場所は御前会議も開かれた皇居吹上御苑内防空壕地下の一室、集合した皇族（朝鮮王公族を含む）たちの一覧は左のようである（五十音順）。

朝香宮鳩彦王（陸軍大将・軍事参議官）
賀陽宮恒憲王（陸軍中将・陸大校長）
　邦寿王（陸軍大尉・豊橋第一予備士官学校歩兵生徒隊付）

閑院宮春仁王（陸軍少将・戦車第四師団長心得）
久邇宮朝融王（海軍中将・第二〇連合航空隊司令官）
高松宮宣仁親王（海軍大佐・軍令部出仕兼部員）
竹田宮恒徳王（陸軍中佐・第一総軍参謀）
梨本宮守正王（元帥、陸軍大将）
東久邇宮稔彦王（陸軍大将・軍事参議官）
　　盛厚王（陸軍少佐・第三六軍参謀）
三笠宮崇仁親王（陸軍少佐・航空総軍参謀）
李王垠（陸軍中将・軍事参議官）
李鍵公（陸軍中佐・陸大教官）

ここにいない成人男子皇（王公）族は病気療養中の秩父宮雍仁親王（陸軍少将）、伏見宮博恭王（元帥、海軍大将）、山階宮武彦（予備海軍少佐）と、鳩彦の長男孚彦王（陸軍中佐・岐阜飛行師団参謀）の四名である（春仁の父載仁親王は五月二〇日に病死、また李鍵の弟李鍝《グ》公は先述の通り八月六日に広島の原爆で死去している）。

天皇は彼らを除いた一三名の皇族を前に、ポツダム宣言受諾を決心した理由を説明した。この時の天皇の様子について、稔彦は「東久邇宮日誌」にはさしたることを記していないが、それをもとにかなり編集して出版した『一皇族の戦争日記』では、「お顔色も悪く、以前とは変わっておやつれになり、非常に神経質になっておられるように見うけられ、心からご同情を申しあげた」と書いている。ただ同時に、「陛下は宮城内奥深く国民とはまったくはなれ、別世界に生活しておられたのである」とも付け加えている。複雑な心境だったのだろう。

また、『昭和天皇独白録』には、鳩彦が「国体護持ができなければ、戦争は継続するのか」と質問、天皇が「もちろんだ」と応えたとある。天皇の苦渋を察しない訊かずもがなの質問であり、天皇も内心面白くなかったであろう。『独白録』では鳩彦を「最も強硬論者」と評している。

鳩彦以外の皇族が質問をしたかどうかは分からないが、「東久邇宮日誌」によると、最後に河口湖畔の別荘に伊都子妃とともに疎開し、この日のために上京してきた最長老の守正が、「私共一同、一致協力して聖旨を補翼し奉らん事を誓う」と述べ、そのあと、茶菓が出て二時間半ほどで会合は終わった。

そして八月一五日の「玉音放送」となるのだが、ここでこの会合から分かる、あることに触れておこう。それはこの時点で、軍人皇族のなかで外地にいた者が皆無だったという事実である。別の言い方をすれば、彼らは内地にいたからこそ、この集まりに出席できたのである（孚彦欠席の理由は分からないが、後述するあることから推測すると、健康を損ねていたのだと思われる)。

これはもちろん偶然ではない。これまで何度も実例を見たように、明治以来、軍の首脳は皇族たちをなるべく危険な場所に配置しないように気を配った。その結果が敗戦直前において、外地にいる軍人皇族がまったくいないという奇妙ともいえる事態につながったのだ。

また気配りの一例をあげよう。賀陽宮恒憲は第五章で降下準則制定にかかわるトラブルをみたときにも登場したが、あの騒動のころ陸士卒業直前だった青年も、陸軍では皇族らしく出世し、昭和一八年六月には名古屋の第四三師団長(中将)となった。ところがこのとき恒憲はおかしなことをする。以下、「高松宮日記」(昭和一八・五・八)によるが、恒憲は「陸軍関係では自分の知ってるものを集めて張り切って」名古屋に向かった。このようなことが軍で許されるとは思えないが、皇族でしかも師団長となるのは初めてだから、大目に見られたのかもしれない。ところが恒憲は、同時に内大臣の木戸幸一に、「愛知県知事と官房長も代えてくれ」と注文をつけたのである。

知事の人事を管掌する内務省はもとより宮内省も困惑する。しかし、結局、知事は雪沢千代治から吉野作造の弟吉野信次(のち参議院議員、運輸大臣など)に交代し、官房長も代わる。二〇歳のころの恒憲が、「自分の成年式に尽力した事務官に勲一等をくれ」と言って、時の宮内大臣に一蹴されたことがあったが、今度は見事にワガママを聞いてもらえたのだ。

かくして名古屋に張り切って乗りこんだ恒憲だが、師団長在任は一〇ヵ月で、翌年四月には留守近衛第二師団長に転出する。それと同時に第四三師団には戦地への出動が命じられた。行先はサイパン。移動途中、アメリカ潜水艦の攻撃などにより、師団の戦力の大半は失われ、サイパンでの師団の戦力は歩兵五大隊程度になっていた。結局、師団は玉砕、恒憲の後任の斎藤義次師団長も戦死した。そして恒憲はそのあと航空総監部付を経て陸大校長となり、八月一二日の会合にも出られたのである。

†恒徳一家の満州脱出

対米英戦が始まってから大陸に出征したと言える皇族は三笠宮崇仁、閑院宮春仁、竹田宮恒徳だが、三笠宮については前に見た。春仁は昭和一七年一〇月、満州国牡丹江の戦車第五連隊長(のち戦車第一旅団長代理を兼任)となる。『私の自叙伝』で春仁は、自分のキャリアでは第一線で部隊を率いて戦うのは無理だと自覚していたがとりあえず連隊長になれて嬉しかった、と正直に述懐し、「在満三年間(原注・正確には二年五ヵ月)は、私の一生のうちで最も栄光に輝く時代だった」と回顧している。結局、昭和二〇年三月、千葉県津田沼の戦車第四師団司令部付として帰国し、戦場には一度も立たなかった。

恒徳は昭和一八年八月、参謀本部勤務から関東軍参謀に転じたが、彼はそれ以前、昭和一三年五月にもハイラルの騎兵第十四連隊中隊長として満州へ行っている。自伝『私の肖像画』によると、部隊が戦地に出動するとき、恒徳だけが内地に帰還させられそうになったので、陸軍省人事局長に直接掛けあって部隊と行動をともにしたというが、結局、二、三ヵ月で北支那方面軍参謀部付となり、さらに数ヵ月で東京の参謀本部に帰る。

それから四年ほどでまた満州勤務となったわけだが、このとき恒徳は関東軍司令部のあった新京（現・中国吉林省長春）に、光子妃と三歳の恒正《つねただ》王、一歳の素子女王、生まれたばかりの紀子女王を連れていった。当時、南方での戦況は日本に不利となる一方だったが、満州では大きな戦闘もなく、空襲にさらされている東京に比べても安全だった。そのため家族を伴うことにしたのだろう。そして昭和二〇年七月、関東軍参謀から第一総軍参謀となって日本に戻るときも、恒徳は単身で帰国し、妃と満州で生まれた恒治王を含む四人の王子女は新京に残したのである。

ところがこの配慮が裏目になる事態が起きた。言うまでもなかろうが、八月九日、ソ連軍が日ソ不可侵条約を踏みにじって満州に侵攻してきたのである。恒徳は慌てて家族を呼び戻した。ソ連軍の侵攻を受けて、関東軍や満洲国政府の関係者が自分たちの家族を先に逃がしたという非難は、戦後長い間、満州への移民だった人々などから聞かれたが、恒徳も家族のために飛行機を用意させ、妃たちは着のみ着のままで八月一〇日に前橋付近の陸軍飛行場に着いた。そして空襲下の東京を避け、軽井沢の別荘に入った。

以上の事実は『私の肖像画』に書かれているが、恒徳はこれについての弁解などはいっさい記していない。もちろん皇族であろうとも妻子の身を案じるのは当然であるし、またドライな言い方をすれば、万一、竹田宮の家族がソ連軍の手に落ちたりすれば取引材料にもされかねないから、恒徳の判断は非難されるべきものではなかったろうが、やはり恒徳にまったく後ろめたさが残らなかったとは思えない。

†弟宮たちの尽力

それはともかくとして、恒徳がポツダム宣言受諾の「聖断」が下されたことを聞いたのは先述のように八月一〇日午前である。この時、妃や王子女たちが前橋近郊の飛行場に着いていたかどうかは分からないが、いずれにしろ恒徳はポツダム宣言受諾に憤慨し、稔彦や三笠宮に反対を訴えた。しかし一二日の天皇の説明を聞き、恒徳もほかの皇族たちとともに天皇の決断に従うことを誓う。ところが受諾に反対する軍人たちからは、皇族への働きかけが続いた。

『私の肖像画』には阿南陸軍大臣が、聖断の下った御前会議の前後、二度にわたって恒徳を訪ねてきたとある。恒徳は阿南が「重大な時局について話した」としか記憶していないが、すくなくとも御前会議の後に訪ねてきた時には、ポツダム宣言受諾に関する話が出たことは間違いない。なぜなら阿南は一二日夜に三笠宮を訪ね、天皇に翻意するよう願ってほしいと懇願しているからだ。これに対し三笠宮は、「陸軍は満州事変以来、大御心に副わない行動ばかりしてきた」と叱りつけ、阿南はひどい衝撃を受けた（阿南の秘書官だった林三郎の手記「終戦ごろの阿南さん」『世界』昭和二六・八号）。三笠宮によれば、阿南が帰っていくところを見た三笠宮百合子妃は後々まで、「阿南さんが肩を落として門のほうに行く後姿が寂しそうだった」と述懐していたという（『古代オリエント史と私』）。

三笠宮のところには、一二日午前中にも、この日、天皇と皇族たちが会うことを聞きつけた陸軍の若手参謀たちがやってきて戦争継続を訴えていたので（大竹敏三「天皇と幕僚」『政界ジープ』昭和二四・一〇号）、三笠宮は陸軍内に不穏な空気があることは知っていたから、阿南が帰るとすぐに高松宮のところへ行き状況を報告する。さらに翌一三日朝早くには鈴木貫太郎総理大臣と一緒に高松宮邸に赴いている（「高松宮日記」同日条）。そしてその後、陸軍省軍務局に行き、阿南たちの態度に苦言を呈している（高木惣吉「連合軍進駐の前後」『世界』昭和二六・八号）。また、一三、一四日と何度も宮中に木戸内大臣を訪ね、時局収拾について話している（「木戸日記」同日条）。

まさにめざましい動きと言えるが、一方、高松宮も同じように天皇に意の沿うべく行動する。一三日夜には戦争継続を天皇に願ってくれと頼みに来た大西滝治郎軍令部次長を、「私のように戦場に行ったこともない人間にそんな資格はない。軍令部総長か次長自身が申し上げろ」と突っぱねる。そして翌日は近衛文麿とともに木戸と相談したり、外務省政務局長の安東義良をよび、さまざまなことを質問したりしている（安東義良「終戦覚書」。なお以上の三笠宮、高松宮の動きについては外務省編『終戦史録』4、5に詳しい）。

前に見たように、天皇と弟宮たちの間はかならずしも円満とは言えなかったが、未曽有の国難に際して、高松宮も三笠宮も全力で天皇を助けようとしたのが、以上のことから分かるだろう。

†外地派遣と皇族内閣の誕生

八月一五日正午からの「玉音放送」を皇族たちはさまざまな場所で聴いた。秩父宮夫妻、高松宮夫妻はそろって御殿場の秩父宮別邸で、守正夫妻は河口湖畔の別荘で、春仁は浦和の第三六軍司令部で、恒徳は東京市ヶ谷の第一総軍司令部で、そして稔彦は川崎の別荘で、といった具合である。ほとんどの皇族たちは敗戦を知っていたが、梨本宮伊都子妃は守正からも何も教えられておらず、衝撃のあまり涙がとめどなく流れたと回顧している（『三代の天皇と私』）。

翌一六日午前九時過ぎ、天皇は鳩彦、恒徳、春仁をよび、ポツダム宣言受諾を告げるために、それぞれを支那派遣軍、関東軍、南方軍へ派遣する旨を伝えた。三人は翌日、日本を発ち、鳩彦は南京、恒徳は新京、奉天（現・中国遼寧省瀋陽）、京城（現・韓国ソウル）、春仁はサイゴン（現・ベトナム共和国ホーチミン）、昭南（現・シンガポール）を回って現地の軍に天皇の命を伝えた。外地の日本軍の武装解除、帰国が比較的スムーズに進んだのは、皇族たちが使者となったことの効果もあったろう（この外地派遣について『朝日新聞』は鳩彦ではなく王子の孚彦が命じられたと誤報した。たしかに年齢的に孚彦のほうが父より適任とも思えるが、八月一二日の天皇の召しにも応じられなかったことからすると、健康を害していたのかも知れない）。

同じく一六日午前一〇時ごろ、天皇は稔彦をよび組閣を命じた。皇族を総理大臣にという声は昭和の初めから陸軍の軍人などからあがっており、その際、候補として最も多く名前が出されたのは稔彦だった。そしてそれが現実になりそうになったのは、昭和一六年一〇月に第三次近衛内閣が倒れた時である。近衛が稔彦に、「天皇も殿下が総理となるのに賛成している」と言ったため、稔彦もその気になったが、皇族内閣で戦争になったりしたら累が皇室に及ぶとして木戸内大臣らが反対したため、土壇場で東条英機が総理大臣となるのだ。

さらに昭和一九年七月に東条内閣が倒れた時も、重臣たちの一部からは東久邇宮総理の声があがったが、それは大きなものにはならず小磯国昭が組閣した。そして昭和二〇年四月に小磯は鈴木貫太郎に代わり、敗戦を経ていよいよ史上初の皇族総理大臣が出現したのである。

東久邇宮内閣の政治的な評価は難しい。稔彦が総理大臣としてめざましい成果をあげたとはとうてい言えないが、しかし、皇族の総理大臣就任自体が、敗戦直後の社会の混乱をすこしでも和らげたと見ることも可能である。いずれにしろ在任わずか五〇日で辞任しているのだから、政治的評価の俎上にのせること自体が困難である。ただ短期間だったわりには人間関係などでは他の内閣では見られないようなことも起きており、それについては『不思議な宮さま――東久邇宮稔彦王の昭和史』である程度ふれた。

2 皇族の戦争責任――東久邇宮稔彦王

†また臣籍降下騒ぎ

さて、一〇月五日、天皇に辞任を認められた稔彦は、一〇月一二日、皇居に参内し天皇に礼を言うが、その前に木戸に会い、重大なことを話した。それは臣籍降下したいとの希望である。かつてフランスからの帰国に絡み、稔彦がこの問題で周囲をてんてこ舞いさせたのは第七章で詳述した通りだが、あれから二〇年を経て、同じ希望を持ちだしたのだ。同日の「木戸日記」からすると、稔彦は戦時中に軍人だったことと、総理大臣を短期間で辞任したことの責任をとるために皇籍を離脱したいと述べたようだ。これに木戸はこう応えた。

殿下は戦争中は軍司令官に御就任遊されたるも、直接陛下を輔弼せらるる地位には就かせられざるを以て責任はなしと解す。終戦後、内閣の御成績は功績こそあれ、責任を執らざるべからざるが如き御失敗は認められず。故に今日責任を執らるる何等実質的理由なし。のみならず、今日、如斯《かくのごとき》行動に出らるゝ時は、国を混乱に陥るゝの公算も尠少《かんしょう》ならず

木戸が最も言いたかったのは最後の点であるのは間違いない。どんな事情があろうとも、このような時に責任をとって臣籍降下などを言い出しては、国に混乱を与える公算が大である――。もっと具体的に言えば、皇族が今の時点で戦争中の責任を理由に臣籍降下などと言い出せば、天皇の責任も問題にされかねないと、木戸は暗に稔彦をたしなめたのだ。

その後、天皇に会った稔彦が同じことを口にしたかどうかは分からないが（「東久邇宮日誌」には「総理大臣を免ぜられたる御礼を申し上ぐ」とだけある）、木戸の制止にもかかわらず、宮内大臣に臣籍降下の情願を出したようだ。そして、そのことを一一月初めに同盟通信の記者に話してしまう。このときは記事にはするなと稔彦が言ったためにニュースとしては流れなかったが、一一月九日、『読売報知』の記者に同様に話した時は、オフレコとはしなかったので、同紙翌日朝刊の記事になってしまう。

これを読んだ三笠宮がすぐに稔彦のもとにやってくる。「東久邇宮日誌」には、「臣籍降下の願ひを出したる件に関し、お話しありたり」としかないが、おそらく三笠宮は情願を取り下げるように説得したと思われる。しかし稔彦はそれを承知せず、一〇日には時事通信、朝日新聞、東京新聞、毎日新聞の記者の取材に立て続けに応じ、各紙はそれを記事にする。そこで三笠宮は一六日に再び稔彦のところに行き、あらためて次のように言った（「東久邇宮日誌」同日条）。

私（稔彦）が敗戦の責任を感じ、臣籍降下の情願をなせし事が新聞に発表になりし事は天皇陛下に迄戦争責任が及び、陛下に御迷惑をかけたり。私（稔彦）が天皇陛下の御兄弟以外の皇族は臣籍に降下するのを可と思ふと云ふ事を新聞に発表せし事は世間を刺激し、此の意志を持たざる皇族を強圧する事となるならん

「天皇陛下の御兄弟以外の皇族」云々は「読売報知」には書かれていないが、後追いした『朝日新聞』（昭和二〇・一一・一一朝刊）には出ている。三笠宮はそれも読んで抗議に来たのである。さらに御殿場の秩父宮も、手紙で稔彦を「軽率だ」と批判してきた（「東久邇宮日誌」昭和二〇・一一・一七）。そして一一月二一日には石渡《いしわた》荘太郎宮内大臣と松平康昌宗秩寮《そうちつりょう》総裁が、「天皇陛下は全皇族と行動を共にする決意であり、皇族臣籍降下はよほどの理由がなければ許

さない御意向である」旨の談話を発表した。それを新聞で読んだ稔彦は、以後、臣籍降下を口にしなくなる。かくして稔彦の臣籍降下騒動は二〇年前と同じく、竜頭蛇尾で終わった。

†外国人記者との会見

それにしても稔彦はなぜこれほど皇族の身分を離れることにこだわったのか。ここで見ておかなければならないのが戦犯問題との関係なのだ。まだ総理大臣だった九月一八日、稔彦は外国人記者との会見をおこなった。約百人の記者たちは殺気立っており、のちに稔彦が緒方竹虎に語ったところでは、「(記者たちは)私の前に押しかけ、拳をあげてどうだどうだというのでしよう。私はここが我慢のしどころと思つて我慢していました。実に酷かつた」(「終戦秘話」『回想の緒方竹虎』所収)。そして記者たちの無礼もさることながら、稔彦に衝撃を与えたのは、質問が「ドゥーリトル爆撃隊」のことから始まったことではなかったかと思われる。

昭和一七年四月一八日、ジェームズ・ドゥーリトル中佐に率いられたアメリカ陸軍の爆撃機一六機が日本本土を空襲する。そして爆撃後、米機は中国大陸に向かうが、着陸に失敗するなどして八名が日本軍の捕虜となり、そのうち三名が日本軍の軍律裁判の結果、死刑となった。当時、アメリカ政府はこのことを日本の非道の象徴のように非難し、アメリカ世論も激高したから、記者たちがこれをまず質問するのは不思議ではない。が、当時、防衛総司令官として防空の責任者だった稔彦にしてみれば、自分の戦争責任がまっさきに問われたかのように思われたのだろう。

稔彦は対米英開戦直後に陸軍の防衛総司令官に就任した。防衛総司令部は昭和一六年七月におこなわれたソ連に対する作戦準備のための関特演（関東軍特種演習）をきっかけに設けられた天皇直結の組織である。その任務は海軍と協力し、日本国内、朝鮮、台湾、樺太の部隊を指揮して国土防衛にあたることであり、中国大陸は管轄外である。したがって稔彦に米機搭乗員を死刑にした責任などあるはずはないが、アメリカの記者たちはそんなこともおかまいなしに、稔彦を責めたてたのである。先述のような雰囲気の中では、それに反論することも難しかった。

会見がおこなわれた一週間前の九月一一日には、GHQ（連合国軍最高司令部）が日本政府に対し、三九名の戦争犯罪人の逮捕を命じている。その中には副総理格の近衛文麿と並んで内閣の中心だった国務大臣兼内閣書記官長の緒方竹虎（元朝日新聞副社長）も含まれていた（結局このとき緒方はリストから外されたが一二月に再び戦犯容疑者となる）。稔彦にしてみれば、占領軍はどんな態度に出るか分からないとの不安感を抱くもととなったろう。

†マッカーサーとの会談

稔彦は自分が皇族であるがゆえに睨まれているのではないかと危惧していた節もある。九月二九日、政務報告のため日比谷のGHQ本部にマッカーサー元帥を訪ねたとき、まず次のように尋ねた。

私は封建的遺物である皇族であるから、私が内閣を組織していることは、民主主義の見地からいけないのではないか。もし元帥が不適当を見られるならば、率直にいけないと言ってください。私はあすでも総理大臣をやめます

これにマッカーサーはこう応えた。

なるほど、皇族は封建的遺物である。しかし、あなたは皇族として生まれたのだから、いまさらどうにもできない。（中略）あなたの思想、言行は非民主主義的とは思われない。現にあなたが総理大臣をつとめているのは、現実に封建的でなくて、もっとも民主主義的のことである。あなたは続いて総理大臣を勤めるべきでしょう

実は「東久邇宮日誌」にはマッカーサーを訪問したことは記されているが、会話の内容はない。したがってこのやりとりはのちに日誌に加筆して刊行された『一皇族の戦争日記』から引

用したものなのだが、その内容がこれに近いものだったことは、緒方の秘書官だった長谷川峻（のち代議士、労働大臣など）の『終戦内閣　東久邇政権・五十日』の記述からも裏づけられる。長谷川によると会見後、総理大臣官邸に帰ってきた稔彦はご機嫌で、長谷川たちに、「マッカーサーに私は皇族で封建的だからやめましょう、と言ったら、あなたは別だと太鼓判をおしてくれた」と語ったという。安心したのだろう。

マッカーサーの太鼓判にもかかわらず、稔彦はこの六日後に総理大臣を辞めるわけだが、それはもちろん皇族だったからではない。しかし、今度は、総理大臣でなくなったからにはマッカーサーの保証も意味がなくなるという不安が生じてきたのではなかろうか。そう考えれば、稔彦が臣籍降下を急に言い出した訳も分かる。自分は封建的な皇族という身分になど固執していないことを、占領軍にも先手を打って、はっきりと分からせてやろうとの意図があったのではないか。

さらに稔彦の不安を強めたのが、アメリカの戦略爆撃調査団による聴取を受けるのが決まったことだった。この調査団は戦中のアメリカ軍の爆撃の効果を調査するために作られた陸海軍共同の組織だが、あわせて日本が真珠湾を攻撃するに至った経緯なども調べることになっていた。近衛も稔彦に先立って一一月九日、東京湾上のアメリカ艦に連れていかれ、三時間にわたり、「プリンス近衛（近衛公爵）」ではなく「ミスター近衛」と呼ばれながら、支那事変以来のさまざまなことについて追及された。

稔彦は一一日に近衛を東京荻窪の邸宅（荻外荘《てきがいそう》）に訪ねている。無論、九日の様子を尋ねるためである。近衛は尋問を受けたあと、第二次近衛内閣の書記官長だった富田健治に、「取り調べはひどく、私も戦犯で引っ張られますね」と語っているが（『敗戦日本の内側』）、稔彦にも同じように言ったろう。

†尋問

「東久邇宮日誌」同日条には、近衛から取り調べの模様を詳しく聞いたあと、二人で、「戦争責任が絶対に陛下に及ぼさざる如く努力する事を申し合わせたり」とある。ここにはウソはあるまい。ただ稔彦は天皇を守ると同時に、自分も戦争犯罪の嫌疑などを受けないよう、精いっぱい努力するとの覚悟を固めたであろう。臣籍降下を希望し続けるのも、そのためには有効だとあらためて思ったにちがいない。

そして一一月一四日、戦略爆撃調査団の一行七名が、麻布の東久邇宮邸にやってくる。稔彦が選んだ朝日新聞記者の通訳も合わせて九名は、例の元クジャク小屋の仮居間で話を始めるが、実は邸内の別の場所に杉田一次大佐（のち自衛隊陸上幕僚長）など、稔彦の防衛総司令官時代の部下三名が身をひそめていた。

稔彦は近衛を訪問した翌日朝にも杉田たちに自邸に来てもらっていた。調査団が防衛総司令官時代のことについて質問したらどう答えればいいか相談するためである。やはり稔彦がもっとも気にかけていたのは、ドゥーリトル爆撃隊のことだった。「東久邇宮日誌」同日条の記事を整理すると、稔彦や杉田らは、まず調査団に防衛総司令官の権限、任務について説明しよう、つまり中国大陸でのことには責任は負えないことを強調し、さらに「九州八幡付近にて捕虜とせし米人飛行士の不起訴」や、「昭和十七年十月十九日、防衛司令官布告を出した経緯」を説明するべきだと話し合った。

「米人飛行士の不起訴」云々は、とくに西部軍が管轄していた九州地方では、撃墜された米軍機搭乗員への虐待などが多かったことに関係する。遠藤周作の『海と毒薬』が取り上げている捕虜の生体解剖などもその一例だが、日本国内でのそういう出来事については、防衛総司令官の責任が問われかねない。そこで捕虜を不起訴にしたケースがあった事実も米側に示そうということだ。さらに「防衛司令官布告」とは、ドゥーリトル爆撃隊員が死刑にされたあと、防衛総司令官の名で発せられた「暴虐非道の行為ありたるものは厳罰に処す」との布告である。これも死刑を正当化していると受けとられかねないので、弁明を考えておこうと協議したのだ。稔彦は戦犯容疑を晴らそうと必死だったのである。

そして調査団が来る日も杉田らをよび、なにかあれば協力させようと万全の準備をしたわけだが、しかし稔彦の心配はまったくの杞憂であった。「東久邇宮日誌」には当日のやり取りが細かく記されているが、一時間半ほどの尋問では、ドゥーリトルどころか、支那事変も含め、大東亜戦争中の稔彦の軍人としての行動についての質問はまったくなかったのである。それどころか稔彦は、自分が一貫して戦争を避け、あるいは終わらせようと努力をしていたかについて語り、皇族であるがゆえに政治的には無力だったと強調することができた。それに対し調査団側からは反論めいたものは一切なく、また、前章でふれた漢口での毒ガス兵器使用のことなど、まったく彼らの口にのぼらなかったのである。

稔彦は安心した。先述のように臣籍降下についても沈黙するようになるが、それは自分が戦犯に指定されることはなくなったとほぼ確信したからであろう。そして実際に稔彦が戦勝国により戦犯に指定されることはなかった。ところが、稔彦の兄でもある老皇族には過酷な日々が待っていた。

†老皇族、巣鴨へ

昭和二〇年一二月二日、GHQは戦犯容疑者の逮捕令を日本政府に通達した。すでに東条英機ら三十数名が戦犯容疑者に指定されていたが、この日、さらに平沼騏一郎、広田弘毅ら五九名が追加されたのである。そのなかに梨本宮守正の名前があった。

何度かふれたように、守正は元帥・陸軍大将、当時、満七一歳で、閑院宮載仁が死去した後、皇族中の最年長だった。軍人としては師団長を一度経験しただけで重職には就かず、大東亜戦争中は臨時(伊勢)神宮祭主だった。日露戦争には第二軍司令部付として出征したが、すぐに赤痢にかかって帰国し、以後、各戦争を通じ戦地に赴いたことはない。それなのにGHQは何故この老皇族を戦犯容疑者としたのか。神宮臨時祭主だったため、あるいは大日本武徳会や在郷軍人会の総裁だったのが理由など、憶測は乱れ飛んだが、はっきりしたことは分からなかった。

伊都子妃によると、巣鴨プリズンに収監される前日の一二月一一日に天皇に拝謁した守正は、「陛下の御名代と思ってまいります」と述べたという(『三代の天皇と私』)。また高松宮は、一二月一三日の日記(昭和二〇・一二・一三)に、「わけもわからぬ拘引で御気の毒の至りなり。(中略)どうにも皇室の尊厳を、ひびを入らせて国民に知らせようと云ふつもりとより思へぬことなり」と記しているが、GHQが天皇や皇族、さらには日本国民への恫喝を目的におこなった可能性もある。現に稔彦は、守正が戦犯容疑者に指定されたと知ったあと、側近の一人と「マッカーサー司令部の私に対する気持」をあらためて話し合っている。戦略爆撃調査団の尋問を切り抜けて生じた安堵感が揺らいだのかもしれない。

一二月一二日、守正は巣鴨プリズンに収監され、それから翌年四月一三日の釈放まで獄中生活を送る。王政復古直後、「朝敵」とされた朝彦親王や能久親王にしても牢屋に入れられたわけではない。守正は、皇族としては足利氏によって獄に投じられた大塔宮護良親王《おおとうのみやもりよし》以来の目に合ってしまったのだ。さすがに守正のために新しい布団や輪島塗の食器が用意されるなど、アメリカ側もそれなりに気は使ったようだが、囚人であることに変わりはない。同時に巣鴨にいた笹川良一は日記に、「梨本宮殿下がよたよた腰で食事運びをなされるお姿を拝しては涙万石《ばんこく》、心中泣いた」と記した(『巣鴨日記』昭和二〇・一二・一二)。

もちろん当の守正が釈然としなかったのは言うまでもない。やっと釈放されたあと、新聞記者に対して、自分は戦争になんの責任もないと述べたうえで、皇族中で一番戦争と関係のあったのは閑院宮載仁、次いで伏見宮博恭、それから朝香宮鳩彦、東久邇宮稔彦だと名指ししたのである(『読売報知』昭和二一・四・一五)。

憤懣やるかたなかったのだろうが、しかし載仁はすでに死去しているし、博恭は重病の床にある(昭和二一年八月一六日死去)。また、守正釈放時には、稔彦も鳩彦も戦争責任が問われないことが決まっていた。GHQ内に東京裁判(極東国際軍事法廷)に備えて設けられたIPS(国際検察局)では、四月八日までに東条英機以下二六名をA級戦犯容疑者として裁くことを決めていたが(のちにソ連の要求で重光葵と梅津美治郎が追加される)、その中に稔彦、鳩彦は入っていなかったのだ。

当時の日本の事実上の最高権力者だったマッカーサー元帥は、昭和二〇年九月二七日に昭和天皇と初めて会見したあと、日本を円滑に占領統治するために天皇を最大限に利用することが得策と判断し、その進言を受けたアメリカ政府も、翌年三月二〇日ごろには天皇の戦争責任を問わないことを決めていた（このあたりの経緯については粟屋憲太郎『東京裁判への道　上』に詳しい）。となれば皇族をことさら戦犯容疑者にして、事をややこしくする必要はない。天皇、皇族の戦争責任問題は法的には一応の決着がつけられたのである。

†鳩彦王の危機

ところが、鳩彦だけはまだ安心できなかった。南京事件のことが片づいていなかったからだ。あの事件についての責任が鳩彦にまったくないと言い難いことは前章で見た通りだが、鳩彦は東京裁判の被告にはならなかった。しかし、東京裁判が開廷する二日前の昭和二一年五月一日、東京白金の朝香宮邸でIPSのT・H・モロー法務官が南京事件について鳩彦を二時間にわたり尋問したのだ。

東京裁判の被告ではない鳩彦に尋問がおこなわれたのは、「違法行為防止責任無視による法規違反」など九つの訴因で起訴された松井石根《いわね》大将に判決を下す証拠固めのためである。それまで松井がモローの取り調べに対し、「朝香宮の批判をするわけではないが、南京で不法行為をはたらいたのは朝香宮が司令官だった軍隊だった」と述べていたこともあり（『東京裁判への道　下』）、モローは鳩彦の話も聞くべきだと考えたのだろう。

尋問は通訳が入って二時間だから、たいして長いものではないが、稔彦に対する戦略爆撃調査団による尋問などに比べれば具体的で、鳩彦も薄気味悪かったのではないか。

尋問調書（英文）は『国際検察局（ＩＰＳ）尋問調書　第八巻』にあるが、鳩彦は一貫して、「自分は当時、南京で日本兵たちが捕虜となった中国兵や一般市民を多数殺したこと、女性を強姦したことをまったく知らなかった」と主張した。そして、参謀本部が松井石根中支那方面軍司令官に中立国から抗議があったことを知らせ、さらに松井がそれを鳩彦に伝えて、中立国の財産を侵害したり強姦のような不法行為をしないように注意せよと命じたので初めて知った、自分の部下でそのようなことをしたものはすべて軍法会議にかけたと言う。

モローがこれに納得したとは思えないが、とにかく鳩彦は被告ではないから、その戦争責任といったことには尋問も直接には及ばない。鳩彦もなんとか切り抜けた。

東京裁判の審理は五月三日に始まり、南京事件がとりあげられたのは八月である。南京で大量の虐殺、強姦などが日本軍によっておこなわれたと認定され、松井にその責任があると検察側は主張した。これに松井は方面軍司令官の自分ではなく、師団長が部下の統率についての法的責任者だと反論した（朝日新聞法廷記者団編『東京裁判　中』）。

この過程で鳩彦の名が出ることはなかったが、検察側には鳩彦と事件との関係について割り切れなさが残ったようなのだ。審理が終了するひと月ほど前の昭和二三年三月四日になって、モローが巣鴨プリズンにいる松井を訪ね、「朝香宮には南京で起きたことに大きな責任があるのに、皇族だったおかげでそれをいわれなかったとの声もあるが」と尋ねたのである。松井はこれに対し、「朝香宮は日本軍が南京に入るわずか十日前に上海派遣軍司令官になったのだから、事件への責任はない」と応えた。先述のように松井は公判開始前には鳩彦に不利なことをモローに述べたりしたが、公判では「法的責任者は師団長」と言うことで、さりげなく鳩彦をかばっている。やはり皇族は守らねばと思いさだめたのだろう。

そして昭和二三年一一月一一日、松井には絞首刑の判決が下された。九つの訴因のうち、認められたのはわずか一つ、「違法行為防止責任無視による法規違反」だけである。松井は南京事件への責任のみを理由として極刑に処せられたのだ。

松井への判決を知ったとき、鳩彦がどのような反応をみせたかを知る手がかりはない。すでにほかの多くの皇族とともに皇籍を離れていた鳩彦は白金の邸宅も手放し、そこは吉田茂総理大臣が官邸として使っていた。次女大給《おぎゅう》湛子《きよこ》の『素顔の宮家』によれば、鳩彦は熱海に隠棲し、晴耕雨読しながら好きなゴルフや野菜作りを楽しんでいたという。稔彦などは雑誌などに登場することも多かったが、そういう形での世間との接触もなかった。また長男の孚彦は戦後、東大の聴講生となって航空工学を学んだあと日本航空に入った。そして妻の影響でカトリックに入信し、終生、敬虔な信者だった。鳩彦は昭和五六年、孚彦は平成六（一九九六）年に没した。

3 天皇の生前退位問題――三笠宮崇仁親王

†皇室か天皇か

周知のように、戦争責任の有無が最も議論の的となったのは個々の皇族ではなく昭和天皇である。先述したようにマッカーサー元帥やアメリカ政府の政治的判断によって、裁判でそれが問われる可能性は敗戦後早い時点でなくなっていたが、それとは別に天皇の戦争責任を追及する声は日本国内でも各方面から噴出していた。それについては前にも引いた粟屋憲太郎氏の著作などを参照してもらいたいが、本書では戦争責任の問題を天皇の退位のことに関連づけて見ていくことにしたい。

日本の敗勢が濃厚になるにつれ、敗戦となった場合の天皇、皇室について憂慮する声があがってきた。単細胞の軍人たちなどからすれば、そのようなことを考えるのもケシカランということになるから、もちろん大きな声ではなかったが、例えば近衛文麿と女婿の細川護貞が、昭和一九年三月三日にこんな会話を交わしている（『細川日記』同日条）。

（アメリカは）万一の時は、今上陛下に対し奉りては責任を云々すべきも、皇室を絶滅すべしと為すが如きことはあるまじと。然し乍《なが》ら、申すも恐れ多きこと乍ら、御退位を要求し、或は聖体の引渡を要求するが如きは、臣下として、断じて拒絶せざるべからざる要求なり。然し乍ら我国が敗るゝも、皇室のみは断じて存続せしめざるべからず

〈アメリカは天皇の責任は追及しても皇室は存続させるだろう。しかし天皇の退位や身柄の引き渡しを要求してきたら断じて拒絶しなければならない。とはいえ敗戦となっても皇室は存続させねばならない〉

要するに天皇個人よりも皇室の存続が大事ということである。となれば、天皇退位や身柄引き渡しに応じるのもやむを得ないと近衛らが考えていたのは確かと思われる。

細川は三月一三日には高松宮と会う。そのとき高松宮はこんなことを言った（『細川日記』同日条）。

最悪の事態については、今日から相当研究して置かねばならぬ問題であるが、恐れ多いこ

と乍ら、御退位の如きは、我国の歴史にも度々あるのであり、殊に憲法の如きは、欽定憲法だから、是が改正は、御上が其の御気持ならばすぐ出来ると思ふ。現行憲法の皇位継承に関する規定は、最も合理的なる方法を示したに過ぎないであらう

〈天皇の退位は歴史上いくらでもある。憲法には退位の規定はないが、憲法を定めたのは天皇なのだから、天皇が望めばそれを改正して生前退位ができるようにすることは簡単である〉天皇の弟宮も、敗戦となれば天皇は退位せざるを得ないだろうと、敗戦の一年半近く前に強く示唆しているのだ。

†裕仁法皇

これ以降も高松宮や近衛は考えを変えなかった。そして昭和二〇年一月二五日、近衛は思い切った行動に出た。それについて共同通信記者で皇室研究者としても知られた高橋紘は、『天皇家の密使たち［秘録］占領と皇室』（鈴木邦彦との共著）で大略次のように記している。

〈この日、近衛は京都の近衛家の別邸である陽明文庫の茶室に、岡田啓介、米内光政、それに仁和寺の門跡岡本慈航を招いた。そして敗戦となった場合、連合国は天皇の責任を追及するだろうから、それにそなえ天皇には出家し、仁和寺に入っていただいたらどうか、そうなれば連

合国も天皇をどうこうするとは言うまい、と述べた。岡田、米内も賛成し、それを受けて岡本は、出家した天皇には「裕仁《ゆうにん》法皇」と称してもらい、仁和寺門跡となって寺内の金堂に住んでもらおうと計画した。さらに近衛は翌二六日、同じ場所に高松宮を迎え、前日のことを話し、高松宮の同意を求めた〉

高橋たちは以上の事実を岡本の次の次の仁和寺門跡である森諦円から聞いたという。森によれば岡本はとても口が堅く、森にもこの話は一度しかせず、仁和寺の記録にも関係することはいっさい残っていない。しかし、高橋たちは森の述べたことの裏づけをとるために、近衛の友人だった木舎《きや》幾三郎などにも綿密な取材をしているから、近衛たちがこのように相談した事実があったのはまず確かだろう。

さらに「高松宮日記」（昭和二〇・一・二六）にも、「仁和寺の隣の近衛公の陽明文庫へゆく。文書を見て夕食、話」とあるし、また高松宮の死去後に出版された宮家公認とも言うべき伝記『高松宮宣仁親王』も、高松宮と近衛の食事の給仕をした酒井美意子（朝融王に婚約を解消された酒井菊子の娘）の証言などを引きながら、二人が長時間話をしたとしている。ただ、天皇出家について高松宮が近衛にどう応えたかは、「高松宮日記」からも『高松宮宣仁親王』からも分からないが、先に「細川日記」から引いた発言などから考えて、近衛に賛成したとするのが合理的だろう。

ただ高松宮が天皇の退位、出家をやむをえないと思ったとしても、このころこじれ切っていた兄弟の関係を考えれば、それを天皇に直言するようなことはできない。そこを近衛はどう考えていたのか。近衛や岡田、米内はいずれも元総理大臣で重臣とよばれる人々だが、所詮は臣下である。天皇に退位したらどうかなどと言えるわけはない。とすれば、近衛は誰にその役割を期待していたのか。

ここで注目すべきは、『高松宮宣仁親王』にある、高松宮と近衛が、「照宮様にお願いして、陛下のお耳に入れて頂かなければ」と話したのを酒井が聞いたという一節である。照宮とは天皇の第一皇女で東久邇宮盛厚と結婚した成子内親王だが、内親王と女子学習院時代から親友だった酒井には、二人の会話にその名が出てきたことが意外で、記憶に残ったらしい。これが酒井の聞き違いでないとすれば、高松宮と近衛はまだ二〇歳にもならず、しかもそろそろ臨月にさしかかっていた（三月に第一子の信彦王誕生）皇女に、退位、出家の必要について父天皇に話してもらおうと考えていたことになる。いくらなんでもという気もするが、しかし、酒井の証言を否定する材料もない。このエピソードは近衛や高松宮の焦慮を示すものと解釈すべきなのかもしれない。

†退位をなぜためらうのか

いずれにしろ天皇は実際には退位も出家もしなかった。そして敗戦からあとしばらくは誰に限らず勝者の腹の内を探るのが精いっぱいで、天皇の責任問題について的確な見通しは立てられない。ただ皇族たちの間でも、世間一般と同じく、連合国が天皇にも責任があると迫ってくるかもしれないという見方が少なくなかったことは、稔彦の臣籍降下の情願に対して三笠宮や秩父宮がとった行動からも明らかである。

もし天皇が退位した場合はどうなるか。皇位を継ぐのは皇太子明仁親王（今上天皇）に決まっているが、親王はまだ一〇代半ばにもなっていない少年だから、皇室典範第一九条の「天皇未だ成年に達せざるときは摂政を置く」との定めにより、摂政が置かれる。そして同じく第二一条により、摂政には親王、王などの順で就くことになっているから、順当にいけば明仁親王、弟の正仁親王（現・常陸宮）に次いで皇位継承順三位の秩父宮雍仁親王が摂政となる。

現に秩父宮がひさしぶりに御殿場から上京したことを記した昭和二〇年九月三〇日の「高松宮日記」には、「もういざと云ふときは、摂政にもおなりになれると考へられ、これ以上のことなし」とある。が、秩父宮の健康状態にはまだ不安が残る。そうなれば皇族会議と枢密院会議の議決を経て、高松宮が兄に代わって摂政となる可能性が高い。日本人以外でもそう見ているものがおり、「高松宮日記」（昭和二〇・一二・一八、一九）には、中華通信社の記者が石渡宮内大臣を通じて、「私（高松宮）が摂政になるだろうから、今のうちに見ておきたい」と申し込んできたので、一二月一九日に会ったとの記事がある。もちろん中華通信記者は天皇退位を前提としてこういう取材をしたわけだが、まだこの時点ではアメリカなど戦勝国側の天皇への態度は固まっていなかったから、記者がそう思いこむのも仕方ない。

一方、天皇自身も揺れ動いていた。アメリカ政府が天皇の戦争責任を問うか否か、まだはっきりしなかった昭和二一年三月六日、侍従次長木下道雄に左のように心の内を洩らした(『側近日誌』同日条)。

それは退位した方が自分は楽になるであろう。今日の様の苦境を味わわぬでもすむであろうが、秩父宮は病気であり、高松宮は開戦論者でかつ当時軍の中枢部に居た関係上摂政には不向き。三笠宮は若くて経験に乏しい

これからしばらくして、天皇は昭和初期以来のさまざまな出来事について木下らの側近を相手に語り始める(その内容をまとめたのが『昭和天皇独白録』)。これは明らかに天皇が訴追されたり、裁判の証人として出廷することになった場合に備えてのことだった。天皇にも身に覚えのない嫌疑をかけられたりしたらたまらないとの危惧があったのだ。

しかし、天皇は戦争についての責任をまったく感じていないのではなく、それを理由に退位

しなければならないのなら、その運命は甘受しなければならないとも思っていた。が、そこで天皇がどうしても気にかかるのが摂政問題だった。秩父、高松、三笠宮、どの弟宮も摂政となるには問題があるし、木下にはそこまでは語らなかったかも知れないが、天皇には他の皇族たちの中にも摂政の適格者がいるとは思えなかったろう。さらに皇室典範第二一条によれば皇后、皇太后などの女性皇族も摂政となることが認められているが、法的にはともかくあまりに非現実的な選択である。となれば、天皇は退位したくてもできないのだ。木下への言葉はまさに苦渋に満ちている。

さらに『側近日誌』はこう続く。

東久邇宮の今度の軽挙を特に残念に思召さる。東久邇さんはこんな事情は少しも考えぬのであろうとの仰せ

臣籍降下したいとの希望は一応引っ込めた稔彦だが、外に向かっていろいろと語るのはやめず、外国人記者に対し、「天皇は退位すべきであり、自分も天皇にそう申し上げた」としゃべってしまった。それを『読売報知』（昭和二一・二・二七朝刊）が報じ、さらに同紙はこの三月六日の朝刊でも、「憲法改正後に退位か」との見出しを掲げ、「東久邇宮も『天皇は皇位にとど

まることを欲してをられないから退位されれば御満足であらう』と語つてをられる」と念押しのように書いている。どんなつもりで、またどんな根拠があって稔彦がこんなことを言ったのかはまったく不明だが、天皇はその軽率さに呆れ、怒ったのである。

†新典範制定手続きへの不満

しかし繰り返せば、三月二〇日ごろにはアメリカ政府も天皇の戦争責任を問わないことを決め、それが天皇たちにも伝わった。したがって天皇が東京裁判で裁かれたりすることがないこともはっきりし、退位問題も当面は一段落したわけだが、しかしそれはあくまでも「法的」な決着であり、天皇の「道義的」な責任を問う声は止まなかった。現行の皇室典範草案を審議する貴族院においても、道義的責任があることを前提にし、皇室典範に天皇の自発的退位を認める規定を入れるべしとの主張が、近衛文麿の要請で内大臣御用掛として新憲法草案をつくった勅撰議員の佐々木惣一などから聞かれた（園部逸夫『皇室法概論』）。

大日本帝国憲法とともに公布された皇室典範は一般の法律とは異なり、特別の規定とされた。言うまでもなく皇室に関する定めだからである。ところがGHQは皇室典範を普通の法律として制定し直すように日本政府に命じた。「昭和天皇実録」（昭和二一・六・二七）によると、昭和天皇は大金益次郎侍従長に、「典範改定案を枢密院で審議する前に皇族会議にかけたい」と洩らしたという。明治典範制定時と同様の手続きを踏みたいと考えたのである。しかし皇室典範を特別扱いするなということは、皇族会議どころか枢密院でも審議する必要なしということである。新典範の草案は政府の臨時法制審議会でつくられ、貴族院と衆議院だけに議案として上程されたのである。

したがって貴族院、衆議院どちらの議員でもない皇族は、新しい皇室典範の制定にはかかわっていない。しかし、憲法についてはそうではない。日本国憲法は大日本帝国憲法を改定するという形で制定されたから、新憲法草案は枢密院会議にもかけられる。そして親王は枢密院会議に出席する資格があるから、病気の秩父宮は別として、高松、三笠宮は審議に参加できるのだ。

ＧＨＱが日本政府に示した草案をもとに作成された「主権在民、象徴天皇、戦争放棄」などを規定する憲法改定草案が、政府から公表されたのは昭和二一年四月一七日である。それが帝国議会に提出されたのは六月二〇日だが、それに先立ち六月八日に天皇も出席する枢密院会議にかけられることになった。ところが五月三〇日、高松宮は天皇に、「新憲法草案は主権在民がはっきりしすぎており賛成しかねるため」その会議へは出席しないと言ったのだ（「昭和天皇実録」同日条）。

†新憲法草案と皇族

「実録」からはこの時の天皇の反応は分からないが、「高松宮日記」（昭和二一・五・三一）によると、そのとき天皇は何も言わなかったが、翌日、松平慶民宮内大臣が高松宮に、「陛下がとても御心配になっているのに、あんなことを申上げるのはよくない」と文句を言った。天皇も憲法について頭を痛めているのだから余計なことは言わないでくれ、との注意である。

これに高松宮は「御心配、御心配と言うが、これまでそうして何も言わなかったことを改めるべきではないか」と反論する。そして実際に八日の会議には出なかった。その日の「高松宮日記」には、「枢府本会議（憲法草案）ありしも黙つて欠席す（意見を述べるのも情勢上よからず。賛成する気になれず）」とある。

一方、三笠宮は八日の会議には出たが、「昭和天皇実録」（同日条）に、「崇仁親王は、皇室財政及び皇室典範改正・増補への皇族の参与につき再考を願う旨の意見を表明し、採決を棄権して退席する」とあるように、途中で帰ってしまう。「枢密院会議筆記」には、三笠宮は、「新憲法には大体賛成だが、日本人自身のものとは受け取りにくい。また皇室典範の改正に皇族がかかわれないのは不満」と述べ、棄権、退席したとあり、ややニュアンスが異なるが、いずれにしろ天皇も出ている会議を途中退席するとは穏やかでない。天皇の侍従入江相政は同日の日記（以下「入江日記」）に天皇の胸中を代弁するかのように、左のように書いた。

三笠さんが意見を述べられ、採用せられざるや表決には加はらず退場せられた由。非常にお上も遺憾に思召された由。この憲法草案を心あるものでこれで満足してゐるものが一人としてあらうか。然るにかゝる態度をとられることは誠に思召の程も知られざることで申訳ないことである。どうして皇族はかくもお上を御苦しめするやうなことばかりされるのであらうか

三笠宮の妃百合子は、入江の姉の子である。つまり三笠宮は入江にとっては義理の甥である。そのためいっそう厳しい目を向けたのかもしれないが、それにしても弟宮までが天皇を軽んじるような言動をとることに、入江は心中、煮えくり返るような思いだった。

このようなことが起きる一週間ほど前には、天皇が木下道雄侍従次長に、「皇族が、木下に朕等が冷淡だと云ったと云う事だが、如何なることか」と尋ねている。木下が、「具体的には何等伺って居りません」と応えると、天皇はこう言った（『側近日誌』昭和二〇・五・三〇）。

彼等は酒を飲んで騒ぎたいかも知れぬが、朕はそれをしないので冷淡と云われるかも知れ

ぬ

天皇と皇族の間にささくれだった空気が生じていることをうかがわせるような話だが、七月二日にはさらにこんなことも起きた。

この日、天皇、皇后に皇族の話を聞いてもらうとの趣旨で会が開かれた。「昭和天皇実録」同日条には「皇族親睦会」とあるが、「高松宮日記」には、「情報会」「皇族の考へてゐる事を両陛下に聴いていただく会」だが、「陛下には仰しやらずに黙つてきヰて戴くことにして行ふ」とあり、なにやら不穏な感じもする。そして「昭和天皇実録」によれば、席上、「(天皇が)宣仁親王に皇族の特権剝奪に対する批評の如き言辞は慎むように仰せになり、同親王と御討論となる」。戦中、天皇と高松宮が何度も激論を交わしたことは既述の通りだが、あたかもそれが再現したかのようだ。「高松宮日記」からも二人が激しく言い合ったことが伝わるが、文章がかなり乱れているので、「御討論」の具体的内容はいま一つ分からない。

†宮家廃絶

もちろん時が時である。憲法、皇室典範の改定に伴い、皇族の身分もどうなるか分からないし、軍人だった皇族たちはすべて職を失っている。各宮家の財産にも高額の税金がかけられ、翌年の二月までには納税しなければならない。皇族たちが平静な気持ちでいられないのは当然と言うべきで、それがいろいろの事柄について皇室内がギスギスすることにつながったのだが、間もなく皇族たちを襲った大波は、言うまでもなく昭和二二年一〇月一三日の皇族会議で決まった男女皇族五一名の皇籍離脱と、その結果としての一一宮家廃絶だった。

具体的なことは序章に記しておいたが、ここに天皇の弟宮とその家族を除いた皇族たちは、すべてわれわれと同じ普通の日本国民となったのである。その後、「元皇族」たちをめぐってはさまざまなことが起き、週刊誌などで面白可笑しくとりあげられることもあったが、かつては特権と権威を保証されていたとはいえ、それを失った人々の醜聞などを紹介するのは本書の役割ではない。

最後に見ておきたいのは、戦後も皇族の身分を保った三笠宮崇仁親王に関するある出来事である。

敗戦時、軍人になりたてだったり、軍学校に在籍していた若い皇族たちは、それぞれ一般の学校に移る。たとえば賀陽宮邦寿王（敗戦時、陸軍大尉）は京都帝大経済学部、弟の治憲王（海兵在校中）は東京帝大法学部（卒業後、外務省に入りイスラエル、デンマーク、ブラジル大使などを歴任）、久邇宮邦昭王（海兵在校中）は学習院高等科といった具合だが、前述のようにすでに三〇代半ばだった朝香宮孚彦も東京帝大理学部の聴講生となり、三〇歳の東久邇宮盛厚も東京帝大経済学部選科で学ぶ道を選んだ。それぞれ新しい人生のスタートを切ったのだが、三笠宮も昭和二二年四月、三一歳で東京帝大文学部の研究生となり、西洋史学科で学び出す。

そこで専攻したのはヨーロッパの宗教改革であり、元軍人の皇族にしては意外とも思えるが、『古代オリエント史と私』によれば、戦争中、中国の人里離れた山中で熱心に布教活動をする白人宣教師の話を聞いて感動したこと、さらに、日本社会に近代以前の考え方が強く残っているのは日本人が宗教改革を経験していないためではないか、と思ったからである。そして興味はいつしか原始キリスト教、旧約聖書にまでさかのぼり、結局、宗教学科でヘブライ史を研究するようになった。そして昭和二九年には日本オリエント学会創設に尽力し、自ら初代の会長となった。翌年からは東京女子大講師として教壇にも立つことになった。まさに本格的な研究者となったのだが、ここで三笠宮が直面したのが紀元節復活問題だった。

†紀元節復活反対

昭和二七年四月二八日、サンフランシスコ条約が発効し、沖縄を除く日本が独立を回復すると、保守派の間から紀元節の復活を求める動きが出てきた。念のために説明すると、日本書紀などには、「辛酉《しんゆう》の年の一月一日に橿原《かしはら》で神武天皇が即位した」とある。これが中国由来の「辛酉革命説」によるフィクションであることは言うまでもないが、明治政府は明治五年一一月、一月一日を太陽暦にあてはめ、毎年一月二九日を神武天皇即位の日として祝う旨を布告した。さらにその日を紀元節と名づけ、記紀などにある「辛酉の年」を西暦前六六〇年とし、暦の換算もやり直して、明治六年一〇月、毎年二月一一日を天長節（一一月三日）とならぶ国の祝日とすることに決めた。

しかし昭和二三年に定められた「国民の祝日に関する法律」では紀元節は祝日とはされなかった。国民主権にはふさわしくないとの判断からである。さらに宮中でおこなわれていた祭祀も取りやめとなる（『昭和天皇実録』昭和二二・二・一一）。ところがサンフランシスコ条約に調印した吉田茂総理大臣は紀元節復活の意向を示し、また国会議員の間からも議員立法による復活の動きが出てきたのである。これに対し歴史研究者の間からは反対の声があがり、毎年のように二月一一日が近づくと、復活派と反対派の論争が繰り広げられた。

三笠宮はこれに反対派として積極的に加わった。なによりも科学的な歴史研究にたずさわるものとしての行動だが、同時に「君が代」を国歌とするのにも反対で、「君が代は天皇歌とし、国歌はあたらしく作れ」とも主張していた（『古代オリエント史と私』）くらいだから、いわゆる「進歩派」的な心情もあったのだろう。自らが編者である『日本のあけぼの　建国と紀元をめぐって』という書物に掲載されている座談会の冒頭では、司会者として次のように発言している。

偽りを述べるものが愛国者としてたたえられ、真実を語るものが売国奴と罵られた世の中を、私は経験してきた

紀元節復活論のごときは、その氷山の一角にすぎぬのではあるまいか。そして、こんな動きは、また戦争につながるのではないだろうか

皇族の発言としてはずいぶん思い切ったものだが、そのため、保守的な歴史研究者の中には三笠宮の言動に眉をひそめる向きもあった。日本古代史研究の泰斗である直木孝次郎の『私の歴史遍歴』には、こんなエピソードが紹介されている。

〈昭和三〇年代後半のある年、東大でおこなわれた史学会総会の席上、三笠宮が挙手をして、「史学会として起源説復活反対の声明を出してほしい」と提案した。これに対し議長をつとめていた日本史学界の中心的人物だった坂本太郎東大教授が、「史学会は政治的問題には関与しないことが慣例である」と、提案を却下すると、三笠宮は憤然と席を立ち、会場を去った〉

直木は、「三笠宮の決然たる去就に深く感銘した」と書いているが、坂本のように「進歩派」ではない研究者には、三笠宮の態度は困ったものだったのである。そして、もちろん坂本たち

とは無関係だが、右翼的な勢力の間からは三笠宮への攻撃の声が上がり、「赤い宮様」の皇籍離脱を要求する者も多くいた（それらをいちいち紹介はしないが、管見の限りでは里見岸雄『天皇及び三笠宮問題』での主張などはそれなりに筋が通っていて面白い）。

三笠宮は東大で学び始めたころ、当時の東大総長南原繁などの紹介で、カナダの有名な日本史研究者で、GHQの一員でもあったハーバート・ノーマンから英語のレッスンを受けている。周知のようにノーマンはマッカーシーの「赤狩り」の犠牲となって悲劇的な最期を遂げるが、『古代オリエント史と私』には、ノーマンとの思い出が感動的に描かれている。三笠宮の「思想形成」にはその影響も考えられると言えばこじつけになるかもしれないが、とにかく戦後のある時期までは、三笠宮はまぎれもなく「進歩派文化人」の一人であった。

†皇族をやめたい

しかし昭和四二年に紀元節が「建国記念の日」として復活した際、三笠宮が公然と反対の声をあげた形跡はない。国会で議決された結果だから、異を唱えるのは皇族として許されないという分別が働いたのかも知れないが、敗戦直後から十数年間に比べ、三笠宮が新聞、雑誌などに登場することはだんだんと減っていた。その代わりというわけではないが、しばらくして長男の寛仁親王がマスコミをにぎわすことになる。もともとこの親王は明治天皇のようなヒゲを生やしたり、いかにも当世風な若者のような行動をとったりして、なかなか親しみのもてる皇族と見られることも多かったが、このときに起こした騒ぎはかなり困ったものだった。

昭和五七年四月十九日、寛仁は宮内庁に、「福祉活動に専念したいので皇族をやめたい」と申し出た。あの稔彦がさんざん口にした皇籍離脱の願いである。第五章で詳述したように、戦前では皇室典範増補の規定により、皇族は皇族会議と枢密院への諮詢を経たあと、勅旨または情願により臣籍（華族）に降下できた。そして戦後も「やむを得ない特別の事由」がある時は、皇太子、皇太孫以外の皇族は、皇室会議の了承があれば皇籍を離脱できることが新皇室典範で認められている。では、寛仁の場合、「やむを得ない特別の事由」とは何なのか。寛仁の申し出は四月二四日の『毎日新聞』朝刊一面トップで大々的に報じられ、世間ではよほどのことがあるのだろうと、同情する憶測も飛んだ。

しかし、事情をうすうす察していた関係者たちは寛仁に冷たかった。寛仁親王の大叔父で、当時、侍従長になっていた入江相政などは、日記に、「手がつけられない」（昭和五七・四・二四）、「そんなに皇族といふものに重圧があり、それがいやならサッサとおんでてもらいたい」（四・二五）と冷たい感想を記している。入江たちは、もともと奔放な性格の寛仁が、皇族の窮屈さを嫌い、挙句の果てにアルコールに溺れて非常識な行動をとったと見抜いていたのだ。

天皇も前々から寛仁の言動には不快感を覚えており、侍従の卜部亮吾に対し、「寛仁さんに関し竹田さんや山階さんの若年のころグレた話御引用」（『卜部亮吾侍従日記』昭和五四・九・一四。以下「卜部日記」）したり、父崇仁に、「（寛仁親王は）外見だけでなく明治さんの精神を見習う・テレビなどで受けのよい話などつつしむ」と注意したりしている（「卜部日記」昭和五五・六・一三）。「外見だけでなく」云々は、明治天皇の真似をしてヒゲだけ生やしてもダメ、という意味であるのは言うまでもなかろう。

宮内庁はうまく事態に対処した。とりあえず「寛仁殿下は内外の度重なる旅行で極度の疲労状態にある」と発表する一方、寛仁をなだめすかして、五月一三日には国会で宮内庁次長の山本悟が、「今の皇室典範では親王は自らの意思だけで皇族の身分を離れることはできない」との見解を述べ、その後、「殿下もご了承」と発表して事を収めた。稔彦の騒動の時と同じで、ネズミは一匹も出なかったのだが、天皇の怒りはさめなかった。

†天皇の懸念

一時、入院した寛仁は、九月以降、皇族としての活動に復帰するが、一一月二日に予定されているイギリスのエディンバラ公（女王の夫君）を招待する午餐会に寛仁も出席することを知った天皇は、入江に対し、「前に挨拶に来い。来ないのなら午餐には出るなと私が言った」と寛仁に伝えるように命じた。入江が宮内庁の宮務課長にそう伝えさせたところ、寛仁はなんと

「それなら出ない」と応じ、それを聞いた天皇は、「それなら筋が通っている」と言う（「入江日記」昭和五七・一一・一）。まるで喧嘩だが、寛仁はそれから一〇日ほどしてやっと天皇のところに来た。しかし、「10分足らずの御対面。堅い御表情でさっさとお帰り」（「卜部日記」昭和五七・一一・一二）だった。まさに天皇に挑戦するかのような態度である。

天皇はそれからも寛仁への懸念を消せなかったようで、昭和六〇年二月一九日の「卜部日記」には、「寛仁親王さんの将来についてのお考え承わる」とある。日記のこの文章に卜部は傍線を引いており、話の内容がかなり印象的だったことをうかがわせる。

寛仁はなぜ天皇に反抗的だったのか。単なる伯父への甘えにすぎないのではなく、この三笠宮家の嗣子には、自分が皇族であることが耐えられなくなる時があったのだろう。入江相政などは「重圧に耐えられないならサッサとおんでろ」と批判するが、それは寛仁に言わせれば、望んでもいないのに皇族という身分に生まれてしまった人間の苦悩が分からない妄言であったにちがいない。

同じ苦悩は多かれ少なかれすべての皇族たちが共有していたものだろう。それをどういう風に解消するかは個々の皇族によりさまざまであり、父崇仁親王の場合は、日本軍の蛮行に対する怒りの表明、独裁者の暗殺計画への関与、そして歴史の捏造ともいえる紀元節復活への学者としての信念に基づいた反対、という形をとってあらわれたのかも知れない。そして不幸なことに、寛仁の場合は天皇を怒らせてしまう言動となって爆発した。

寛仁親王は長年、癌と闘った末、平成二四年六月、六六歳で他界する。次弟の高円宮《たかまど》憲仁親王はすでに平成一四年一一月に急逝しており、長弟の桂宮宜仁《よしひと》親王も平成二六年六月に病没した。崇仁親王は三人の王子すべてに先立たれてしまったのである。そして、自身も平成二八年一〇月二七日、百歳で死去する。

昭和天皇の弟の宮家で後継者のいなかった秩父、高松両宮家は親王、妃ともに没した結果、廃絶となっており、女性宮家が認められない限り、三笠宮家もいつか同じ運命をたどることは避けがたい。また今上天皇の弟である常陸宮正仁親王にも跡継ぎはいない。

天皇の生前退位の問題がどのような形で解決されるのかは、本書執筆の時点では不明だが、宮家、皇族の減少という問題も、それに並ぶほど重要であることは間違いない。政府や国会が真摯に対応していけるのかどうか、関心を寄せざるをえない。

おわりに

「はじめに」で記したように、本書は明治以降の皇族の姿を事実に即してながめることを通じ、日本近現代の忘れられた一面をあきらかにしようとの意図のもとに書かれた。それがどのくらい実現できたかは著者の云々するところではないが、明治、大正、昭和、平成時代を通じ、歴史の舞台の上で、多くの皇族がさまざまな姿を見せてきたことはお分かりいただけたと思う。

本文中にも頻繁に登場した内大臣木戸幸一の手元にあった文書類の中に、皇族の責務について書かれた一文が含まれており、そこには、「皇室離れて国民無く、国民を離れて皇室無く……皇族の御徳如何《いかん》はただちに国家国民の休戚《きゆうせき》（喜びと悲しみ）に関するが故に、皇族が御人格の完成を期せらるることは崇高なる御天職なると同時に重要なる御責務」との一節がある。

もちろんここでは、あらまほしき皇族像が述べられているわけだが、明治になって皇族が名実ともに超特権身分となり、天皇の「藩屏」とされた以上、彼らがこのような「ノブレス・オブリージュ」を課せられるのもやむをえないところであった。そして皇族の中にはこのような期待に応えようと心掛けた人もいたこと、逆にまったく無頓着な人もいたことも本書で見た通りである。

後者のような皇族を批判するのはやさしい。富と特権を保証されながら、責務を果たさないのは「いいとこどり」で許されない。「崇高なる御天職」がいやならば、さっさと臣籍降下すればよろしい――。しかし、彼らも望んで皇族に生まれたわけではない。臣籍を離れることは皇室典範でも認められているが、実際にはそう簡単にはできない。このようなジレンマの中で、皇族たちは今のわれわれには不可解とも滑稽とも見える行動をとってきたのだ。

今上天皇の生前退位問題がどのように決着するかは分からないが、男性皇族、すなわち皇位継承権をもつ人々の減少も、それと同じように皇室にとって深刻な現実であることを忘れてはならない。皇族は依然としてわれわれが注視しなければならない存在なのである。

本書の刊行にあたっては筑摩書房「ちくま新書」編集長の松田健さんにお世話になった。心より御礼を申し上げる。

二〇一六年初冬

浅見雅男

主要引用文献

天皇・皇后関係

宮内庁蔵版『孝明天皇紀』平安神宮、一九六七～六九

宮内庁『明治天皇紀』吉川弘文館、一九六八～七七

日野西資博『明治天皇の御日常』新学社教友館、一九七六

堀口修監修『「明治天皇紀」談話記録集成』ゆまに書房（復刻）、二〇〇三

明治神宮監修『昭憲皇太后実録』吉川弘文館、二〇一四

原武史『大正天皇』朝日新聞社、二〇〇〇

主婦の友社編『貞明皇后』主婦の友社、一九七一

寺崎英成ほか編『昭和天皇独白録』文春文庫、一九九五

宮内庁『昭和天皇実録』東京書籍、二〇一五～

皇族の著書、日記、伝記など（宮家名五十音順）

【朝香宮】

大給湛子『素顔の宮家』PHP研究所、二〇〇九

青木淳子『パリの皇族モダニズム』KADOKAWA、二〇一四

【有栖川宮】

同書編纂会編『熾仁親王行実』高松宮家、一九二九

日本史籍協会編『熾仁親王日記』東京大学出版会（復刻）、一九七六

同書編纂会編『威仁親王行実』高松宮家、一九二六

【閑院宮】

閑院純仁『私の自叙伝』人物往来社、一九六六

【北白川宮】

西村天囚編『北白川之月影』大阪朝日新聞社、一八九五

森林太郎編『能久親王事蹟』春陽堂、一九〇八

【久邇宮】

久邇宮朝彦親王五十年祭記念会編『朝彦親王景仰録』同会、一九四二

日本史籍協会編『朝彦親王日記』東京大学出版会、一九六九

久邇宮家『邦彦王行実』一九三二

【小松宮】

布施貞一郎編『軍国の誉　故小松宮殿下の御事跡』桜新聞社、一九〇三

【高松宮】

伝記刊行会編『高松宮宣仁親王』朝日新聞社、一九九一

細川護貞ほか編『高松宮日記』中央公論社、一九九五～九七

【竹田宮】

竹田恒徳『私の肖像画』恒文社、一九八五

【秩父宮】

鈴木昌鑑監修、芦澤紀之編『秩父宮雍仁親王』一九七〇

保阪正康『秩父宮と昭和天皇』文藝春秋、一九八九

秩父宮勢津子『銀のボンボニエール』主婦の友社、一九

九一
【梨本宮】
梨本伊都子『三代の天皇と私』講談社、一九八五
小田部雄次『梨本宮伊都子妃の日記』小学館、一九九一
【東久邇宮】
『東久邇宮日誌』防衛省防衛研究所所蔵
東伏見宮稔彦『私の記録』東方出版、一九四七
東久邇稔彦『やんちゃ孤独』読売文庫、一九五五
東久邇稔彦『一皇族の戦争日記』日本週報社、一九五七
長谷川峻『終戦内閣　東久邇政権・五十日』行研出版局、一九八七
【東伏見宮】
小笠原長生ほか編『依仁親王』東伏見宮家、一九二七
【伏見宮】
伏見宮家編『貞愛親王事蹟』伏見宮家、一九三一
御伝記編纂会『博恭王殿下を偲び奉りて』同会、一九四八
【三笠宮】
三笠宮崇仁編『日本のあけぼの――建国と紀元をめぐって』光文社、一九五九
里見岸雄『天皇及び三笠宮問題』錦正社、一九六〇
三笠宮崇仁『古代オリエント史と私』学生社、一九八四
【山階宮】
山階会編『山階宮三代』同会、一九八二
深澤光佐子『明治天皇が最も頼りにした山階宮晃親王』宮帯出版社、二〇一五

日記（書名五十音順）
尚友倶楽部・伊藤隆編『有馬頼寧日記』山川出版社、一九九七～二〇〇三
アーネスト・サトウ『一外交官の見た明治維新』坂田精一訳、岩波文庫、一九六〇
入江為年監修、朝日新聞社編『入江相政日記』朝日新聞社、一九九〇～九一
御厨貴・岩井克己監修『卜部亮吾侍従日記』朝日新聞社、二〇〇七
侯爵大久保家蔵版『大久保利通日記』マツノ書店（復刻）、二〇〇七
『岡部直三郎大将の日記』芙蓉書房、一九八二
『小倉庫次日記』（『文藝春秋』二〇〇七年四月特別号）
木戸日記研究会校訂『木戸幸一日記』東京大学出版会、一九六六
『倉富勇三郎日記』国立国会図書館憲政資料室所蔵（※大正一三年分までは永井和など編で国書刊行会から刊行）
クララ・ホイットニー『クララの明治日記』一又民子訳、講談社、一九七六
原田熊雄述『西園寺公と政局』岩波書店、一九五〇～五六
安在邦夫・望月雅士編『佐佐木高行日記　かざしの桜』

北泉社、二〇〇三
波多野澄雄など編『侍従武官長奈良武次日記・回顧録』柏書房、二〇〇〇
高橋紘など編『昭和初期の天皇と宮中――侍従次長河井弥八日記』岩波書店、一九九三～九四
伊藤隆など校訂『巣鴨日記』中央公論社、一九九七
伊藤隆など編『続・現代史資料4　陸軍　畑俊六日誌』みすず書房、一九九三
伊藤隆編『続・現代史資料5　海軍　加藤寛治日記』みすず書房、一九九四
木下道雄『側近日誌』文藝春秋、一九九〇
岡義武・林茂校訂『大正デモクラシー期の政治――松本剛吉政治日誌』岩波書店、一九五九
『田健治郎日記』国立国会図書館憲政資料室所蔵（＊大正一二年分までは尚友倶楽部・季武嘉也編で芙蓉書房出版より刊行）
川路聖謨『寧府紀事』（日本史籍協会編「川路聖謨文書」2～6）、東京大学出版会（復刻）、一九六七～六八
原奎一郎編『原敬日記』福村出版、一九八一
東京大学史料編纂所編『保古飛呂比』東京大学出版会、一九七〇～七九
細川護貞『細川日記』中央公論社、一九七八
本庄繁『本庄日記』原書房、一九六七
伊藤隆・広瀬順晧編『牧野伸顕日記』中央公論社、一九九〇
伊藤隆・佐々木隆ほか編『真崎甚三郎日記』山川出版社、一九八一～八七

その他の書籍など（書名五十音順）

松平春嶽『逸事史補』（『逸事史補、守護職小史』所収）人物往来社、一九六八
春畝公追頌会編『伊藤博文伝』一九四〇
梧陰文庫研究会編『井上毅とその周辺』木鐸社、二〇〇〇
『尾崎三良自叙略伝』中公文庫、一九八〇
山県有朋『懐旧記事』（『王政復古義挙録、懐旧記事』所収）新人物往来社、一九六九
桜井清編著『回想の緒方竹虎』東京と福岡社、一九五六
竹内洋『学歴貴族の栄光と挫折』（「日本の近代」12）』中央公論新社、一九九九
ウイリアム・アームストロング『カラカウア王のニッポン仰天旅行記』荒俣宏・樋口あやこ訳、小学館、一九九五
三浦梧楼『観樹将軍回顧録』中公文庫、一九八八
石附実『近代日本の海外留学史』中公文庫、一九九二
軍事史学会編、伊藤隆・原剛監修『元帥畑俊六回顧録』錦正社、二〇〇九
小林龍夫ほか編『現代史資料12　日中戦争4』みすず書房、一九六五
園部逸夫『皇室法概論』第一法規、二〇〇二

広岡裕児『皇族』読売新聞社、一九九八
坂本辰之助『皇族及皇室』昭文堂、一九〇九
家近良樹『孝明天皇と「一会桑」』文春新書、二〇〇二
嘉本伊都子『国際結婚の誕生』新曜社、二〇〇一
野村胡堂『胡堂百話』中公文庫、一九八一
『参謀次長澤田茂回想録』芙蓉書房、一九八二
島津公爵家編『島津久光公実記』一九一〇
戸高一成編『［証言録］海軍反省会』ＰＨＰ研究所、二〇〇九
松本清張『昭和史発掘』1～13、文春文庫、一九七八～七九
筒井清忠『昭和十年代の陸軍と政治』岩波書店、二〇〇七
西浦進『昭和陸軍秘録　軍務局軍事課長の幻の証言』日本経済新聞出版社、二〇一四
猪狩史山編『辛酉回瀾録』日本学園梅窓会、一九七六
花山信勝『巣鴨の生と死　ある教誨師の記録』中公文庫、一九九五
防衛庁防衛研究所戦史室編『戦史叢書　大本営海軍部・連合艦隊〈Ⅰ〉』朝雲新聞社、一九七五
中根雪江『続再夢紀事』東京大学出版会（復刻）、一九七四
安田元久『駘馬の道草』吉川弘文館、一九八九
土屋新之助『立見大将伝』日正社、一九二八
高倉徹一編『田中義一伝記』同書刊行会、一九五七～六〇
東久世通禧『竹亭回顧録　維新前後』新人物往来社、一九六九
高橋紘・鈴木邦彦『天皇家の密使たち［秘録］占領と皇室』徳間書店、一九八一
野村實『天皇・伏見宮と日本海軍』文藝春秋、一九八八
オットマール・フォン・マール『ドイツ貴族の明治宮廷史』金森誠也訳、新人物往来社、一九八八
西園寺公望、国木田独歩編『陶庵随筆』中公文庫、一九九〇
朝日新聞法廷記者団編『東京裁判　中』同書刊行会、一九六二
粟屋憲太郎『東京裁判への道　上』講談社選書メチエ、二〇〇六
渋沢栄一『徳川慶喜公伝』平凡社東洋文庫、一九六七～六八
有馬頼寧『七十年の回想』創元社、一九五三
清水潔『「南京事件」を調査せよ』文藝春秋、二〇一六
原田敬一『日清戦争』吉川弘文館、二〇〇八
五味川純平『ノモンハン』文春文庫、一九七八
富田健治『敗戦日本の内側』古今書院、一九六二
下橋敬長『幕末の宮廷』平凡社東洋文庫、一九七九
松平豊子『春は昔――徳川宗家に生まれて』文春文庫、二〇一二
武藤章『比島から巣鴨へ』中公文庫、二〇〇八

津野田忠重『秘録・東条英機暗殺計画』河出文庫、一九九一
池島信平『編集者の発言』暮しの手帖社、一九五五
『細川護貞座談』聞き手・光岡明、内田健三、中央公論社、一九八六
『町尻量基追悼録』同書編纂会、一九五八
都筑亀峰『宮城長五郎小伝』故宮城元司法大臣建碑実行委員事務所、一九四五
津田茂麿『明治聖上と臣高行』自笑会、一九二八
伊藤之雄『山県有朋』文春新書、二〇〇九
徳川頼貞遺稿刊行会編『頼貞随想』河出書房、一九五六
額田坦『陸軍省人事局長の回想』芙蓉書房、一九七七
大岡昇平『歴史小説論』岩波同時代ライブラリー、一九九〇
直木孝次郎『私の歴史遍歴』吉川弘文館、一九九九

系図・資料類（書名など五十音順）

『荒木貞夫関係文書』国立国会図書館憲政資料室所蔵
専修大学今村法律研究室編『今村訴訟記録8　神兵隊事件1』同研究室、一九八四
『岩倉具視関係文書』国立国会図書館憲政資料室所蔵
上原勇作関係文書研究会編『上原勇作関係文書』東京大学出版会、一九七六
『大久保利通文書』マツノ書店（復刻）、二〇〇五
神田豊穂『皇室皇族聖鑑』明治篇・大正篇・昭和篇・国際聯合通信社、一九三五
宮内庁書陵部編『皇室制度資料　皇族4』吉川弘文館、一九八六
清水正健編『皇族世表』吉川弘文館、二〇一一
粟屋憲太郎・吉田裕編『国際検察局（IPS）尋問調書8』日本図書センター、一九九三
『史談会速記録』第五五輯、史談会、一九一二
『嶋田繁太郎関係資料』防衛省防衛研究所所蔵
外務省編『終戦史録4、5』北洋社、一九七七〜七八
『枢密院会議筆記』国立公文書館所蔵
伊藤博文編『秘書類纂　帝室制度資料　下』原書房（復刻）、一九七〇
霞会館華族家系大成編輯委員会編『平成新修　旧華族家系大成』吉川弘文館、一九九六
内閣記録局編『法規分類大全　兵制門1』原書房（復刻）、一九七七
『牧野伸顕関係文書』国立国会図書館憲政資料室所蔵
『安田銕之助関係文書』学習院大学史料館所蔵

雑誌掲載論文（著者名五十音順）

伊藤隆「加藤寛治関係文書――昭和八・九年を中心に」『東京都立大学法学部雑誌』一〇巻二号
伊藤之雄「東久邇宮稔彦王の迷走と宮中・陸軍」『法学論叢』一五六巻三〜四号、京都大学法学会
伊藤之雄「東久邇宮稔彦王の復活と宮中・陸軍」『法学

論叢』一五九巻一、三〜五号、京都大学法学会
河村浩「宮家相続問題と岩倉具視」『皇學館大學史料編纂所報』六二、一九八三
柴田紳一「皇族参謀総長の復活」『國學院大學日本文化研究所紀要』九四、二〇〇四
武部敏夫「世襲親王家の継続について――伏見宮貞行・邦頼両親王の場合」『書陵部紀要』一二、宮内庁書陵部、一九六〇
田中宏巳「昭和七年前後における東郷グループの活動――小笠原長生日記を通じて」『防衛大学校紀要』五一〜三、一九八五〜八六

本書に関係する拙著

『闘う皇族』角川書店、二〇〇五（角川文庫、二〇一三）
『皇族誕生』角川書店、二〇〇八（角川文庫、二〇一一）
『皇太子婚約解消事件』角川書店、二〇一〇
『皇族と帝国陸海軍』文春新書、二〇一〇
『不思議な宮さま――東久邇宮稔彦王の昭和史』文藝春秋、二〇一一（文春文庫、二〇一四）
『伏見宮』講談社、二〇一二
『皇室一五〇年史（岩井克己と共著）』ちくま新書、二〇一五

皇族名一覧表（名前五十音順／本書に登場する皇族のうち主な者）

名前	読み	宮号
彰仁親王	あきひと	小松
晃親王	あきら	山階
朝融王	あさあきら	久邇
朝彦親王	あさひこ	久邇
家彦王	いえひこ	久邇
伊都子妃	いつこ	梨本
周子妃	かねこ	東伏見
喜久子妃	きくこ	高松
菊麿王	きくまろ	梨本 山階
邦家親王	くにいえ	伏見
邦芳王	くにか	伏見
邦寿	くになが	賀陽
邦憲王	くにのり	賀陽
邦英王	くにひで	久邇
邦彦王	くによし	久邇
載仁親王	ことひと	閑院
佐紀子妃	さきこ	山階
貞子女王	さだこ	北白川
貞愛親王	さだなる	伏見
貞教親王	さだのり	伏見
定麿王	さだまろ	山階
禎子女王	さちこ	伏見
智成親王	さとなり	伏見
成子妃	しげこ	東久邇
茂麿王	しげまろ	山階
淑子内親王	すみこ	桂
勢津子妃	せつこ	秩父
多嘉王	たか	久邇
隆子女王	たかこ	伏見
孚彦王	たかひこ	朝香
幟仁親王	たかひと	有栖川
崇仁親王	たかひと	三笠
武彦王	たけひこ	山階
威仁親王	たけひと	有栖川
正彦王	ただひこ	朝香
栽仁王	たねひと	有栖川
熾仁親王	たるひと	有栖川
俔子妃	ちかこ	久邇
恒憲王	つねのり	賀陽
恒久王	つねひさ	竹田

恒徳王	つねよし	竹田
輝久王	てるひさ	北白川
利子妃	としこ	伏見
聰子妃	としこ	東久邇
富子妃	とみこ	北白川
知子妃	ともこ	久邇
寛仁親王	ともひと	三笠
良子女王	ながこ	久邇
永久王	ながひさ	北白川
稔彦王	なるひこ	東久邇
成久王	なるひさ	北白川
允子妃	のぶこ	朝香
宣仁親王	のぶひと	高松
憲仁親王	のりひと	高円
春仁王	はるひと	閑院
博厚親王	ひろあつ	華頂
博忠王	ひろただ	華頂
博経親王	ひろつね	華頂
博信王	ひろのぶ	伏見
博英王	ひろひで	伏見
博恭王	ひろやす	伏見 華頂
博義王	ひろよし	伏見
房子妃	ふさこ	北白川
藤麿王	ふじまろ	山階
文仁親王	ふみひと	秋篠
昌子妃	まさこ	竹田
方子女王	まさこ	李
正仁親王	まさひと	常陸
道久王	みちひさ	北白川
光子妃	みつこ	北白川
守脩親王	もりおさ	梨本
盛厚王	もりひろ	東久邇
守正王	もりまさ	梨本
慰子妃	やすこ	有栖川
鳩彦王	やすひこ	朝香
雍仁親王	やすひと	秩父
由紀子女王	ゆきこ	賀陽
百合子妃	ゆりこ	三笠
嘉彰親王	よしあき	東伏見
好子妃	よしこ	賀陽
嘉言親王	よしこと	北白川
能久親王	よしひさ	北白川
芳麿王	よしまろ	山階
頼子妃	よりこ	小松
依仁親王	よりひと	東伏見

主要皇族一覧（○数字は代数、＊は重出、原則として本文中に登場する皇族）

秋篠宮（あきしの）
①文仁親王（ふみひと　一九六五〜）　今上天皇皇子
紀子妃　（きこ　一九六六〜）　川嶋辰彦女《むすめ》
眞子内親王（まこ　一九九一〜）　文仁親王王女
佳子内親王（かこ　一九九四〜）　文仁親王王女
悠仁親王（ひさひと　二〇〇六〜）　文仁親王王子

朝香宮（あさか）
①鳩彦王　（やすひこ　一八八七〜一九八一）　久邇宮朝彦親王王子
允子妃　（のぶこ　一八九一〜一九三三）　明治天皇皇女　内親王
孚彦王　（たかひこ　一九一二〜一九九四）　鳩彦王王子
正彦王　（ただひこ　一九一四〜一九四四）　鳩彦王王子　音羽侯爵

有栖川宮（ありすがわ）
⑧幟仁親王（たかひと　一八一二〜一八八六）　有栖川宮韶仁親王王子
⑨熾仁親王（たるひと　一八三五〜一八九五）　幟仁親王王子

⑩威仁親王（たけひと　一八六二～一九一三）熾仁親王王子
慰子妃（やすこ　一八六四～一九二三）前田慶寧女
栽仁王（たねひと　一八八七～一九〇八）威仁親王王子

華頂宮（かちょう）
①博経親王（ひろつね　一八五一～一八七六）伏見宮邦家親王王子
②博厚親王（ひろあつ　一八七五～一八八三）博経親王王子
③博恭王（ひろやす　一八七五～一九四六）伏見宮貞愛親王王子　のち伏見宮継承＊
④博忠王（ひろただ　一九〇二～一九二四）博恭王王子

桂宮（かつら）
⑫淑子内親王（すみこ　一八二九～一八八一）仁孝天皇皇女

桂宮（かつら）
①宜仁親王（よしひと　一九四八～二〇一四）三笠宮崇仁親王王子

賀陽宮（かや）
①邦憲王（くにのり　一八六七～一九〇九）久邇宮朝彦親王王子

好子妃　（よしこ　一八六五〜一九四一）　醍醐忠順女
②恒憲王　（つねのり　一九〇〇〜一九七八）　邦憲王王子
由紀子女王（ゆきこ　一八九五〜一九四六）　邦憲王王女　町尻量基夫人
邦寿王　（くになが　一九二二〜一九八六）　恒憲王王子

閑院宮（かんいん）

⑥載仁親王（ことひと　一八六五〜一九四五）　伏見宮邦家親王王子
⑦春仁王　（はるひと　一九〇二〜一九八八）　載仁親王王子　のち純仁

北白川宮（きたしらかわ）

①嘉言親王（よしこと　一八二一〜一八六八）　伏見宮邦家親王王子　宮名は聖護院宮
②智成親王（さとなり　一八五六〜一八七二）　伏見宮邦家親王王子
③能久親王（よしひさ　一八四七〜一八九五）　伏見宮邦家親王王子
富子妃　（とみこ　一八六二〜一九三六）　島津久光養女
④成久王　（なるひさ　一八八七〜一九二三）　能久親王王子
房子妃　（ふさこ　一八九〇〜一九七四）　明治天皇皇女　内親王
貞子女王（さだこ　一八八七〜一九六四）　能久親王王女　有馬頼寧夫人
輝久王　（てるひさ　一八八八〜一九七〇）　能久親王王子　小松侯爵

⑤永久王　（ながひさ　一九一〇〜一九四〇）　成久王王子
⑥道久王　（みちひさ　一九三七〜）　永久王王子

久邇宮（くに）
①朝彦親王（あさひこ　一八二四〜一八九一）　伏見宮邦家親王王子
②邦彦王　（くによし　一八七三〜一九二九）　朝彦親王王子
俔子妃　（ちかこ　一八七九〜一九五六）　島津忠義女
多嘉王　（たか　一八七五〜一九三七）　朝彦親王王子
③朝融王　（あさあきら　一九〇一〜一九五九）　邦彦王王子
知子妃　（ともこ　一九〇七〜一九四七）　伏見宮博恭王王女
良子女王（ながこ　一九〇三〜二〇〇〇）　邦彦王王女　香淳皇后
邦英王　（くにひで　一九一〇〜二〇一四）　邦彦王王子　東伏見伯爵

小松宮（こまつ　旧名・東伏見宮）
①彰仁親王（あきひと　一八四六〜一九〇三）　伏見宮邦家親王王子　旧名嘉彰親王
頼子妃　（よりこ　一八五二〜一九一四）　有馬頼咸女

竹田宮（たけだ）

①恒久王　（つねひさ　一八八二～一九一九）　北白川宮能久親王王子

昌子妃　（まさこ　一八八八～一九四〇）　明治天皇皇女　内親王

②恒徳王　（つねよし　一九〇九～一九九二）　恒久王王子

高松宮（たかまつ）

①宣仁親王（のぶひと　一九〇五～一九八七）　大正天皇皇子

喜久子妃（きくこ　一九一一～二〇〇四）　徳川慶久女

高円宮（たかまど）

①憲仁親王（のりひと　一九五四～二〇〇二）　三笠宮崇仁親王王子

久子妃　（ひさこ　一九五三～）　鳥取滋治郎女

承子女王（つぐこ　一九八六～）　憲仁親王王女

典子女王（のりこ　一九八八～）　憲仁親王王女

絢子女王（あやこ　一九九〇～）　憲仁親王王女

秩父宮（ちちぶ）

①雍仁親王（やすひと　一九〇二～一九五三）　大正天皇皇子

勢津子妃（せつこ　一九〇九～一九九五）松平恒雄女

梨本宮（なしもと）
①守脩親王（もりおさ　一八一九～一八八一）伏見宮貞敬親王王子
②菊麿王（きくまろ　一八七三～一九〇八）山階宮晃親王王子　のち山階宮継承＊
③守正王（もりまさ　一八七四～一九五一）久邇宮朝彦親王王子
伊都子妃（いつこ　一八八二～一九七六）鍋島直大女
方子女王（まさこ　一九〇一～一九八九）守正王女　李王垠妃

東久邇宮（ひがしくに）
①稔彦王（なるひこ　一八八七～一九九〇）久邇宮朝彦親王王子
聰子妃（としこ　一八九六～一九七八）明治天皇皇女　内親王
盛厚王（もりひろ　一九一六～一九六九）稔彦王王子
成子妃（しげこ　一九二五～一九六一）昭和天皇皇女　内親王

東伏見宮（ひがしふしみ）
①依仁親王（よりひと　一八六七～一九二二）伏見宮邦家親王王子
周子妃（かねこ　一八七六～一九五五）岩倉具定女

常陸宮（ひたち）

①正仁親王（まさひと　一九三五〜）　昭和天皇皇子

華子妃　（はなこ　一九四〇〜）　津軽義孝女

伏見宮（ふしみ）

⑳邦家親王（くにいえ　一八〇二〜一八七二）　伏見宮貞敬親王王子

㉑貞教親王（さだのり　一八三六〜一八六二）　邦家親王王子

㉒敦宮　（たつみや　一八五八〜一九二三）　邦家親王王子　のち貞愛《さだなる》親王

㉓邦家親王　再度継承

㉔貞愛親王　再度継承

利子妃　（としこ　一八五八〜一九二七）　有栖川宮幟仁親王王女

㉕博恭王（ひろやす　一八七五〜一九四六）　貞愛親王王子

邦芳王　（くにか　一八八〇〜一九三三）　貞愛親王王子

禎子女王（さちこ　一八八五〜一九六六）　貞愛親王王女　山内豊景夫人

博義王　（ひろよし　一八九七〜一九三八）　博恭王王子

博忠王　（ひろただ　一九〇二〜一九二四）　博恭王王子　のち華頂宮継承＊

博信王　（ひろのぶ　一九〇五〜一九七〇）　博恭王王子　華頂侯爵

博英王　（ひろひで　一九一二〜一九四三）　博恭王王子　伏見伯爵

三笠宮（みかさ）
①崇仁親王（たかひと）　一九一五〜二〇一六）　大正天皇皇子
百合子妃（ゆりこ）　一九二三〜）　高木正得女
寛仁親王（ともひと）　一九四六〜二〇一二）　崇仁親王王子
信子妃（のぶこ）　一九五五〜）　麻生太賀吉女
彬子女王（あきこ）　一九八一〜）　寛仁親王王女
瑶子女王（ようこ）　一九八三〜）　寛仁親王王女

山階宮（やましな）
①晃親王（あきら）　一八一六〜一八九八）　伏見宮邦家親王王子
②菊麿王（きくまろ）　一八七三〜一九〇八）　晃親王王子＊
③武彦王（たけひこ）　一八九八〜一九八七）　菊麿王王子
佐紀子妃（さきこ）　一九〇三〜一九二三）　賀陽宮邦憲王王女
芳麿王（よしまろ）　一九〇〇〜一九八九）　山階侯爵　菊麿王王子
藤麿王（ふじまろ）　一九〇五〜一九七八）　筑波侯爵　菊麿王王子
萩麿王（はぎまろ）　一九〇六〜一九三二）　鹿島伯爵　菊麿王王子
茂麿王（しげまろ）　一九〇八〜一九四七）　葛城伯爵　菊麿王王子

天皇家・宮家略系図

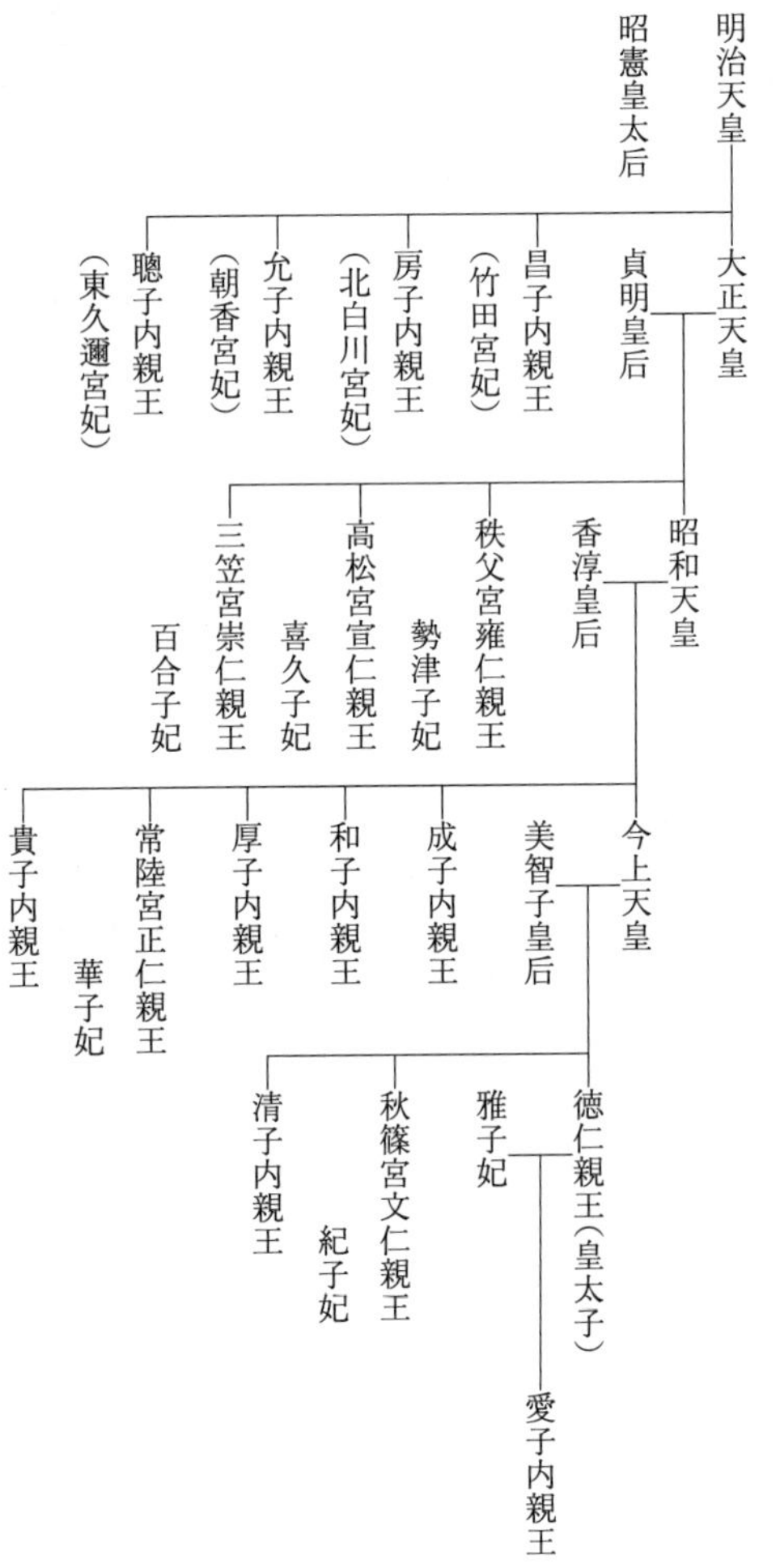

明治天皇
昭憲皇太后
大正天皇
貞明皇后
昌子内親王（竹田宮妃）
房子内親王（北白川宮妃）
允子内親王（朝香宮妃）
聰子内親王（東久邇宮妃）
昭和天皇
香淳皇后
秩父宮雍仁親王
勢津子妃
高松宮宣仁親王
喜久子妃
三笠宮崇仁親王
百合子妃
今上天皇
美智子皇后
成子内親王
和子内親王
厚子内親王
常陸宮正仁親王
華子妃
貴子内親王
徳仁親王（皇太子）
雅子妃
愛子内親王
秋篠宮文仁親王
紀子妃
清子内親王

秋篠宮家

文仁親王
　├─紀子妃
　├─眞子内親王
　├─佳子内親王
　└─悠仁親王

常陸宮家

正仁親王
華子妃

三笠宮家・桂宮家・高円宮家

崇仁親王
　├─百合子妃
　├─寬仁親王
　│　├─信子妃
　│　├─彬子女王
　│　└─瑶子女王
　├─甯子内親王
　├─桂宮宜仁親王
　├─容子内親王
　└─高円宮憲仁親王
　　　├─久子妃
　　　├─承子女王
　　　├─典子女王
　　　└─絢子女王

旧宮家略系図（宮家名は最終のもの）

①伏見宮略系図

- 邦家親王
  - 晃親王（山階宮）
  - 嘉言親王（聖護院宮）
  - 朝彦親王（久邇宮）
  - 貞教親王（伏見宮）
  - 彰仁親王（小松宮）
  - 能久親王（北白川宮）
  - 博経親王（華頂宮）
  - 智成親王（北白川宮）
  - 貞愛親王（伏見宮）
    - 博恭王
      - 博義王
        - 博明王
        - 光子女王
        - 章子女王
      - 恭子女王
      - 博忠王（華頂宮）
      - 博信王（華頂侯爵）
      - 敦子女王
      - 知子女王
      - 博英王（伏見伯爵）
    - 邦芳王
    - 昭徳王
    - 禎子女王
  - 家教（清棲伯爵）
  - 載仁親王（閑院宮）
  - 依仁親王（東伏見宮）
- 守脩親王（梨本宮）

②桂宮略系図

- 淑子内親王

③有栖川宮略系図

- 幟仁親王
  - 熾仁親王
  - 幟子女王
  - 宜子女王
  - 利子女王
  - 威仁親王
    - 績子女王
    - 栽仁王
    - 実枝子女王

④閑院宮略系図

- 載仁親王
  - 春(純)仁王

⑤久邇宮・賀陽宮・朝香宮・東久邇宮略系図

- **久邇宮** 朝彦親王
  - **賀陽宮** 邦憲王
    - 恒憲王
      - 邦寿王
      - 治憲王
      - 章憲王
      - 文憲王
      - 宗憲王
      - 健憲王
  - 邦彦王
    - 朝融王
      - 邦昭王
      - 通子女王
      - 英子女王
      - 朝建王
      - 典子女王
      - 朝宏王
    - 邦久王（久邇侯爵）
    - 良子女王（香淳皇后）
    - 邦英王（東伏見伯爵）
  - **久邇宮** 多嘉王
    - 家彦王（宇治伯爵）
    - 徳彦王（龍田伯爵）
  - **朝香宮** 鳩彦王
    - 孚彦王
      - 誠彦王
      - 冨久子女王
      - 美乃子女王
    - 正彦王（音羽侯爵）
    - 湛子女王
  - **東久邇宮** 稔彦王
    - 盛厚王
      - 信彦王
      - 文子女王
    - 師正王
    - 彰常王（粟田侯爵）
    - 俊彦王

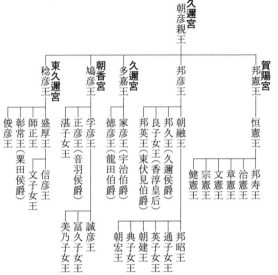

⑥華頂宮略系図

博経親王—博厚親王—博恭王（のち伏見宮を継承）—博忠王

⑦北白川宮・竹田宮略系図

嘉言親王—智成親王—能久親王
- 成久王—永久王
  - 道久王
  - 肇子女王
- **竹田宮** 恒久王—恒徳王
  - 恒正王
  - 素子女王
  - 紀子女王
  - 恒治王
- 貞子女王
- 輝久王（小松侯爵）

⑧小松宮略系図

彰仁親王

⑨梨本宮略系図

守脩親王—菊麿王（のち山階宮を継承）—守正王—方子女王

⑩東伏見宮略系図

依仁親王

⑪山階宮略系図

晃親王—菊麿王
- 武彦王
- 芳麿王（山階侯爵）
- 藤麿王（筑波侯爵）
- 萩麿王（鹿島伯爵）
- 茂麿王（葛城伯爵）

四内親王と配偶者（候補）の関係系図

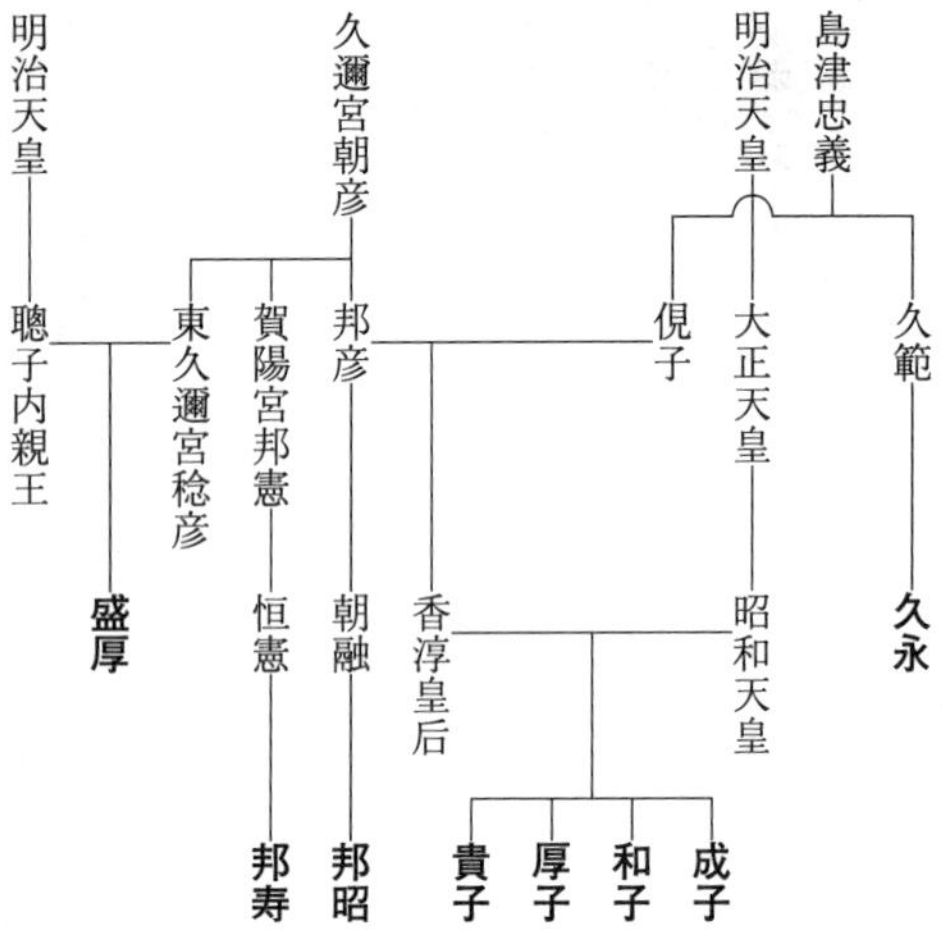

ちくま新書
1224

皇族《こうぞく》と天皇《てんのう》

二〇一六年一二月一〇日　第一刷発行

著者　浅見雅男（あさみ・まさお）

発行者　山野浩一

発行所　株式会社 筑摩書房
東京都台東区蔵前二-五-三　郵便番号一一一-八七五五
振替〇〇一六〇-八-四一二三

装幀者　間村俊一

印刷・製本　株式会社 精興社

乱丁・落丁本の場合は、左記宛にご送付ください。
送料小社負担でお取り替えいたします。
ご注文・お問い合わせも左記へお願いいたします。
〒三三一-八五〇七　さいたま市北区櫛引町二-六〇四
筑摩書房サービスセンター　電話〇四八-六五一-〇〇五三

ISBN978-4-480-06938-2 C0223

ちくま新書

1161
皇室一五〇年史
浅見雅男
岩井克己
歴代天皇を悩ませていたのは何だったのか。皇位継承、宮家消滅、結婚トラブル、財政問題——様々な確執やスキャンダルを交え、近現代の皇室の真の姿を描き出す。

957
宮中からみる日本近代史
茶谷誠一
戦前の「宮中」は国家の運営について大きな力を持っていた。各国家機関の思惑から織りなされる政策決定を見直し、大日本帝国のシステムと軌跡を明快に示す。

1136
昭和史講義
——最新研究で見る戦争への道
筒井清忠編
なぜ昭和の日本は戦争へと向かったのか。複雑きわまる戦前期を正確に理解すべく、俗説を排して信頼できる史料に依拠。第一線の歴史家たちによる最新の研究成果。

1194
昭和史講義2
——専門研究者が見る戦争への道
筒井清忠編
なぜ戦前の日本は破綻への道を歩んだのか。その原因をより深く究明すべく、二十名の研究者が最新研究成果を結集する。好評を博した昭和史講義シリーズ第二弾。

983
昭和戦前期の政党政治
——二大政党制はなぜ挫折したのか
筒井清忠
政友会・民政党の二大政党制はなぜ自壊したのか。軍部台頭の真の原因を探りつつ、大衆政治・劇場型政治が誕生した戦前期に、現代二大政党制の混迷の原型を探る。

1002
理想だらけの戦時下日本
井上寿一
格差・右傾化・政治不信……戦時下の社会は現代に重なる。その時、日本人は何を考え、何を望んでいたのか？体制側と国民側、両面織り交ぜながら真実を描く。

948
日本近代史
坂野潤治
この国が革命に成功し、わずか数十年でめざましい近代化を実現しながら、やがて崩壊へと突き進まざるをえなかったのはなぜか。激動の八〇年を通観し、捉えなおす。